Les économistes bretons

Les économistes bretons

et leur place dans le développement de l'économie politique (1750-1900)

Benoît Malbranque

Paris, décembre 2013
Institut Coppet
www.institutcoppet.org

© Institut Coppet, 2013
Pour être informé de nos publications, contactez :
info@institutcoppet.org

à Thibaud

INTRODUCTION

Les gloires intellectuelles qui naissent dans les régions qui nous sont familières nous parlent toujours d'une voix plus intime et plus rassurante. Leurs destins sont ceux de nos pères, et leurs noms mêmes réveillent en nous les souvenirs. Leur histoire, en somme, est la nôtre : nous sommes, par cette raison seule, davantage disposés à l'écouter et à la comprendre. Pour autant, par leurs œuvres, ces penseurs s'inscrivent aussi dans les mouvements de fonds de la société dans son ensemble ; parfois même ils les devancent, ils les annoncent, ou ils les freinent. Leur étude, ainsi, et quelle qu'en soit la préoccupation initiale, appose toujours quelque lumière sur ces mouvements, ces tendances qui ont fait la France d'hier et d'aujourd'hui. Elle en devient ainsi, pour le citoyen moderne attaché à ses traditions et préoccupé par son enracinement régional, le moyen privilégié d'étudier les grandes forces de notre histoire nationale.

Parmi ces tendances majeures dans la construction de notre nation, le développement, à partir du milieu du XVIIIe siècle, de la science économique, mériterait une plus grande attention de la part des historiens. Qui ignore l'importance qu'ont prises les questions économiques de nos jours ? Elles ne sont plus simplement une composante de notre présent : les débats qu'elles nous amènent à engager inondent la presse, les discours politiques, et nos vies ; on les respire avec l'air, on y prend goût au contact de la foule ; surtout, on y répond même sans s'en rendre compte. Il n'est plus de local d'entreprise, plus de classe d'université, plus même de cuisine familiale dans laquelle on ne jette ses aperçus personnels sur le problème économique, et où, ayant convenu qu'il y avait bien « quelque chose à faire », on n'expose, même hésitant, ses propositions de réforme.

Le présent livre entend aider les apprentis économistes que nous sommes tous devenus, en présentant l'histoire des réflexions économiques en Bretagne. Il s'agit donc essentiellement d'une contribution positive à l'histoire de la pensée économique, et, de manière indirecte, à celle de la Bretagne. Qu'on n'en conclue pas, néanmoins, qu'elle ne fournisse qu'une connaissance régionale, et n'intéresse ainsi que les obscurs écrivailleurs de faculté, ou les indépendantistes enflammés. L'histoire des économistes bretons nous raconte l'histoire de toute la science économique dans notre pays. Du malouin Vincent de Gournay, le précurseur de toute cette science, le maître de Turgot, et l'inspirateur de l'école française d'économie, jusqu'aux disciples les plus éloignés, comme Yves Guyot, natif de Dinan, directeur du *Journal des Économistes*, et l'une des principales figures de cette école française d'économie à la toute fin du XIXe siècle, nous verrons défiler, dans cet aperçu soi-disant régional, toute la palette des génies qui exercèrent leurs talents à solutionner les plus vifs débats économiques.

Par cette présentation, ce sont ces débats, également, qui abandonneront le voile de leur complexité apparente. Le libre-échange, le rôle de l'État, les conflits sociaux, l'impôt, la monnaie, les institutions politiques : immense est le champ des connaissances sociales sur lequel roule cette science si méconnue, si rejetée, malgré son utilité. Immense est aussi la quantité, pour le citoyen attaché au bien public, d'idées audacieuses, de principes nouveaux, de sources antiques d'abus, cachés dans l'histoire de la pensée économique, et qui peuvent se révéler à lui par une étude même non exhaustive.

S'il est attaché, comme il est bien à désirer qu'il le soit, à la régénération de la nation française par l'application de nouveaux principes, tirés de l'enseignement de la science de la richesse des nations, il trouvera dans cet aperçu historique les propositions, parfois idéalistes, souvent innovantes, mais au moins toujours fondées sur une étude attentive des faits, de certains des plus grands esprits qu'ait connue la Bretagne, et, indirectement, la France.

Afin de laisser à cet ouvrage un aspect régional, ce sont essentiellement des économistes bretons, par naissance ou par attachement ultérieur, que nous traiterons ici. Il n'est pour autant pas question de se cantonner abusivement à eux, et de les détacher de manière artificielle du grand développement de la pensée économique française, dans lequel ils ont pris part, et qu'ils ont si souvent conduit eux-mêmes, ou du moins préparé. C'est ainsi que nous ferons mention, et c'est naturel, aux Boisguilbert, Vauban, Quesnay, Turgot, Say, Sismondi, Bastiat, Molinari, Proudhon, et tant d'autres, qui sont tous les piliers de la pensée économique française, mais qui, par leurs origines, sembleraient ne pas devoir figurer ici. C'est pour les confronter aux idées des économistes bretons que nous mobiliseront leurs noms. Sans cela, il ne pourrait subsister que du faux zèle, de la prétention excessive et un semblant de passion régionaliste déraisonnable. En confrontant ainsi l'œuvre des économistes bretons aux grandes figures de cette science, nous pourrons apprécier de manière plus juste les mérites des premiers, et leur supériorité, parfois, ou serait-ce souvent, sur les seconds.

Si nous avons borné notre étude à la période 1750-1900, ce n'est ni pour se rendre plus aisément maître de notre sujet, ni pour alléger les dimensions finales de l'ouvrage. Il est vrai, tout d'abord, que considérer les économistes bretons du XXe siècle aurait nécessité une étude pour laquelle, étant donnée la faiblesse du recul possible, les conditions de l'appréciation historique objective ne semblaient pas réunies. Mais il convient surtout d'indiquer que cette période 1750-1900 constitue, du moins pour ce qui concerne la discipline économique, un tout historique, ou, pour ainsi dire, une ère. Cette ère, d'abord, est celle d'une tradition, celle de l'économie politique, et de la perspective philosophique et méthodologique unique qui lui est associée. C'est aussi celle de la domination des préoccupations d'ordre idéologique sur les questions propres aux techniciens de l'économie.

Pour toutes ces raisons, la science économique de la période 1750-1900 est plus vivante, plus concrète, et surtout plus passionnante qu'à nulle autre époque. On la rencontre naissante, en 1750, portée à bout de bras par un Breton, le malouin Vincent de Gournay, et son cercle d'économistes. On la retrouve plus tard mêlée aux plus grands débats politiques et philosophiques de la France, livrée à la montée du socialisme, du communisme, et des contestataires divers, puis on la laisse, en 1900, plus fragile que jamais, aux mains d'un autre breton, le dinannais Yves Guyot.

Cette histoire — qui est aussi, en tant que Bretons, et en tant que Français, notre histoire — sera étudiée, dans ses différentes dimensions, tout au long des onze chapitres qui composent ce livre.

Dans le premier chapitre, « La Société de Bretagne », nous irons à la rencontre de la Bretagne du XVIIIe siècle, observant l'état dégradé de ses terres, et les efforts admirables des agronomes et des économistes pour y apporter des solutions. Nous présenterons quelques-uns de ces amis de l'humanité, attentifs aux maux de l'agriculture bretonne, ainsi que leur projet commun, une Société d'Agriculture, la première en France, et les heureuses conséquences que celle-ci ne tarda pas à produire.

Dans le deuxième chapitre (« Parti du comptoir ») et dans le troisième (« Le cercle des fondateurs »), nous présenterons la contribution éminente du malouin Vincent de Gournay, et des économistes de son cercle, à la naissance et au premier développement de la science économique dans notre pays. En les comparant aux célèbres Physiocrates, nous établirons sur des bases objectives la supériorité du cercle de Gournay, aujourd'hui pourtant fort largement méconnu, en Bretagne comme ailleurs.

Le chapitre 4 (« Le commerce des grains ») est tout entier consacré à ce qui fut la question majeure de l'économie politique du XVIIIe siècle. On y découvre l'importante contribution des économistes bretons à ce débat, et leur influence majeure sur l'évolution de la législation française.

Le cinquième chapitre (« Le soldat Graslin »), est, comme le deuxième, entièrement consacré à l'œuvre d'un homme. Il s'agit du nantais Jean-Joseph-Louis Graslin, adversaire résolu des Physiocrates et précurseur du grand Adam Smith. La supériorité de l'école physiocratique de Quesnay sur toute la somme des économistes de l'époque, déjà réfutée dans les chapitres précédents, recevra ici une nouvelle appréciation critique.

C'est à un procès célèbre, et très illustratif de ce que nous croyons être la mentalité bretonne, que sera consacré le sixième chapitre. Intitulé « Le procès de la liberté », il racontera la lutte de La Chalotais et de ses amis économistes contre l'oppression fiscale du pouvoir royal, au cours des années pré-révolutionnaires.

Le septième chapitre (« Une science en sucre ») tâchera de rendre compte d'un point de bascule : celui qui marque la défaite progressive de l'économie politique héritée d'Adam Smith, et dont Gournay avait fourni la première énonciation. C'est par la personnalité de Louis Say, entrepreneur et économiste, connu pour être le fondateur des sucreries Say, désormais Béghin-Say, que nous illustrerons cette transition. Par ses écrits économiques, ouvertement critiques envers ceux de son frère aîné, l'illustre Jean-Baptiste Say, il marque la fin du règne d'une orthodoxie, et le début d'une époque troublée pour les économistes.

Les huitième, neuvième et dixième chapitres raconteront ces troubles, ces affrontements doctrinaux que les économistes bretons ont menés et anticipés. Le christianisme social, le protectionnisme, le socialisme : toutes ces doctrines majeures et structurantes sont nées en Bretagne (pour la première des trois) ou ont été développées par des Bretons.

Le onzième chapitre, qui clôturera cet ouvrage, présentera l'œuvre hors du commun du dinannais Yves Guyot, celui qui fut le disciple de la grande tradition héritée de Gournay, et l'adversaire vaillant des trois tendances ennemies que les chapitres précédents auront présentées. Il achèvera de convaincre le lecteur que la Bretagne, plus que toute autre région sans doute, a contribué à la résolution des plus épineuses questions économiques, et à l'avancement de notre nation sur la voie du bon sens économique, que nous souffrons aujourd'hui d'avoir négligé.

Je ne saurais clôturer l'introduction de cet ouvrage sans adresser quelques mots de reconnaissance à celui qui en a été le principal inspirateur. Depuis des années, l'engagement de mon ami Pierre Toullec pour la cause de la Bretagne a suscité en moi des sentiments marqués, bien qu'évolutifs. Si je n'ai jamais partagé toutes ses opinions, et s'il n'a très certainement jamais partagé chacune des miennes, j'ai néanmoins fini par accorder à son digne combat la plus haute et la plus parfaite estime. J'espère qu'il daignera considérer ma très humble contribution à l'histoire de la pensée économique bretonne comme un hommage, et comme une continuation tout à la fois, de son noble engagement et de ses combats, pour la liberté, et pour la Bretagne.

Partie 1

Une science naissante

(1750-1800)

CHAPITRE 1
LA SOCIÉTÉ DE BRETAGNE

Les terres bretonnes du milieu du XVIIIe siècle offraient aux esprits attentifs à la misère du bas peuple des occasions historiques de servir. Depuis plusieurs décennies déjà, les questions économiques étaient abondamment débattues en France. La pluralité des causes de ce développement ne saurait masquer ce qui en fut la raison fondamentale : la situation économique de la France de l'époque, des plus catastrophiques, attirait l'attention des réformateurs et des amis de l'humanité.

Cela faisait en effet des décennies que des écrivains, qui se disaient tels, et que l'on dira économistes, avaient porté leurs yeux sur la misère du peuple. Le maréchal Vauban, au début du XVIIIe siècle, notait déjà que « le menu peuple est beaucoup diminué ces derniers temps, par la guerre, par les maladies, et par la misère des dernières années, qui en ont fait mourir de faim un grand nombre et réduit beaucoup d'autres à la mendicité. » [1] Il proposa une vaste réforme fiscale comme moyen d'endiguer le mal. Par son livre, il fournissait surtout une description saisissante de la misère des masses à l'époque de Louis XV, et quelques phrases, comme « leurs bras sont affaiblis par la mauvaise nourriture », obtinrent un écho dans les classes littéraires de l'époque.

Vauban n'était pas le seul, dès cette époque, à énoncer de tels aperçus lugubres. Des quatre coins du royaume, on récoltait des témoignages du même acabit. Il faut dire que dans de nombreuses régions françaises, la misère sévissait de manière préoccupante. On raconte ainsi que durant les périodes de famine, hélas récurrentes, des femmes étaient assassinées sur les chemins parce qu'elles portaient du pain, et qu'aucun marchand n'osait apporter cette denrée précieuse à Paris, de peur d'être attaqué par des hordes de gens affamés. [2]

La Bretagne ne faisait hélas pas exception. Confrontée à la disparition de ses débouchés suite au conflit avec l'Angleterre, la région entrait alors dans un « siècle noir », selon l'expression de Joël Cornette. [3] La sous-nutrition d'une partie importante de la population, additionnée à l'extrême virulence des épidémies, provoquèrent en outre la stagnation inquiétante de la population bretonne entre 1680 et 1780.

Le marquis d'Argenson, fin observateur de la vie économique de son temps, remarquait bien cet appauvrissement général de la France. « La mi-

---

[1] Vauban, *Dîme Royale*, in E. Daire (éd.), *Économistes financiers du XVIIIe siècle*, Paris, 1843, p. 89
[2] Cf. André Alem, *Le marquis d'Argenson et l'Economie Politique au début du XVIIIe siècle. Pratiques mercantiles et théories libérales*, Paris, 1900, p.49
[3] Joël Cornette, *Histoire de la Bretagne et des Bretons*, Paris, Éditions du Seuil, 2008

sère avance au-dedans du royaume à un degré inouï » témoignera-t-il durant l'année 1739, après des décennies d'un appauvrissement sensible. [4] Depuis plusieurs décennies, les famines étaient régulièrement violentes, et les pertes humaines étaient considérables. Dans les registres de la paroisse de Molinet, dans l'Allier, on lit en 1709 : « Je certifie à tous qu'il appartiendra, que toutes les personnes qui sont nommées dans le présent registre sont tous morts de famine à l'exception de M. Descrots et de sa fille. » Le même curé faisait remarquer que ce n'était pas une situation propre à sa région : « L'an 1709, il n'y eut ni blé ni vin dans tous les pays voisins. Les pauvres peuples ont vendu tout ce qu'ils avaient, pour avoir quelques pains d'orge ou de sarrasin. On a mangé les charognes mortes depuis quinze jours. Les femmes ont étouffé leurs enfants de crainte de les nourrir. » [5]

À Paris, on était naturellement préoccupé, inquiet, et on spéculait sur les causes du mal ; mais c'est d'ailleurs que vinrent les solutions. Le premier *Traité d'économie politique*, d'ailleurs, avait été dû, un siècle auparavant, à un économiste normand du nom d'Antoine de Montchrestien. Né en 1575 à Falaise, dans le Calvados, Montchrestien avait acquis assez tôt une belle renommée en tant que poète et que tragédiste, ce qui lui valut d'être convoqué pour la réunion des États Généraux de Paris, en 1614. Pour cette occasion, il composa un *Traicté de l'Œconomie Politique* : c'était là le premier ouvrage de l'histoire avec un tel titre. Montchrestien y faisait naître la richesse du travail, et conseillait à la nation française de ne chercher nulle part ailleurs les conditions de sa prospérité future. Son analyse de la division du travail était assez fine et globalement satisfaisante, bien qu'il soit exagéré de dire, à la suite de Jules Duval, que les grands économistes ultérieurs, et Adam Smith notamment, « n'ajouteront rien d'essentiel à ce qu'en a dit Montchrestien ». [6] En outre, il semblait souscrire à la vision physiocratique de l'économie, et considérait que l'agriculture était la source fondamentale de la richesse. Ce livre fut dédié au roi et à la reine mère, mais cela ne l'empêcha en rien de tomber bien vite dans l'oubli, si même il ne passa pas complètement inaperçu. Antoine de Montchrestien n'est pas cité par les hommes de son temps, et son ouvrage lui-même n'eut qu'une édition. Il tarda beaucoup à être redécouvert. Au XVIIIe siècle, des ouvrages citaient le talentueux poète et auteur de tragédies à succès, mais nul ne mentionnait son travail d'économiste, certainement plus par ignorance que par silence délibéré.

Dans les provinces de la première moitié du XVIIIe siècle, en vérité, les esprits semblaient être plus clairs qu'à Paris, où une apparente richesse voilait encore le paysage des maux de l'époque. Si la capitale restait com-

---

[4] Marquis d'Argenson, *Journal et Mémoires*, éd. Rathery, p.149
[5] M. Barrois, curé à Molinet (Allier), *Extrait des registres de la paroisse de Molinet, année 1709* (1er janvier 1710)
[6] Jules Duval, *Mémoire sur Antoine de Montchrétien, sieur de Vateville, auteur du premier Traité d'économie politique*, p.34

me enveloppée dans un nuage de prospérité, dans les provinces, on souffrait. D'un côté la richesse, de l'autre côté le plus atroce dénuement : telle est la conclusion que tirèrent de très nombreux observateurs sociaux de l'époque ou du siècle suivant. « La France, écrira par exemple l'économiste Sismondi, présentait alors le contraste le plus étrange, le plus difficile à concevoir. La vraie nation, celle qui habitait les provinces, qui payait les impôts, qui recrutait les armées, était réduite à un état de souffrance, de pénurie, d'oppression, qu'elle n'avait jamais connu, même dans les siècles de la plus grande barbarie. La France au contraire que connaissaient les étrangers, celle qui se montrait à Paris, à Versailles et dans quelques grandes villes, était plus brillante, plus opulente, plus enjouée qu'aux plus beaux temps du règne de Louis XIV. Dans les campagnes, la taille, la gabelle, écrasaient l'agriculture. À Paris, d'immenses richesses circulaient parmi les fermiers-généraux et tous les financiers. Les courtisans, comblés des faveurs de la cour, y répandaient l'argent d'une main prodige sur tous ceux qui servaient à leurs plaisirs. De très grandes fortunes s'étaient élevées dans la banque et le commerce ; les emprunts publics, les actions de la compagnie des Indes attiraient les capitaux de tous ceux qui voulaient s'assurer un revenu régulier sans prendre de souci. » [7]

Au début des années 1720, un autre événement participa au bouleversement des représentations « traditionnelles » de l'économie, et à la formation d'une élite intellectuelle dévouée à la recherche, à l'exposition, et à la popularisation des principes économiques : la faillite du fameux système de John Law. Fils d'un banquier écossais, Law avait fondé une compagnie en 1716 : capital en actions, réputation excellente, et agissements dans les opérations habituelles de banque. Les premiers temps furent heureux. Le taux de l'intérêt baissa, et une sorte de prospérité se répandit. Les grands économistes du temps, Dutot, Melon, ou Savary, dressèrent un portrait élogieux de la richesse renaissante de la France. Selon Dutot, une « abondance se répandit bientôt dans les villes et dans les campagnes », laquelle abondance, poursuivait-il, « réveilla l'industrie ». [8] On se mit à croire à ce beau système. Les actions grimpèrent, et avec elle l'estime des élites pour M. Law. La Compagnie se mit à étendre davantage ses opérations, et l'enthousiasme augmenta avec elles. Toujours fondée sur un capital de 6 millions, elle mit en circulation jusqu'à 60 millions en billets. L'enthousiasme continua. On parla désormais d'affaires avec la Louisiane, une région récemment découverte par un Français, où des terres en friche semblaient permettre beaucoup. Elles permirent en tout cas à une passion de naître autour de la pourtant récente et fragile Compagnie. Ce fut le début de ce que l'économiste écossais James Steuart appela le « songe doré » de la France. [9] En 1718, deux ans seulement après sa création, elle obtint un pri-

---

[7] Sismondi, cité par L. de Lavergne, *Les économistes français du dix-huitième siècle*, Paris, 1870, p.60
[8] Nicolas Dutot, cité par A. Blanqui, *Histoire de l'économie politique en Europe*, Paris, 1837, p.68
[9] James Steuart, *Recherches des principes de l'économie politique*, Tome IV, 1789, p.265

vilège et fut transformée en Banque Royale. Mais peu à peu, du fait de l'expansion de la masse monétaire, les prix connurent une évolution sensible. Le drap, racontera Thiers, qui valait 15 à 18 livres l'aune, monta à 125 livres l'aune. [10] Peu à peu, les doutes se firent jour. Les esprits avertis comprirent la supercherie, et certains retraits commencèrent à déstabiliser la compagnie. Le cours des actions chuta. La panique s'empara de la population, et, dans un excès de crainte, chacun en vint à vouloir retrouver son bon argent. Les mesures autoritaires n'y firent pas grand-chose : une panique, transformée en émeute, fit dix-sept morts. Le système s'écroula alors, sans que tous aient pu convertir leurs billets. « Ce fut une monstrueuse banqueroute qui bouleversa bien des fortunes » écrira l'historien E. Levasseur dans son *Histoire des classes ouvrières en France*. [11]

Cette « monstrueuse banqueroute » eut tout de même quelques effets positifs, et l'un fut, comme nous le disions précédemment, de diriger les esprits spéculatifs vers l'étude des questions économiques. Si, vers 1750, on vit apparaître, au sein de la « République des Lettres », de riches et très nombreuses contributions à cette nouvelle science de l'économie politique, c'était d'abord et avant tout parce que la faillite retentissante du système de Law avait questionné toutes les intelligences sur les causes de la prospérité des nations. Dès 1738, Voltaire avait bien fait remarquer ce fait curieux : « On entend mieux le commerce en France depuis vingt ans qu'on ne l'a connu depuis Pharamond jusqu'à Louis XIV. C'était auparavant un art caché, une espèce de chimie entre les mains de trois ou quatre hommes qui faisaient en effet de l'or, et qui ne disaient pas leur secret. Le gros de la nation était d'une ignorance si profonde sur ce secret important, qu'il n'y avait guère de ministre ni de juge qui sût ce que c'était que des actions, des primes, le change, un dividende. Il a fallu qu'un Écossais, nommé Jean Law, soit venu en France, et ait bouleversé toute l'économie de notre gouvernement pour nous instruire. » [12]

Hantés par le souvenir de cet effondrement monétaire malheureux, et pressés d'en trouver des palliatifs réalistes, les réformateurs économistes de l'époque étaient aussi assez généralement habités par un vague mais très expressif sentiment de *c'était mieux avant*. À la vue des difficultés du siècle, on se souvenait que les temps avaient été meilleurs par le passé, et on en vint même à célébrer très pieusement d'anciennes gloires, comme le ministre Sully. « Plus grand homme d'État qui ait jamais paru », selon le marquis de Mirabeau, Sully était très apprécié, et cité constamment en exemple des bonnes pratiques. [13] Déjà vanté par le grand Boisguilbert [14], il acquit dans les yeux de François Quesnay un prestige encore plus consi-

---

[10] Adolphe Tiers, *Histoire de Law*, Paris, 1858, p.107
[11] Émile Levasseur, *Histoire des classes ouvrières en France*, 1901, p.448
[12] Lettre de Voltaire à M. Thiérot, sur l'ouvrage de M. Melon et sur celui de M. Dutot, 1738 ; in *Œuvres complètes de Voltaire*, Tome 1, Paris, 1827, p.9
[13] Mirabeau, *Ami des Hommes*, t. II, pp.50-51
[14] Pierre Le Pesant de Boisguilbert, *Traité des grains*, II, 6, p.383

dérable, et sera plus tard pareillement célébré par les économistes disciples du breton Vincent de Gournay. [15] La prospérité historique qui marqua son ministère, et la réussite des mesures fortes comme la libéralisation du commerce des grains, fit émerger sur la scène intellectuelle de la première moitié du XVIIIe siècle une idéalisation certaine de Sully. Selon Quesnay, les succès de ses réformes économiques étaient tels que, comme il l'écrira, « les Anglais se plaignaient en 1621, de ce que les Français apportaient chez eux des quantités de blé si considérables et à si bas prix que la nation n'en pouvait soutenir la concurrence dans ses marchés. » [16]

Dans le cadre d'analyse de cette idéalisation progressive, et selon toute logique, la plainte la plus communément formulée durant les premières années de la décennie 1750 concernait l'agriculture. Elle se résumait à ces six mots : *on ne fait rien pour l'agriculture*. À cette époque, en Bretagne comme ailleurs, on eut vent d'un livre alors fort fameux, qui venait de paraître : *L'Ami des Hommes*, par le marquis de Mirabeau, plus tard co-fondateur, avec Quesnay, de l'école physiocratique, et père du Mirabeau héros de la Révolution française. « L'Agriculture, écrivait Mirabeau dans ce livre, cet Art par excellence, qui peut se passer de tous les autres, tandis qu'aucun d'eux ne saurait exister sans lui, l'Agriculture, dis-je, est encore dans son enfance : les premiers hommes de chaque société l'ont tous honorée ; les seconds se sont, pour ainsi dire, hâtés de la négliger. La Fable du chien, qui laisse le corps pour courir après l'ombre, a toujours dépeint l'humanité en général. Eh ! Quel art mérita jamais d'être étudié et perfectionné avec plus de soin ? » [17] Et plus loin, on lisait : « L'Agriculture est non seulement de tous les Arts le plus admirable, le plus nécessaire de l'état primitif de la Société ; il est encore, dans la forme la plus compliquée que cette même Société puisse recevoir, le plus profitable. » [18] Cet ouvrage, qui eut un succès considérable [19], aida à la diffusion de cet amour pour l'Agriculture dans la population lettrée.

La situation des campagnes, et de celles de Bretagne en particulier, justifiait à bien des égards ce sentiment et ces plaintes. Les terres, au grand désespoir de beaucoup, étaient laissées en friche, et comme abandonnées. En Bretagne, ce constat fut partagé par tous les observateurs et économistes du siècle. Certains écrivirent directement sur cette question, et présentèrent des solutions pour endiguer le mal. Avant de voir l'action que les économistes bretons firent ensemble, voyons d'abord la description des maux de la campagne bretonne vers 1750, telle qu'exprimée par l'économiste Duhamel du Monceau :

---

[15] Voir notamment l'*Éloge de Sully* par Simon Cliquot-Blervache, économiste du cercle de Gournay.
[16] François Quesnay, cité par L. de Lavergne, *Les économistes français du dix-huitième siècle*, pp.63-64
[17] Mirabeau, *Ami des Hommes*, p.8
[18] *Ibid.*, p.32
[19] Cf. Henri Ripert, *Le marquis de Mirabeau : ses théories politiques et économiques*, 1901, pp.24-25

> « J'ai traversé deux fois la Bretagne dans toute sa longueur, et par des routes différentes. C'est un spectacle affligeant que la quantité immense de terres incultes qu'on y rencontre. J'oserais presque assurer que tout le cœur de la Bretagne est en friche, et que la partie cultivée, qui ne va pas à la moitié, n'est qu'une ceinture qui entoure la stérilité même. Les landes, par leur étendue, sont au moins comparables à celles de Gascogne. Mais il m'a paru qu'elles résisteraient moins aux améliorations. Ce ne sont pas des plaines de sable : c'est de la terre qui a du fonds. » [20]

Duhamel du Monceau n'était pas, à l'époque du moins, un inconnu, et il comptera beaucoup pour la suite de notre récit. Agronome et économiste de tendance libérale, proche du malouin Vincent de Gournay et du « cercle de Gournay », Duhamel du Monceau fut aussi un proche collaborateur et conseiller du Contrôleur général Bertin, et sera en relation avec de nombreux grands économistes bretons, proches de Gournay, dont Montaudoin et Abeille, dont nous parlerons bientôt.

Un autre grand observateur du siècle, l'anglais Arthur Young, consigna des aperçus similaires dans ses *Voyages en France*. Quand il parvient en Bretagne, à Combourg, il est saisi par la présence de ces vastes étendues incultes au milieu de beaux pâturages. « Jusqu'à Rennes, note-t-il, même confusion bizarre de déserts et de cultures ; pays moitié sauvage, moitié civilisé. » [21] Quelques années plus tard, Jacques Cambry remarqua avec la même désolation le triste état des campagnes bretonnes, et l'expliqua par la victoire des préjugés des paysans sur les principes de l'agronomie.

> « Si les principes d'économie rurale, qui se propagent dans le reste de la notre pays, s'établissaient dans la Bretagne, si l'on pouvait arracher à leur routine les habitants de ce riche pays, s'ils ne craignaient pas, avec superstition, de labourer un champ qu'a négligé leur père, si l'absurde croyance que la lande est le meilleur des engrais était détruite, s'ils voulaient former des prairies artificielles comme ils pourraient sans frais et presque sans travail, leur pays serait le plus riche, le plus fécond de la nature. » [22]

La situation catastrophique de l'agriculture bretonne, pourtant manifeste, ne faisait naître de son observation aucune évidence de réforme. Quelles étaient donc les solutions possibles pour endiguer le mal ? Durant de nombreuses décennies, on s'était figuré que la publication d'ouvrages spécialisés était un moyen à privilégier, pour fournir aux cultivateurs la capacité de mettre davantage en valeur leurs terres. Seulement, il était clair que dans la population française, peu de gens lisaient, et qu'en tout cas les laboureurs, qui étaient les cibles de ces travaux, s'en désintéressaient et devenaient ainsi inatteignables par ce canal. La publication des travaux d'agronomes produisait ainsi des effets timides, sinon imperceptibles. Le risque de tout perdre, qui blessait trop fortement l'esprit des agriculteurs,

---

[20] Henri-Louis Duhamel du Monceau, *École d'Agriculture*, Paris, 1759, p.68
[21] Arthur Young, *Voyages en France pendant les années 1787, 1788, 1789*, Tome 1, Paris,, 1860, p.147
[22] J. Cambry, *Voyage dans le Finistère ou Etat de ce département en 1794 et 1795*, Paris, 1835, p.14

constituait un frein évident. L'avis d'un agronome ne pouvait suffire : on n'abandonne pas ses routines pour si peu.

C'est d'un fils de commerçants nantais que naîtra la solution au problème : institutionnaliser la défense de l'agriculture et la promotion des moyens de la faire prospérer. En 1756, un certain Jean-Gabriel Montaudoin de la Touche fit parvenir un mémoire aux États de Bretagne, réclamant la création d'une société d'agriculture et de commerce. L'idée soumise était de constituer un cercle de spécialistes des questions économiques et agricoles, pour éclairer les paysans bretons, les ministres et les intendants, sur les mesures capables de solutionner le désastre économique de l'époque, que nous avons rappelé plus tôt dans ce chapitre. Cette proposition tout à fait novatrice fut examinée lors de la réunion annuelle des États de Bretagne, dans les premiers jours du mois de janvier 1757. Un homme influent, dont nous reparlerons, y apporta son soutien : Vincent de Gournay, un intendant de commerce natif de Saint-Malo. La commission des États de Bretagne soumit ce projet aux avis de ses membres, et après délibération, le 28 janvier 1757, elle émit sa réponse : « Vous nous avez fait l'honneur de nous renvoyer un excellent mémoire de M. Montaudoin sur l'agriculture, les arts et le commerce ; il propose comme très utile l'établissement d'une société qui ferait son étude de ces trois objets. M. de Gournay, intendant de commerce, nous exhorte à adopter ce projet. Nous avons pensé comme lui, que rien ne pouvait être plus avantageux à la Province que cet établissement, nous l'avons même regardé comme essentiel. » [23]

L'instigateur de ce projet, Jean-Gabriel Montaudouin de la Touche, encore un inconnu, était sur le point de faire une entrée remarquée sur la scène de l'économie politique. [24] Né à Nantes en 1722, il était adossé à une longue tradition familiale d'expertise dans le commerce. Au sein de cette ville que ses ancêtres avaient enrichie par leurs activités commerciales, dans la construction de navires, Jean-Gabriel se fit armateur et développa parallèlement un talent peu commun pour la résolution des questions les plus ardues et les plus controversées de l'économie politique. Son activité commerçante eut un certain succès, mais c'est en théorie économique qu'il fut amené à faire ses armes et à faire œuvre de bâtisseur. À la fin de l'année 1756, il transmit aux États de Bretagne un mémoire préparant la constitution d'une Société d'Agriculture, de Commerce et des Arts, en Bretagne. Il en fut l'un des fondateurs, et aussi l'un des membres les plus actifs. C'est lui qui, avec l'économiste Louis-Paul Abeille, en rédigera plus tard les *Corps d'observations*. Sa carrière d'économiste, liée de près à celle de Vincent Gournay, et aux débats sur le commerce des grains, sera traitée plus amplement dans les deux prochains chapitres.

---

[23] Reproduit dans *Corps d'observations de la Société d'Agriculture, de Commerce et des Arts, établie par les États de Bretagne*, Rennes, 1760, p.2
[24] Voir infra pp.74-75 ; *Supplément à l'Essai sur la police générale des grains*, 1757, qui fut son premier et plus influent écrit économique.

Quoi qu'il en soit, un vif enthousiasme suivit l'annonce de la création de cette première Société d'agriculture de France. « Un événement très inattendu, nota Duhamel du Monceau, et digne par son importance de devenir une époque principale dans la Monarchie, doit nous rassurer. Les États de Bretagne viennent de ranimer les espérances de tous les patriotes, en formant le plus sage, le plus estimable de tous les établissements. Je parle de cette Société d'Agriculture, de Commerce et des Arts, annoncée par quelques exemplaires des délibérations de cette Province, qui se sont répandus à Paris, et par les éloges qu'on en trouve dans les Journaux. » [25] Dès avant la formation d'un cercle d'économistes autour de Vincent Gournay, Duhamel du Monceau avait œuvré pour le développement de l'agriculture, et voyait peut-être dans cette Société de Bretagne la matérialisation de ses espérances, si ce n'est même le fruit de ses conseils.

D'autres auteurs versés comme lui dans les questions économiques et agricoles, réagirent avec la même ferveur. Henry Patullo, qui mettait à l'époque la dernière main sur un *Essai sur l'amélioration des terres*, qui paraîtra en 1758, ne cacha pas son enthousiasme : « Les États de Bretagne, écrivit-il, viennent de faire un établissement d'un genre supérieur, capable de changer la face de cette Province, et peut-être dans la suite de tout le Royaume, soit qu'il s'y en fasse de semblables à son exemple, ou qu'on y profite seulement des lumières qu'on en verra infailliblement sortir. » [26]

Henry Patullo était un agronome né en Écosse en 1725. Arrivé en France au début des années 1750, il se lia d'une profonde amitié avec le futur leader de la physiocratie, François Quesnay, dont on lui mentionna certainement le nom au sein de l'Académie d'Auxerre, dont Patullo était membre, et qui se trouvait non loin des terres possédées par Quesnay. En 1757, les deux économistes se rencontrèrent finalement au château de Versailles, dans les appartements de Mme de Pompadour, et Patullo fut présenté par la suite au marquis de Mirabeau et aux nouveaux disciples. Il devint un proche disciple de l'école physiocratique, mais ne participa que de manière très éphémère, si l'on peut dire, à leurs publications. L'originalité de son *Essai sur l'amélioration des terres* (1758), qui fut écrit avant l'*Ami des Hommes* de Mirabeau, et avant les travaux de Quesnay, doit être portée à son crédit. Jacques Voisine, dans son étude sur Patullo, indique que son brillant *Essai*, « était probablement prêt à l'impression dès 1756. » [27] Étranger par ses origines, mais Français par sa formation intellectuelle — le *Journal de Commerce* fit référence à lui en parlant d'un « étranger devenu Français, qui regarde son asile comme sa vraie patrie » [28] — Patullo fut à

---

[25] Henri-Louis Duhamel du Monceau, *École d'Agriculture*, Paris, 1759, pp.26-27
[26] Henry Patullo, *Essai sur l'amélioration des terres* ; cité dans Henri-Louis Duhamel du Monceau, *École d'Agriculture*, Paris, 1759, pp.18-19
[27] Jacques Voisine, « Henry Patullo's Contribution to the French Enlightment », CRCL, Volume 1, N°2, Printemps 1974, p.101
[28] *Journal de Commerce*, Février 1759, p.77

l'avant-garde des réflexions économiques. Une seule institution le devança néanmoins : la Société de Bretagne.

Cette société, admirée par tous, travailla d'abord à bâtir son organisation. La Bretagne, divisée en neuf Évêchés, vit être disposés sur ses terres neuf bureaux, un dans chaque ville épiscopale. La Société fixa son point central à Rennes, où elle avait en effet le plus de membres : dix-huit contre une moyenne de dix dans le reste des bureaux. [29] Ce bureau central fut chargé de coordonner et diriger les travaux de la Société. C'est de Rennes qu'on imprimerait d'ailleurs, en 1760, les *Corps d'observations* de la Société, pour les années 1758 et 1759, que le Rennais Abeille et le Nantais Montaudouin, qu'on vient de présenter, allaient composer.

Les différents bureaux de la société étaient établis à travers la Bretagne. À côté du bureau central, situé à Rennes, on comptait ainsi des bureaux à Nantes, Vannes, Quimper, Saint-Malo, Dol, Saint-Brieuc, Tréguier, et Léon. Pour composer les différents bureaux avaient été nommés pas moins de cinquante-quatre personnes, soit six pour chaque localité.

Montaudoin de la Touche gérait le bureau de Nantes, et en était l'une des personnalités les plus savantes. Au sein du bureau central de Rennes, des neufs le plus influent, on comptait deux économistes très talentueux : Julien-Joseph Pinczon du Sel des Monts, et Louis-Paul Abeille, que nous pouvons tous deux présenter dès maintenant.

Louis-Paul Abeille, d'abord, l'un des plus jeunes parmi les membres, était encore un débutant sur les matières d'administration, de commerce, et d'économie. Né en juin 1719 à Toulouse, il s'installa dès son jeune âge en Bretagne, où, après de brillantes études, il devint avocat au Parlement. Intéressé par les questions économiques, il se joignit au projet de création d'une Société d'agriculture, de commerce et des arts, et obtint un poste au sein du bureau central de Rennes. L'énergie qu'il déploya pour les activités de la Société, ainsi que ses capacités peu communes d'observation, d'analyse, et de synthèse, ne tardèrent pas à en faire un membre indispensable. C'est ainsi qu'il fut chargé, avec le Nantais Montaudouin de la Touche, qui avait déjà prouvé ses capacités d'auteur en économie politique, de préparer les *Corps d'Observations* de la Société. Cette expérience lui fut éminemment utile, car la suite de sa carrière fut brillante. En juillet 1764, il fut nommé conseiller au Contrôle général pour le commerce et les manufactures. En juin de l'année suivante, il fut promu au poste d'inspecteur général des manufactures et du commerce. En 1768, enfin, tandis qu'il publiait un ouvrage très remarqué de théorie économique, il obtint le poste de secrétaire du Bureau du commerce.

En octobre 1763, Abeille avait fait publié une brochure intitulée *Lettres d'un négociant sur le commerce des blés,* dans laquelle la doctrine physiocratique était exposée et défendue avec vigueur et talent. L'auteur fut ap-

---

[29] John Shovlin, « The Society of Brittany », in Koen Stapelbroek & Jani Marjanen, *The Rise of Economic Societies in the Eighteenth Century*, Plagrave Macmillan, 2012, p.73

proché par les disciples de Quesnay, et rejoignit le mouvement. Il publia ensuite des *Réflexions sur la police des grains en Angleterre et en France* (1764), et un autre opuscule, l'année suivante, traitant des *Effets d'un privilège exclusif en matière de commerce sur les droits de propriété*. Sa carrière littéraire prit un tour nouveau en 1768, bien après ses années passées au sein de la Société de Bretagne, et celles passées autour de Vincent de Gournay. Cette longue attente ne fit qu'accroître la qualité de ses écrits, et la pureté de sa pensée, qu'il avait laissée remuer pendant une longue décennie. Malgré son style « froid et lourd » (*dixit* Dupont de Nemours, pourtant lui aussi physiocrate [30]) Abeille était un promoteur efficace et admiré de la doctrine de la liberté du commerce. C'est sur ce terrain, d'ailleurs, qu'il ferrailla avec le plus de brio. En avril 1768, la librairie Desaint, à Paris, mit en vente une petite brochure intitulée *Faits qui ont influé sur la cherté des Grains, en France et en Angleterre*. Très bien accueillie par l'école physiocratique de Quesnay, on en lut des commentaires très élogieux dans les *Éphémérides du Citoyen*, le journal officiel de l'école. À peine ce premier succès était-il consommé qu'on annonçait déjà son nouveau livre, des *Principes sur le commerce des grains* : « On nous annonce un autre Ouvrage sur le même sujet, et du même Auteur, pût-on lire à l'époque dans les *Éphémérides*. Les talents, la lumière et la sagesse qu'il a déployés dans un grand nombre d'Écrits économiques, qui sont distingués par leur lucidité, garantissent d'avance le mérite et le succès de celui qu'il va donner au public. » [31]

En septembre de cette même année 1768, Étienne Maynon d'Invault fut nommé Contrôleur général des finances, en remplacement de L'Averdy. Physiocrate convaincu, il manda à trois économistes, l'abbé Morellet, Dupont de Nemours, et notre Louis-Paul Abeille, de l'épauler en tant que conseillers, et de participer à des réunions hebdomadaires, tous les jeudis soirs, « pour causer d'économie politique ». [32] Le ministre, en témoignage de l'estime qu'il portait à ce brillant économiste, nomma Abeille secrétaire du Bureau du commerce par arrêt du 19 décembre 1768.

En 1769, pour protéger sa nouvelle carrière dans l'administration, et par fatigue devant les tendances de plus en plus sectaires de l'école de Quesnay, Louis-Paul Abeille décida de se séparer d'eux. Il envoya deux lettres à Dupont de Nemours, leur principal leader, pour demander qu'il ne soit plus considéré comme faisant partie de leur mouvement. Dans sa « Notice abrégée sur les économistes », Dupont de Nemours écrivit : « Nous nous voyons à notre grand regret obligés de passer sous silence les écrits d'un seul auteur, auteur connu et recommandable, qui l'a exigé de nous avec les plus fortes instances à deux reprises par deux lettres différentes qu'il a pris la peine de nous écrire, et malgré tout ce que nous avons pu lui repré-

---

[30] Dupont de Nemours, cité dans Georges Weulersse. *Le mouvement physiocratique en France (1756-1770)*, Tome I, Paris, Alcan, 1910, p.205
[31] *Éphémérides du Citoyen*, Juillet 1768, Tome 7, Partie 2, p.165
[32] Abbé Morellet, *Mémoires*, t. I, p.185, cité dans Georges Weulersse. *Le mouvement physiocratique en France (1756-1770)*, Tome I, Paris, Alcan, 1910, p.174

senter. Cet auteur n'a pas daigné nous faire part de ses motifs : nous ignorons si ses opinions sur les matières économiques ont changé, s'il désapprouve aujourd'hui les principes exposés dans ses ouvrages, s'il voudrait les désavouer. » [33] Par la suite, Abeille défendra Necker dans sa controverse avec Dupont de Nemours.

Finissons cette présentation en indiquant que Louis-Paul Abeille était fort apprécié de Turgot, qui l'avait rencontré la première fois en Bretagne, lors de la création de la Société, tandis qu'il visitait cette province avec Gournay. Par signe d'amitié, Turgot le surnommait *Apis* (« abeille », en latin), et s'intéressa toujours à ses écrits. À Dupont de Nemours, l'éditeur des *Éphémérides*, il écrivit un jour : « Il est dommage que vous ne puissiez pas aussi donner gratis au public ses œuvres prolixes. Vous y gagneriez, je crois, plus que vos frais. » [34]

Passons à celui qui fut l'un de ses collègues au sein du bureau central de Rennes : Julien Joseph Pinczon du Sel des Monts. Né au Sel, près de Redon, le 10 février 1712, il était le descendant d'une vieille famille de la noblesse bretonne. À trente ans, il créa sa manufacture de toiles dans la ville de Rennes, où il resta jusqu'à sa mort en février 1781. Très tôt intéressé par les questions économiques, il se rapprocha des milieux qui essayaient de les résoudre. Il fut, en 1757, l'un des fondateurs de la Société de Bretagne, et sera par la suite membre du Bureau de Rennes.

À Rennes, justement, Pinczon du Sel des Monts conciliait engagement scientifique auprès de la Société de Bretagne et essai entrepreneurial. Avec un enthousiasme vraiment touchant, il s'était en effet lancé, et sans expérience aucune, dans la fabrique des cotonnades. Étant donné son milieu social, ce n'était pas là un engagement courant. Comme le fit remarquer Bourdais, « Pinczon du Sel des Monts est le type achevé de ces nobles qui, à la fin du XVIIIe siècle, sous l'influence des idées nouvelles et aussi par nécessité, essayèrent de s'arracher à la vie oisive d'un gentilhomme pour s'adonner à l'agriculture, à l'industrie, au commerce. » [35] Le commerce restait en effet encore mal considéré par les nobles, comme le confirma la virulence incroyable de la controverse autour de l'idée d'une « noblesse commerçante », selon le titre du livre de l'abbé Coyer. Les États de Bretagne, sans doute sensibles à ce fait, offrirent à notre entrepreneur-économiste une bourse de 5000 livres, parce qu'il avait eu « le courage de vaincre les préjugés de la noblesse, de se livrer au commerce, et d'établir des manufactures. » [36] De cette aide publique généreuse naquit une tendance largement abusive. Malgré son libéralisme d'économiste, et son opposition, à ce qu'il semble, aux privilèges, Pinzcon œuvra de manière déterminée, et

---

[33] Dupont, « Notice abrégée.. », *Éphémérides.*, 1769, n°2, pp.28-29
[34] Turgot à Dupont de Nemours, Limoges, 13 janvier 1769
[35] F. Bourdais, « Un gentilhomme manufacturier à Rennes au XVIIIe siècle. Julien-Joseph Pinczon du Sel des Monts (1712-1781) », *Revue de Bretagne, de Vendée et d'Anjou*, Volume 42, p.12
[36] François-Marie-Guillaume Habasque, *Notions historiques et statistiques sur le littoral des Côtes-du-Nord*, Tome 1, Paris, 1832, p.3272

on pourrait dire sans relâche, pour obtenir le titre de manufacture royale à sa fabrique de cotonnades. Il faut le voir solliciter les intendants, faire des voyages à Paris, il faut voir son ardeur à cette tâche. Finalement, ses efforts seront récompensés, puisqu'en avril 1747, sa fabrique fut faite manufacture royale. De 300 ouvriers en 1747, la fabrique passe à 900 ouvriers en 1754. Mais cela ne donne pas une juste mesure de son entreprise. La concurrence âpre de l'Angleterre, et la difficulté de s'assurer des débouchés dans les colonies, mirent à mal sa manufacture. Princzon, qui n'avait pas été avare de demandes auprès des États de Bretagne, sollicita une nouvelle aide pécuniaire. C'est une main généreuse qui lui fut tendue, et à de nombreuses reprises ; jusqu'au jour où, en 1763, son entreprise, instable de par sa constitution en monopole royal, et par sa dépendance envers les colonies, s'effondra complètement.

Intéressé par les questions théoriques de l'économie, et par la pratique agricole dans un même mouvement, il fut l'auteur d'intéressantes études sur ces deux sujets. On peut citer ses *Considérations sur le commerce de Bretagne* (Rennes, 1756) ainsi que le *Manuel à l'usage des Laboureurs bretons* (Rennes, 1784), bel ouvrage d'inspiration physiocratique, publié de façon posthume, et comprenant une épître dédicatoire aux seigneurs des États de Bretagne. Le témoignage des collaborateurs de Pinczon du Sel des Monts, tant au sein de la Société que du cercle de Gournay, dont il était proche, nous le peint comme un observateur averti des réalités économiques. « Julien-Joseph Pinczon, notera Bourdais, semble avoir été un esprit pratique et clair, observateur consciencieux et économiste distingué, à cette époque où l'économie politique et l'agronomie (sciences venues d'Outre Manche) faisaient fureur et où la Bretagne comptait des économistes de valeur : Montaudouin, Abeille, et le procureur général La Chalotais. »[37]

La Chalotais, justement, était un autre membre fondateur, mais par ses activités, il n'avait pas pu être nommé au sein d'un des bureaux créés. Il y aurait beaucoup à dire sur les mérites et le zèle bienfaiteur de cet homme célèbre. Nous aurons le plaisir d'exposer la vie et les idées de cet homme dans un prochain chapitre, qui lui sera comme consacré. Contentons-nous ici de dire que Louis-René de Caradeuc de La Chalotais, procureur général au Parlement de Bretagne, et par ailleurs agronome et économiste proche des Physiocrates, accueillit avec un grand enthousiasme la création de cette Société d'Agriculture, et aida activement à sa fondation puis à son développement. Il fut aussi un soutien constant pour son ami et collègue Abeille.

Armé, si l'on peut dire, des meilleurs esprits que comptait la toute récente science économique, la Société d'Agriculture de Bretagne pouvait alors agir pour la régénération de l'économie bretonne. Assurés, comme ils le noteront dans les *Corps d'Observations*, que « les deux tiers de la Bretagne sont incultes » et surtout que « la plupart des terrains cultivés produiraient le double de ce qu'on en retire aujourd'hui, si la culture y était perfection-

---

[37] F. Bourdais, op. cit., p.11

née et protégée », les membres de cette Société n'auront de cesse de chercher les moyens les plus propres pour améliorer la production agricole de la Bretagne. [38] La Société, ayant pour objectif « de recueillir ces connaissances éparses, de les rapprocher et de les répandre » cherchera constamment à obtenir des principaux intéressés, les agriculteurs eux-mêmes, des conseils et des informations nouvelles susceptibles d'accroître la production. [39] L'Agriculture se développerait aussi si des gens indiquaient quelles productions entreprendre dans quels lieux : « Il serait très essentiel que des personnes intelligentes examinassent dans chaque canton les branches d'Agriculture qui y sont ou qui y seraient les plus avantageuses. Si l'on connaissait bien la situation et l'exposition des lieux, les besoins locaux, les consommations qui sont abondantes, et qui peuvent le devenir encore plus, les ressources qui pourraient trouver ceux qui établiraient des Fabriques de matières de crû ; on aurait les meilleurs guides pour toutes les opérations économiques. » [40]

La Société de Bretagne parvint, par ses activités, par ses publications, et par sa haute estime pour l'activité agricole, à redynamiser de manière très nette l'économie régionale. « Pendant ses quatre ans d'existence, confirmera Bourdais, la Société d'agriculture, du commerce et des arts de Bretagne donna une active impulsion à la vie économique de la province. » [41] Ce fait est également confirmé par Villers, dans son étude sur l'*Histoire de la Société d'Agriculture, du Commerce et des Arts de Bretagne*. [42]

Les observateurs, agronomes et économistes que nous avons présentés au début, furent les plus grands promoteurs de cette institution, et en diffusèrent l'exemple dans leurs cercles. « Les États de Bretagne, écrivit par exemple Duhamel du Monceau, ne pouvaient donner une preuve plus frappante de leur amour pour le bien public, et de leurs lumières dans le choix des moyens de le procurer. Une Société d'Agriculture n'est plus pour eux, comme pour nous, un projet utile, un objet d'impatience et de désir ; c'est un bien dont ils jouissent ; un bien qu'ils ont créé et qui sera le germe de la félicité publique, si la Nation sait profiter d'une politique si humaine et si éclairée. [...] La Bretagne aura l'honneur d'avoir donné le ton à la France entière, sur l'objet le plus essentiel. Elle a ouvert la carrière, elle y marchera, sans doute, d'un pas plus ferme et plus rapide que les Provinces qui ne feront que l'imiter. » [43]

Cet agronome, très élogieux, était aussi tout à fait perspicace. Les mots que nous venons de citer furent publiés en 1759, quelques mois à peine

---

[38] *Corps d'observations de la Société d'Agriculture, de Commerce et des Arts, établie par les États de Bretagne*, Rennes, 1760, pp.v-vi
[39] *Ibid.*, pp. vi-vii
[40] *Ibid*, p.xvi
[41] Bourdais, « Un gentilhomme manufacturier à Rennes au XVIIIe siècle. Julien-Joseph Pinczon du Sel des Monts (1712-1781) », *Revue de Bretagne, de Vendée et d'Anjou*, Volume 42, p.12
[42] L. de Villers, *Histoire de la Société d'Agriculture, du Commerce et des Arts de Bretagne*, Rennes, 1898
[43] Henri-Louis Duhamel du Monceau, *Ecole d'Agriculture*, Paris, 1759, pp.125-126

avant que Bertin ne soit nommé Contrôleur général des Finances. Dès 1760, admiratif devant cette Société de Bretagne, ce ministre de tendance libérale décida de favoriser la création d'académies similaires, afin de diffuser les notions justes d'économie politique. Les Sociétés Royales d'Agriculture furent implantées peu à peu dans les régions françaises, à partir de 1761. Elles joueront, pour la diffusion, mais aussi pour le développement de la science économique dans notre pays, un rôle qu'il n'est pas permis de minimiser. La fiscalité, les réglementations, le commerce international (surtout celui des grains), et bien sûr les techniques agricoles : le champ des sujets embrassés par ces Sociétés Royales d'Agriculture fut étonnamment vaste. En outre, les sociétés d'agriculture aideront beaucoup le développement de la physiocratie, l'école de pensée économique fondée par François Quesnay, et qui fut, de l'avis des historiens de la pensée économique, la première à avoir posé les bases de l'économie politique scientifique. De nombreux Physiocrates furent employés dans ces Sociétés Royales d'Agriculture : Dupont de Nemours, par exemple, fut secrétaire au sein de celle de Soissons, Le Trosne de celle d'Orléans. Il faut dire également que les sociétés d'agriculture furent de bons clients pour les ouvrages des Physiocrates ainsi que de leur journal économique, les *Éphémérides du Citoyen*, auquel de nombreux bureaux étaient abonnés. [44]

Utile pour la diffusion de la pensée économique éclose depuis peu en France, ainsi que pour les progrès de la culture agricole sur les terres fertiles mais délaissées de Bretagne, cette Société d'Agriculture constitue l'une des plus influentes contributions de notre région à l'histoire du progrès des connaissances économiques. Gustave Schelle, l'historien de la pensée économique française, le confirmait déjà en son temps : « La Société d'agriculture de Bretagne rendit les plus grands services ; elle facilita la mise en valeur des terres de la Bretagne, alors inculte sur les deux tiers de sa superficie, et contribua grandement, par la publication d'un exposé de la situation économique de la province, dû presque entièrement à la plume d'Abeille et rempli de faits intéressants, à tourner les esprits du côté de la liberté industrielle. » [45]

Ce sont à des hommes dont l'humilité même a empêché le souvenir de la postérité que nous devons cette institution si glorieuse. Par cet exposé, nous avons eu plaisir à en présenter quelques-uns au lecteur, mais ce faisant, nous nous sommes exposés à une critique évidente : pourquoi célébrer des économistes dont la seule réalisation consiste en la création d'une institution qui, malgré l'évidence de ses mérites, n'en reste pas moins qu'une Société d'Agriculture ? Ce chapitre a été conçu comme une introduction aux cinq qui vont suivre, et qui nous emmèneront jusqu'au seuil de la Révolution. Ces économistes qui, sentant venir le vent, mirent sur

---

[44] Georges Weulersse. *Le mouvement physiocratique en France (1756-1770)*, Tome I, Paris, Alcan, 1910, pp.142-143
[45] Gustave Schelle, *Vincent de Gournay*, Paris, 1897, p.156

pied la première Société d'agriculture de France, et diffusèrent par cette voie les prémisses d'une pensée économique scientifique dans notre pays, allaient en effet continuer, chacun à sa manière, mais souvent sur des sujets communs, comme celui de la liberté du commerce des grains, à enrichir la France de réflexions nouvelles, audacieuses, et souvent, osons dire le mot, tout à fait pertinentes. Certains rejoindraient l'école physiocratique de François Quesnay, alors en constitution, et qui dominerait bientôt glorieusement la scène intellectuelle française en matière d'économie politique. D'autres continueraient en solitaires, refusant tous les dogmes et les prétentions d'écoles. Dans leur majorité, néanmoins, ces économistes n'eurent pas à effectuer un tel choix, ayant déjà scellé par le passé leur appartenance à un cercle et au destin d'un homme, qui en était l'animateur.

Cet homme n'était autre que Vincent de Gournay, un intendant de commerce natif de Saint-Malo. Au cours des années 1750, animé par une curiosité naturelle et par un sens vraiment touchant du devoir et du dévouement, Gournay s'était lancé dans un grand voyage à travers la France, pour mieux connaître les rouages de l'économie française et les maux qui l'accablaient. En 1753, il avait visité le Lyonnais et la Bourgogne, puis le Languedoc, le Dauphiné, et la Provence. En 1755, il reprit ses pérégrinations en direction de l'ouest : il visita le Bordelais, Bayonne, et La Rochelle. L'année suivante, il acheva son grand tour par des terres qu'il connaissait bien : d'abord l'Orléanais, l'Anjou, et le Maine, puis enfin la Bretagne, de Saint-Malo, sa ville natale, à Nantes, en passant par Rennes. C'est dans cette dernière ville, où il parvint en décembre 1756, qu'il conseilla aux États de procéder à la création de cette Société d'Agriculture que Montaudoin de la Touche, une proche connaissance, avait appelé de ses vœux. Il aida même à la composition des quatorze articles de ses statuts, qui furent arrêtés le 2 février 1757, et qui reçurent, en mars de la même année, l'approbation enthousiaste du Roi.

C'est à ce personnage éminent, qui fait vraiment honneur à la région bretonne, qu'est consacré le prochain chapitre. Il présentera la vie et les idées de celui qui, durant une décennie entière, fut le pivot de toute la pensée économique en France, et qui marqua de son empreinte la réflexion de tous ses successeurs.

CHAPITRE 2
« PARTI DU COMPTOIR »

Sur l'étendue des terres bretonnes, de Brest à Nantes en passant par Saint-Malo, naquit, au fur et à mesure des siècles, une longue tradition de comptoirs. Cette longue tradition fut à l'origine d'un enrichissement matériel considérable pour cette région intrinsèquement ouverte et commerçante ; elle fut aussi, comme nous allons le voir, la source d'un enrichissement théorique non moins considérable, dans la nouvelle sphère du savoir qu'était l'économie politique. Les familles commerçantes bretonnes furent en effet à l'origine de quelques-uns des plus grands économistes français du XVIIIe et du XIXe siècle. Plus encore, par les dispositions spéciales qu'elles transmirent à leurs héritiers théoriciens, elles firent avancer la discipline économique dans la direction du progrès et de la scientificité.

Nous verrons dans la suite de cette première partie que des deux écoles de pensée ayant émergé en France durant le siècle des Lumières, l'école physiocratique et le cercle de Gournay, chacune tirait ses origines dans des milieux socioéconomiques à la fois très marqués et très différents. D'un côté, le cercle de Vincent de Gournay, géographiquement implanté en Bretagne, représentait par ses membres les grandes traditions commerçantes de la France. De l'autre côté, dans la physiocratie de François Quesnay, une école née et établie à Versailles, et dans l'antre même du pouvoir, les origines socioculturelles étaient vantées avec une grande ardeur : Quesnay était né de parents laboureurs, et avait tiré sa théorie de l'observation de la vie rurale.

Si François Quesnay était parti de la charrue, résumera Turgot dans une belle métaphore, Vincent de Gournay, lui, était parti du comptoir. Né en 1712 dans la ville de Saint-Malo [1], Vincent de Gournay, né Jacques-Claude Marie Vincent, inscrivait même son parcours dans l'histoire de l'une des plus grandes familles commerçantes malouines. Son père, Claude Vincent, riche négociant de la ville, avait acquis la charge de conseiller secrétaire du roi. Quant à sa mère, Françoise-Thérèse Séré de la Ville Malerre, elle était également issue d'une puissante famille malouine de commerçants, conseillers, et secrétaires du Roi.

La ville de Saint-Malo abritait alors dans ses célèbres murs la communauté la plus puissance de commençants. [2] Enrichie par le commerce, cette « élite négociante », selon le mot d'André Lespagnol, avait reçu en outre

---

[1] Saint-Malo possède bien une rue Vincent de Gournay, mais, comme l'indique Gustave Schelle, elle fut choisie au hasard, étant donné qu'on ignore la maison dans laquelle sa famille et lui habitaient.
[2] Sur l'économie de Saint-Malo au XVIIIe siècle, et sur le profil de ces grandes familles commerçantes malouines, voir André Lespagnol, *Messieurs de Saint-Malo. Une élite négociante au temps de Louis XIV*, Saint-Malo, éditions l'Ancre de Marine, 1991

l'assurance de la protection du pouvoir royal, à la suite d'un épisode célèbre. « Saviez-vous que tous les Malouins sont gentilshommes, racontera plus tard un journaliste ? Non. Et bien voici l'histoire, qui n'a rien de commun avec celle de Vérone, dont tous les habitants furent déclarés nobles par Charles-Quint, qui voulait la paix avec les quémandeurs de parchemins. Les Malouins se targuent d'indépendance, et n'ont jamais rien demandé aux rois de France, au contraire, ce fut Louis XIV qui, dans un jour de détresse, leur emprunta quatorze millions ; lorsque l'échéance arriva, le roi ne put rembourser et s'avisa alors de les payer en monnaie... de roi. Il les déclara tous nobles et leur octroya le droit de porter l'épée à la cour... et leurs doléances aux oubliettes. » [3] La facilité qu'avait alors cette ville pour lancer des grandes opérations commerciales, jointe à l'expérience et à la célébrité de ses grandes familles, faisaient de Saint-Malo une base incomparable pour s'élancer vers les plus hauts sommets de cette science économique qu'on appelait encore la « science du commerce ».

Fils de commerçant, le jeune Gournay fut assez logiquement poussé à embrasser cette destinée, d'autant que des dispositions naturelles, vivifiées dès sa plus jeune enfance, l'y poussaient également. Ainsi, à 17 ans, après avoir quitté le prestigieux collège oratorien de Juilly, il partit s'installer à Cadix, dans le sud de l'Espagne, pour y gérer les affaires familiales. Place financière majeure à l'époque, Cadix avait fini par centraliser dans son port toutes les expéditions commerciales vers les colonies, après que le port de Séville, disposant anciennement d'un monopole, fut considéré comme trop petit. Son importance grandissait aussi du fait du monopole de l'Espagne sur certaines destinations, lequel monopole imposait aux navires étrangers de passer par Cadix afin d'obtenir une autorisation.

Lorsque Gournay revint en France, quinze années plus tard, sa fortune était faite. Il avait en outre construit dans son esprit, et de par cette expérience même, les bases d'une critique du système mercantiliste, alors encore tout à fait dominant, surtout en Espagne. L'économiste A. Morellet, un proche de Gournay qui se rangea plus tard à la physiocratie, notera ce fait avec perspicacité : « Ce magistrat avait été un des premiers à se convaincre par son expérience des vices de l'administration commerciale. » [4]

Dès 1744, du fait de cette expérience rare, il fut approché par Maurepas, le secrétaire d'État à la marine. Gournay entra en correspondance avec lui, et lui témoigna son expertise du commerce, qu'il étendit vite, pendant les années 1745 et 1746, grâce à des voyages réalisés en Angleterre et en Hollande, alors les deux nations les plus prospères d'Europe.

Tandis qu'il visitait les terres anglaises, il apprit la mort de Jamets de Villebarre, son associé au sein de la société familiale. Cet associé avait choisi son collaborateur et ami comme héritier : Gournay se vit donc à la tête

---

[3] Cité dans Antoine Ricard, *Lamennais et son école*, Paris, 1881, p.2
[4] *Mémoires de l'abbé Morellet, de l'Académie française, sur le dix-huitième siècle et sur la Révolution*, Tome 1, Paris, 1821, p.64

d'une fortune considérable, qui s'ajoutait aux recettes juteuses du commerce de Cadix. Il prit la décision d'arrêter les affaires, et, à présent auréolé du titre de marquis de Gournay, du nom de terres reçues en héritage, il s'installa à Paris avec l'espoir de pénétrer la haute administration publique.

Gournay avait d'abord obtenu un poste dans l'administration du commerce de par la forte impression qu'il avait laissé à Maurepas ; il fut d'ailleurs, pendant les premières années, son protégé. Cette proximité avec Maurepas aurait pu lui être préjudiciable, après que celui-ci soit tombé en disgrâce, suite à la célèbre affaire des « poissonnades », ces libelles sarcastiques contre Mme de Pompadour, mais il n'en souffrit que modérément. À la fin de l'année 1749, on lui annonçait même sa nomination à un poste d'intendant de commerce pour la Seine-et-Oise. Par envie de servir, et de mettre en application la grande philosophie économique à laquelle ses réflexions, jointes à son expérience, lui avaient fait aboutir, Gournay se tourna donc vers la haute administration des finances, et prit, en 1751, la noble charge d'intendant de commerce.

Sortes de délégués du Contrôleur général des Finances, les intendants de commerce s'occupaient à l'époque d'une ou plusieurs branches d'industrie ou de commerce, ainsi que d'une ou plusieurs régions (appelées « généralités »). Leur rôle consistait à conseiller les actions du Contrôleur général, en lui présentant les faits spécifiques à chaque région ou profession, dans des rapports envoyés à Paris. Instances surtout consultatives, les intendants de commerce avaient une influence très réduite sur la politique économique de l'État ; à part, bien entendu, quand ils savaient persuader leurs supérieurs, ou se rendre indispensables d'eux par leurs lumières et leurs connaissances, ce qui était, avouons-le, fort rare. Dans la majorité des cas, comme le résumera Gustave Schelle, « ils n'étaient que des agents consultatifs sans pouvoir de décision. » [5] Gournay se vit attribuer les généralités de Bordeaux, La Rochelle, Tours, et Limoges, ainsi que d'autres circonscriptions de moindre taille ; il fut aussi responsable de l'industrie et du commerce de la soie.

Il fut, fait tout à fait notable, le seul occupant de ce poste d'intendant de commerce à avoir déjà exercé le métier de commerçant. Cela, nécessairement, lui faisait voir l'administration avec un scepticisme naturel, et nourrissait en lui une haine du lent et toujours très inefficace fonctionnement bureaucratique. C'est Gournay, d'ailleurs, qui inventa et mena le premier cette charge, désormais classique, contre la bureaucratie : il appela ce mal la « bureaumanie ». Melchior Grimm racontera quelques années plus tard cet usage très novateur : « M. de Gournay, excellent citoyen, disait quelquefois : "Nous avons en France une maladie qui fait bien du ravage ; cette maladie s'appelle la bureaumanie." » [6]

---

[5] Gustave Schelle, *Vincent de Gournay*, Paris, 1897, p.37
[6] Melchior Grimm, *Correspondance littéraire*, tome IV, Paris, 1764, p.11

Gournay n'ignorait en aucun cas ces dispositions de l'appareil d'État quand il entra pour la première fois à son service. Ainsi qu'il l'affirmera plus tard, il eut même le souhait d'influer sur cet état d'esprit néfaste en apportant la morale et le bon sens des commerçants dans l'administration du commerce. « Lorsque j'ai désiré la charge d'intendant de commerce, écrira-t-il à Trudaine, j'y ai été poussé par l'espoir de rapprocher un peu plus le commerce et les négociants des personnes en place. » [7]

Les débuts de Gournay à l'intendance du commerce furent difficiles. Machault, Contrôleur général depuis 1745, était peu partisan de la liberté économique, et appréciait guère de se faire sermonner sur ce sujet. Face à cet homme qui, selon le mot du marquis d'Argenson, voulait « diriger le commerce par des entraves », les discussions étaient limitées. Si Gournay avait accepté le poste d'intendant de commerce dans l'espoir d'insuffler sur l'administration un nouveau vent de liberté, il est clair que ce fut un échec.

La situation s'arrangea nettement à partir de 1754, au moins pour deux raisons. La première, et la plus évidente, fut le remplacement de Machault, en juillet 1754, par Moreau de Séchelles, de tendance libérale. La seconde, en 1754 toujours, fut la rencontre de Gournay avec un jeune économiste plein de talent : Turgot. Ce dernier, ayant eu vent de l'activité littéraire des proches de Gournay, dont nous parlerons davantage dans le chapitre suivant, sollicita l'intendant du commerce pour réaliser une traduction d'un court essai de l'économiste anglais Josiah Tucker. Ce fut le début d'une collaboration fructueuse.

De par ses fonctions, Gournay fut enjoint de réaliser de longues visites sur les terres de ses circonscriptions. Il proposa à Turgot de l'accompagner. Selon Dupont de Nemours, qui connaissait parfaitement les deux hommes, Turgot considérait que les différents voyages réalisés avec Gournay dans plusieurs régions françaises avaient été « l'un des événements qui ont le plus avancé son instruction ». [8] Ainsi que nous l'avons indiqué dans le précédent chapitre, Gournay et Turgot visitèrent la Bretagne à la fin de l'année 1756, et l'intendant de commerce prêta son concours à la création de la Société d'agriculture.

Si, en 1754, le ciel s'était éclairci, trois ans plus tard le temps des réformes semblait déjà passé, et les perspectives étaient sombres. En 1757, après l'attentat de Damiens et le déclenchement d'une nouvelle guerre, la haute administration des finances devint averse à tout changement profond. En 1758, observant l'opposition farouche qu'il rencontrait, Gournay démissionna de son poste d'intendant de commerce. Le marquis de Mirabeau, dans le style toujours excessif qui le caractérisait, écrivit à propos de la retraite de son ami : « Lassé du rôle infructueux d'être la voix du désert,

---

[7] Lettre de Vincent de Gournay à Trudaine, 1758, cité dans Takimi Tsuda, *Mémoires et Lettres de Vincent de Gournay*, Tokyo, 1993, p.106
[8] Dupont de Nemours, cité dans Gustave Schelle, *Vincent de Gournay*, Paris, 1897, p.30

tu te retiras du sanctuaire de ce peuple à goitre qui te trouvait difforme de n'en avoir point. » [9]

Cette démission, qui semble bien commandée par un sentiment vif de lassitude, fut sans doute aussi motivée par les soucis de santé de Gournay. Turgot, qui lui était resté proche, fournit encore une autre explication, non moins vraisemblable : Gournay, tout consacré à sa mission d'intendant de commerce, aurait négligé les affaires commerciales qu'il avait laissées à Cadix, et dut faire face à de lourdes pertes financières. Vivement attristé par cette nouvelle, Gournay aurait souhaité quitter la haute administration pour retourner à la gestion des affaires familiales.

Quel qu'ait été son souhait à cette époque de sa vie, une trop faible santé vint l'empêcher de réaliser ses projets. De constitution fragile, Vincent de Gournay avait été constamment arrêté par des tracas de santé. Ces ennuis s'aggravèrent sérieusement à partir de 1754, le contraignant plusieurs fois à arrêter toute activité. En juin 1759, une tumeur à la hanche emporta finalement cet homme courageux. Dix ans auparavant, il avait épousé Clothilde de Verdue, fille du greffier du Grand Conseil, auprès duquel il était devenu conseiller. Il n'avait pas encore eu d'enfant lorsque, âgé de quarante-neuf ans, il la laissa veuve.

****

L'importance de la contribution de Gournay à la science économique, que nous essaierons de prouver dans ce chapitre ainsi que dans le suivant, ne saurait s'illustrer par la quantité des ouvrages dus à sa plume. Si, dans le cas des autres grands économistes bretons, on arguait contre notre propos que leurs écrits sont désormais introuvables dans nos librairies, et que ce fait même prouve leur faible importance dans l'histoire des idées, toute réponse, dans le cas de Gournay, serait sans objet : en dehors d'un léger travail de traduction d'écrits économiques, Gournay n'a laissé aucun ouvrage à la postérité.

Notre travail n'en est pas pour autant empêché, puisque sans avoir publié aucun ouvrage, Gournay ne fut pas moins un écrivain prolixe, rédigeant mémoire après mémoire pour défendre ses idées auprès de ses supérieurs au sein de l'administration des finances de la France, et fournissant à ses amis des esquisses pour qu'ils puissent, en y ajoutant leurs propres lumières, faire paraître eux-mêmes un ouvrage complet de doctrine économique. C'est ainsi que, loin de n'avoir été qu'un économiste dans ses actes, Gournay fut aussi un grand auteur. Ainsi que l'affirmera son ami Turgot, « il n'est presque aucune question importante de commerce et d'économie politique, sur laquelle il n'ait écrit plusieurs mémoires ou lettres raisonnées. Il se livrait à ce travail avec une sorte de prodigalité, produisant pres-

---

[9] Mirabeau, cité par Gustave Schelle, *Vincent de Gournay*, Paris, 1897, p.28

que toujours, à chaque occasion, de nouveaux mémoires, sans renvoyer aux mémoires antérieurs qu'il avait écrits, ne cherchant à s'éviter ni la peine de retrouver des idées qu'il avait déjà exprimées, ni le désagrément de se répéter. » [10] Ces mémoires, dont la grande partie a été perdue, ont été récemment remis à la disposition des lecteurs grâce au travail du japonais Takumi Tsuda. [11] La lecture de sa compilation de lettres et de mémoires, aussi vivifiante, aussi impressionnante qu'elle puisse être même avec le recul de deux siècles de progrès considérables de la science économique, ne saurait faire oublier qu'elle ne reprend qu'une partie, une infime partie même de l'œuvre immense de Vincent de Gournay. Cette immensité, Dupont de Nemours nous l'a fit bien sentir lorsque, dans les colonnes des *Éphémérides du Citoyen*, il affirma que l'abbé Morellet, le dépositaire des travaux de Gournay après la mort de celui-ci, s'était retrouvé en possession de plus d'une centaine de mémoires. [12]

Comment comprendre, pour autant, cette grande abondance de travaux économiques d'un côté, et cette quasi absence de publications ? La première raison, et certainement l'une des plus décisives, est sa position d'intendant du commerce, qui l'empêchait de présenter ses vues novatrices et parfois radicales avec la mention de son propre nom. Cela explique en tout cas pourquoi sa traduction de l'ouvrage de Joshuah Child parut avec la mention : *traduyt de l'anglois par Butel-Dumont*, du nom d'un de ses amis économistes, qui n'avait pris aucune part dans ce travail, bien qu'il partageait l'engagement de Gournay.

Pour autant, et bien qu'il s'empêchait clairement de publier sous son nom pour protéger son poste dans la haute administration, Gournay possédait en outre un tempérament qui le poussait peu à chercher la célébrité. Dans ses activités de traducteur comme dans celles d'écrivain économiste, Gournay cultivait une extrême modestie. L'apparition de son nom sur la couverture du titre, ou d'autres marques plus sensibles de reconnaissance, lui étaient tout à fait indifférentes. Il traduisait, aidait à traduire, et n'hésitait jamais à laisser à d'autres les lauriers de la gloire. « Il lui est arrivé souvent, indiquera Turgot, de faire honneur à des hommes en place des vues qu'il leur avait communiquées. Il lui était égal que le bien qui s'opérait vint de lui ou d'un autre. Il avait le même désintéressement pour ses manuscrits ; n'ayant aucun souci de gloire littéraire, il abandonnait sans réserves ce qu'il avait écrit à tous ceux qui voulaient écrire sur ces matières et le plus souvent ne gardait même pas de copies de ce qu'il avait fait. » [13]

C'était là une attitude qu'il cultivait partout, illustrait partout, et prouvait partout. Vincent Gournay était modeste de nature, et aussi très peu dogmatique quant aux théories. Le nantais Montaudoin de la Touche, un

---

[10] Turgot, cité dans Gustave Schelle, *Vincent de Gournay*, Paris, 1897, pp.11-12
[11] Takimi Tsuda, *Mémoires et Lettres de Vincent de Gournay*, Tokyo, 1993
[12] *Éphémérides du Citoyen*, 1769, tome V
[13] Turgot, cité dans Gustave Schelle, *Vincent de Gournay*, Paris, 1897, p.14

de ses plus fidèles collaborateur, remarqua bien ce fait, et nota : « M. de Gournay était bien éloigné de se croire infaillible ; il était trop éclairé pour descendre si bas. Il aimait à être contredit ; il savait que la discussion est la source de la lumière et de la vérité. Sa modestie était extrême. » [14]

***

En écartant le thème du commerce des grains, qui sera traité de manière approfondie dans un prochain chapitre, voyons quelles étaient les vues de Gournay sur deux des principaux sujets économiques de son temps, à savoir : 1) la réglementation de l'industrie en corporations, métiers, maîtrises et jurandes ; 2) le monopole d'une large part du commerce extérieur par la Compagnie des Indes.

1. La réglementation de l'industrie

Au cours du Moyen âge, et jusqu'au début de la Révolution Française, l'industrie et l'artisanat français étaient organisés selon le modèle dit des « corps de métier ». Afin de pouvoir exercer une profession, il fallait préalablement être reçu maître, un titre qui s'obtenait après de longues années d'apprentissage et de compagnonnage, ainsi que la présentation solennelle d'un « chef d'œuvre » devant des membres de la profession, afin d'obtenir leur accord. En outre, il était défendu à quiconque d'exercer son métier ailleurs que dans la ville dans laquelle il avait effectué son apprentissage, et les étrangers ne pouvaient pas être reçus maîtres.

Les corporations étaient nées à l'époque des premiers rois. La chute du système féodal avait laissé un vide que les corporations de métiers furent vite chargées de remplir. Ce n'est pas vraiment qu'on souhaitait réintroduire une nouvelle forme de servitude : les premières corporations ne furent que des assemblées de confrères, sans pouvoir de police ni intention réglementaire. Elles avaient pour fonction première de former des ouvriers capables, et elles y parvenaient fort bien. Par ailleurs, les corporations offraient une protection contre les *gens de guerre*, les seigneurs, et le Roi lui-même. Ainsi que le dira Charles Ganilh, « ce fut sans contredit une puissante et efficace mesure que celle qui, dans le moyen âge, après l'affranchissement des villes, au plus fort de l'oppression et des désordres de la féodalité, organisa la population des villes en corps de métiers, d'arts et de profession, les soumit à des chefs de leur choix, et les fit servir à protéger la sûreté publique et particulière, à faire respecter les propriétés, et à secouer

---

[14] J.-G. Montaudoin de la Touche, « Observations sur un article du Journal de commerce du mois de janvier 1761, concernant feu M. de Gournay, intendant du commerce », *Journal de commerce*, avril 1761, p.84

le joug de l'oppression féodale. » [15] On fut donc séduit par cette nouvelle institution. Quoi de mieux pour les différents métiers que de se voir offrir la possibilité de se gérer eux-mêmes, au lieu de subir chaque jour les vexations arbitraires du pouvoir royal ? Quelle émancipation ! quelle source de progrès ! disait-on avec enthousiasme. Et il est vrai que cette institution avait quelques avantages très réels. Il était tout à fait pertinent de souhaiter que la France soit remplie d'ouvriers capables, et sans doute n'était-ce pas absurde de s'en remettre aux membres de chaque profession pour assurer cette formation. Le système des corporations permettait de ne pas abandonner dans la tempête de l'industrie ceux qui n'y avait pas leur place, et c'était certainement un bon exercice pour l'ouvrier que de devoir prouver ses qualités par la présentation d'un chef d'œuvre. Enfin, en mettant tout le monde dans le même bateau, l'association de confrères semblait pouvoir assurer la solidarité et permettre l'entraide.

Cette pratique, saine en apparence, ne tarda pas à se pervertir. Elle commença par se transformer en loi. Le roi Louis IX fit le premier pas, et fut suivi par Henri III, et surtout Henri IV, qui introduisit l'édit de 1597. En 1673, Louis XIV lui en fournit sa forme définitive. Au lieu de réunir les marchands, les boulangers, les tailleurs, etc., on créa des associations fictives, et toujours plus nombreuses, des associations dont le ridicule, aujourd'hui si manifeste, a sans doute dû être déjà perçu à l'époque. Outre les vendeurs de poissons secs et salés et les contrôleurs du plâtre, il y avait aussi des corporations spéciales pour les contrôleurs-visiteurs de beurre frais, les vendeurs de bétail à pied fourchu, les mesureurs et porteurs de blé, les contrôleurs du Roi aux empilements de bois, etc., etc., et trois lignes d'etc. Les corporations devinrent une manière de réduire la concurrence. On diminua le nombre des pratiquants de chaque métier, on rejeta comme dangereuses les innovations techniques que les plus téméraires tâchaient d'introduire, on combattit les autres corporations pour récupérer des privilèges, et, bien entendu, on fit payer à prix d'or l'entrée dans le métier.

Le système des corporations était effectivement très rentable, et les économistes s'en rendirent compte. « Les corporations, racontera bien Joseph Droz, ne furent point établies dans des vues d'intérêt public. Henri III n'avait cherché que des ressources fiscales dans les maîtrises et les communautés dont il couvrit la France. Louis XIV eut recours à des moyens semblables : plus de soixante mille offices, tous onéreux pour l'industrie, furent vendus sous son règne. » [16] On lit la même analyse chez un auteur de la même époque : « Le but apparent de la conservation des corps de maîtrise était sans doute de concentrer l'industrie dans des mains capables de l'exercer, mais le but réel a toujours été de se réserver des ressources pour le trésor. Aussi n'a-t-on jamais vu créer des charges, multiplier des offices, augmenter les corporations, qu'à ces époques désastreuses où de

---

[15] Charles Ganilh, *Dictionnaire analytique d'économie politique*, Paris, 1826, p.172
[16] Joseph Droz, *Économie Politique, ou Principes de la science des richesses*, Paris, 1841, p.62

longues guerres et des dissensions civiles avaient tari toutes les sources de la fortune publique. » [17]

Le système des corporations, anciennement la saine pratique d'artisans en mal de protection, n'avait donc pas tardé à devenir une manifestation de tyrannie. Irrités par les vexations, freinés par les règles arbitraires, et pillés par les contributions obligatoires, les artisans et les industriels s'y opposaient de plus en plus. Leur critique de ces institutions réglementaires fut reprise et amplifiée par les écrits des grands esprits du siècle — les économistes d'abord, les écrivains ensuite, les hommes politiques enfin.

La première charge fut portée par les économistes, le marquis d'Argenson, Gournay, Cliquot-Blervache, puis toute la célèbre « secte » des économistes que l'histoire a rassemblé sous le nom de Physiocrates. Les trois premiers eurent fort à faire, car il s'agissait de lutter contre des préjugés à la mode, préjugés qui avaient même reçu l'aval de certains économistes. Jean-François Melon, économiste français célèbre en son temps pour un *Essai politique sur le commerce* datant de 1734, écrivit que les réglementations aidaient à lutter contre la « cupidité frauduleuse des marchands » et qu'elles fonctionnaient « en faveur du citoyen. » [18]

Avec le recul, il peut sembler que ce fut chose facile de convaincre la France de l'époque que l'économie nationale se porterait mieux sans les soixante-deux inspecteurs des manufactures et les quatre gros volumes de règlements ; ce ne fut pas le cas. Les abus flagrants et les illustrations de la folie réglementaire n'apparaissaient que peu à peu ; les hauts fonctionnaires français, surtout, semblèrent peu disposés à vouloir en chercher les causes. L'État continuait à prôner les règlements, n'ayant pas d'alternative raisonnable pour les remplacer. C'était là une quête futile : lorsqu'une maison brûle, se soucie-t-on de savoir par quoi on remplacera le feu, une fois qu'il sera éteint ? L'alternative aux réglementations était l'absence de réglementations.

Gournay, qui connaissait la Bretagne mieux que quiconque, y avait vu de nombreuses illustrations des défauts des règlements. L'industrie des toiles était par exemple régie par des règlements possédant pas moins de cinquante articles, alors que les ouvriers qui devaient en principe s'y conformer, ne savait souvent même pas lire. La Société d'Agriculture de Bretagne, dans ses déjà cités *Corps d'observation* rédigés par Montaudoin de la Touche et Abeille, avait d'ailleurs elle aussi prit la peine d'insister sur la folie réglementaire. On pouvait lire dans ses observations, au milieu de bien d'autres exemples du même acabit, l'histoire de cette fabrique bretonne de toiles peintes constituées de laine, fil et coton, selon un procédé ingénieux découvert par un teinturier. Toute sa profession engagea alors un procès contre lui, et il fut longtemps empêché de mener à bien son activité. Il n'obtint le droit de lancer cette entreprise que quand, le temps

---

[17] Alban De Villeneuve-Bargemont, *Economie Politique Chrétienne*, Bruxelles, 1837, p.177
[18] cité dans Gustave Schelle, *Vincent de Gournay*, Paris, 1897, pp.47-48

passant, il avait perdu tout son argent ; de sorte qu'on pourrait dire, parodiant une belle maxime, que les règlements restent souvent plus longtemps irrationnels que ses victimes ne restent solvables.

Ce combat contre la folie réglementaire, Vincent de Gournay le mena avant les autres, avec le zèle des précurseurs. Il commença à adresser le sujet dès ses premières années dans l'administration, en 1752-1753, dans ses lettres à son supérieur, Trudaine. Le principal argument qu'il développa à l'époque pour défendre la libéralisation de l'industrie fut que la réglementation, en pesant sur l'activité économique locale, favorisait le développement des nations concurrentes, qui, elles, ne subissaient pas de tels règlements. Lorsque Trudaine lui proposa l'idée de créer une caisse pour le paiement des contrôleurs et inspecteurs, abondée par des contributions obligatoires de la part des manufacturiers, Gournay lui communiqua son opposition, et répondit : « il est certain que le fabricant français qui contribue à payer un inspecteur, est dès lors plus chargé que le fabricant anglais ou hollandais, son concurrent, qui n'en paye point. » [19]

Cette caisse, et l'impôt supplémentaire sur les fabricants, furent néanmoins créés. Suite à quoi Gournay revint à la charge, et envoya à Trudaine sa traduction d'un chapitre de l'économiste anglais Joshuah Child, consacré à cette problématique, avec quelques commentaires liminaires. Après une longue présentation des défauts des règlements, il conclut : « Rien n'est plus aisé que de prononcer des confiscations. Il ne faut ni beaucoup d'habileté, ni beaucoup de réflexion pour cela, mais si par là nous ruinons nos fabricants et leur interdisons de fabriquer des étoffes telles que les étrangers ont la liberté de fabriquer, nous concourons nous-mêmes à ruiner notre commerce. Voici, Monsieur, quelles ont été mes vues, je les soumets à votre jugement. » [20]

Il proposa alors son idée audacieuse de réforme : libéraliser entièrement l'industrie, en n'obligeant le manufacturier qu'à signer ses produits. Chaque fabricant serait alors libre de produire comme bon lui semble ; le consommateur serait le seul juge des marchandises. « Je voudrais, écrivit-il à Trudaine, laisser sur cela toute liberté au fabricant en l'obligeant seulement de marquer sur la pièce l'aunage quelconque. [...] L'essai que l'on ferait à cet égard pourrait servir à nous décider par la suite sur la grande question de savoir si la liberté totale convient mieux pour étendre et soutenir le commerce que les restrictions et les peines ordonnées par les règlements. » [21] C'était là une proposition de réforme tout à fait sensée, et aisée à mettre en pratique. C'était sans compter l'opposition de ces corps de métiers, farouches défenseurs de leurs intérêts particuliers. Gournay n'était d'ailleurs pas dupe. « Tout le monde réclame la liberté du commerce, écrivit-il un jour, mais lorsque pour en venir à cette liberté, il doit en coûter

---

[19] *Ibid.*, p.54
[20] *Ibid.*, p.56
[21] *Ibid.*, p.59

quelque chose à l'intérêt particulier, on est toujours prêt à dire que la liberté du commerce est bonne en général, mais nuisible dans le seul point où notre intérêt particulier est blessé, et que, pour ce seul point, on doit l'exclure de l'administration. C'est le langage des fabricants de Tours, celui de ceux de Lyon et de tous les marchands et fabricants du royaume qui ont été assez habiles pour persuader que tout ce qui convenait à leur intérêt particulier n'était autre que le bien général, tandis que, dans le fait, il n'y a rien de plus opposé. » [22] Dans une autre lettre, qui aurait pu rester fameuse tant elle illustre bien les intuitions de Gournay, son bon sens même, mais aussi l'élégante modestie avec laquelle il présentait ses réflexions à ses supérieurs, l'intendant de commerce présenta à nouveau ces raisons. Qu'il nous soit permis de citer longuement les mots de l'intendant du commerce :

> « Il paraît que c'est une maxime reçue à Lyon, comme partout ailleurs, que le commerce doit être libre ; mais que l'on a restreint à Lyon ce que l'on entend par la liberté du commerce à la faculté de la vente des marchandises, pendant que les fabriques qui sont le principe du commerce et surtout le principe du commerce de la ville de Lyon, y sont dans une scène horrible par suite de la bizarrerie des statuts et des lois de ses différentes communautés. À Amsterdam et dans les autres fabriques étrangères, un homme n'a point de temps limité pour l'apprentissage ; il est maître de travailler plus tôt ou plus tard, suivant qu'il a plus ou moins de talents, mais celui qui en a le moins ne passe jamais dix ans pour parvenir à la maîtrise qui ne lui coûte rien.
>
> Peut-être mes réflexions vous paraîtront-elles défectueuses, faute par moi de connaître le local ; dans ce cas-là, vous les rectifierez, mais je crois les avoir puisées dans les principes généraux du commerce qui sont de même pour tout l'univers. Si elles vous paraissent établies, il faut que le bien et l'avantage de la ville de Lyon viennent d'elle-même et qu'elle commence par reconnaître que les statuts de ses diverses communautés, éloignant de nouveaux ouvriers et de nouveaux citoyens, empêchent l'augmentation du commerce qui est indispensable à celle du peuple. Si un Breton ou un Normand voulait s'établir à Lyon pour y travailler dans la fabrication, il ne serait pas reçu ; cependant il contribuerait par son travail au bien de la ville. Si ce même Breton ou Normand va s'établir à Londres ou à Amsterdam, il y sera bien reçu et les étoffes qu'il fabriquera feront tort à celles de Lyon. » [23]

Mémoire après mémoire, lettre après lettre, Gournay n'eut de cesse de dénoncer l'absurdité du système réglementaire français. À la suite de chaque visite d'une manufacture, à la suite de chaque tour dans une région, c'était la même rengaine : Gournay fournissait son compte-rendu, et indiquait qu'il revenait « très convaincu que les règlements ont répandu le découragement dans la fabrique et qu'ils ont arrêté les progrès qu'une grande concurrence, beaucoup de génie et d'émulation auraient immanquablement produits. » [24]

---

[22] *Ibid.*, p.62
[23] *Ibid.*, pp.95-96
[24] *Ibid.*, p.67

Autour de lui, les adversaires de la réglementation étaient très admiratifs de son combat. « J'ai eu hier une conversation avec M. de Séchelles, écrit par exemple le marquis d'Argenson dans son journal, en août 1755 ; je me suis réjoui du système où je l'ai vu et où je l'ai tant excité, depuis qu'il est en place : c'est de laisser une grande liberté au commerce. Il se plaît à entendre discourir M. de Gournay, qui pousse cette idée et l'applique merveilleusement. M. de Séchelles dit que M. de Gournay va jusqu'à lui proposer de rompre les jurandes, c'est-à-dire les communautés d'artisans et de marchands, de façon que les métiers soient ouverts, ce que j'approuve fort. » [25]

Non content de défendre ces vues dans ses lettres et mémoires, Gournay tachait aussi de les mettre en application dans sa pratique quotidienne de l'intendance de commerce. Lorsqu'un industriel, vers 1756, lui écrivit pour demander un privilège exclusif d'exercer sa profession, Gournay lui répondit sèchement : « Vous ne devez compter sur aucun privilège exclusif. Le Conseil étant résolu de n'en point accorder. » Les années passant, les demandes de cette nature furent suivies d'une réponse semblable. « On est trop convaincu par l'expérience du préjudice que causent ces sortes de privilèges, écrivait-il à un autre industriel, pour en accorder davantage. » [26]

Pour soutenir ses arguments encore tout à fait audacieux pour l'époque, Gournay encouragea les économistes réunis autour de lui à dénoncer également dans leurs écrits ces règlements qui paralysaient l'industrie. En 1754, Plumard de Dangeul publia ses *Remarques sur les avantages et les désavantages de la France et de la Grande-Bretagne par rapport au commerce et aux autres sources de la puissance des États*, ouvrage revu, si ce n'est plus, par Vincent de Gournay, et dans lequel l'auteur dénonçait ouvertement les réglementations sur l'industrie comme l'une des principales causes de l'infériorité économique de la France. « Les corporations, écrivait-il par exemple, sont des corps hors de la République, qui de leurs chartes et privilèges se font un rempart contre l'industrie de leurs compatriotes. » [27] Sur les privilèges royaux accordés à certains industriels, Dangeul n'était pas moins avare de critiques : « Il n'y en a pas un privilège exclusif qui ne soit injuste et déraisonnable. C'est un vol fait à la société. L'industrie de plusieurs est arrêtée et découragée par la crainte qu'après bien du temps et de la dépense, un privilège ne vienne leur faire perdre sans ressources leurs avances et leur peine. Tous ceux qui sollicitent un privilège n'appellent pas un seul prétexte plausible qui puisse l'obtenir. Si c'est un secret que ce qu'ils proposent, ont-ils besoin de privilège pour garder un secret ? Allèguent-ils qu'on contrefera leurs ouvrages ? Si les leurs sont meilleurs, ils sont sûrs de la préférence. » [28]

---

[25] *Ibid.*, p.122
[26] *Ibid.*, p.143
[27] *Ibid.*, p.125
[28] *Ibid.*, p.142

En 1757, les efforts de Gournay et Dangeul ayant été infructueux, malgré l'attention qu'on prêtait aux affirmations du premier, et malgré le succès de l'ouvrage du second, l'intendant de commerce décida de revenir à la charge sur cette question importante. Membre de l'Académie d'Amiens, il la mit au concours de celle-ci, et rédigea les questions de la façon suivante : « Quels obstacles les corps de métiers opposent-ils à l'industrie ? Quels avantages résulteraient de leur suppression ? Les secours que les corporations ont donnés à l'État ont-ils été nuisibles ou avantageux ? Quelle serait la meilleure méthode de procéder à la suppression de ces corps ? » Il chargea l'un de ses proches collaborateurs, l'économiste Simon Cliquot-Blervache, de composer un mémoire pour y répondre, et de le soumettre aux votes de l'Académie. Son *Mémoire sur les corps de métiers* fut, selon l'avis de Dupont de Nemours, « composé sous les yeux et sur les conseils de l'illustre Gournay. On y reconnaît, comme dans tout ce qui émanait de ce digne magistrat, d'excellents principes sur la liberté du commerce. On y trouve les observations les plus justes et les mieux fondées sur le tort que font à la société les règlements des manufactures et les exemples les plus singuliers du dommage que causent les inspecteurs qui s'attachent à faire exécuter ces règlements, toujours inutiles quand ils ne sont pas dangereux et le plus souvent inexécutables. » [29]

Dix ans plus tard, ce sera encore d'un proche de Gournay, et dans un ouvrage composé, semble-t-il, avec son aide, que les critiques reviendront. L'abbé Coyer, écrivain assez talentueux mais peu connaisseur des faits et des principes économiques, publia un roman mettant au pilori les corporations et autres réglementations de l'industrie. Subtilement intitulé *Chinki : Histoire cochinchinoise, applicable à d'autres pays*, ce court roman très agréable à lire racontait l'histoire d'un agriculteur de Cochinchine, actuel Vietnam (mais, comme l'indique le titre, c'est d'un « autre pays » dont on parle : la France) qui fut forcé de quitter sa campagne suite à l'augmentation des impôts sur les terres. Souhaitant placer ses enfants dans un métier, il découvrit avec étonnement les barrières qu'une folie réglementaire avait apposées partout. Cette description, toujours très fine, dut beaucoup à Gournay, qui avait visité à de nombreuses reprises les grandes villes françaises, où sévissait cette sur-réglementation.

Une telle activité critique face à ces règlements ne pouvait rester sans résultat. Ce résultat vint en 1776, grâce à celui qui fut l'élève de Gournay, et qui rédigea plus tard en son honneur un *Éloge de Gournay* : Turgot. Devenu Contrôleur général des finances, Anne-Robert-Jacques Turgot saisit cette occasion pour réformer ce qui avait été le cheval de bataille de son maître : il prépara et fit signer un édit qui supprimait les corporations de métiers et déréglementait massivement l'industrie française.

Il ne faut pas croire, néanmoins, que Turgot ait imposé ces vues à l'administration des finances. À l'époque où il entra au ministère, les esprits,

---

[29] *Ibid.*, pp.126-127

sur cette question, étaient déjà changés, comme il put s'en convaincre lui-même. En 1775, il s'enquirit auprès des membres de son ministère pour préparer une réduction du nombre des lois sur l'industrie, afin de « libérer enfin le commerce de la France ». Simon Cliquot-Blervache, devenu son Inspecteur Général des Manufactures et du Commerce, répondit que « ces règlements sont tous nuisibles », conseilla leur suppression complète, et demanda l'avis de ses Inspecteurs régionaux. J. M. Roland de La Platière, Inspecteur des Manufactures pour la généralité d'Amiens, répondit ceci : « Je cherche vainement quels règlements de fabrique il conviendrait de laisser subsister pour le bien du commerce. Je les ai tous lus, j'ai longtemps médité sur cette froide et longue compilation ; j'en ai envisagé l'effet et suivi les conséquences ; je crois qu'on les doit tous supprimer. J'ai également cherché s'il résulterait quelque avantage de leur en substituer d'autres ; partout, en tout, je n'ai rien vu de mieux que la liberté. » [30] Telle fut l'œuvre, telle fut l'influence de Gournay.

II. La Compagnie des Indes

Jusqu'au XVIIIᵉ siècle, le commerce avec les Indes était constitué en monopole et administré par l'État, à travers la célèbre Compagnie des Indes orientales. Instituée par Colbert en 1664, cette compagnie forte d'un capital de plus de huit millions de livres avait établi son siège à Lorient et faisait espérer à ses actionnaires, toujours plus nombreux, d'importants bénéfices. Ayant obtenu le monopole exclusif sur tout le commerce avec l'Extrême Orient, elle pouvait à bon droit nourrir l'enthousiasme, et justifier avec grande pompe son élégante devise : *Florebo quocumque ferar* ; comprenez « Je fleurirai là où je serai portée ».

En 1720, mise à mal par le scandale lié aux opérations de John Law, la Compagnie semblait fragile, et sa mort envisageable. Soutenue par l'État, qui investissait beaucoup et espérait beaucoup en retour, elle finit par regagner la confiance et rétablir sa situation. Ce ne fut qu'une trêve passagère : dès 1750, la Compagnie se mit à essuyer de lourdes pertes. La concurrence des Anglais et des Hollandais, si elle mettait nécessairement à mal les prétentions commerçantes de la France, n'était pas le plus grand mal qui rongeait la Compagnie des Indes. De par sa constitution en monopole, et son inféodation à l'État, elle était impropre au succès. Les choix commerciaux étaient d'ailleurs également contestables, et déçurent les actionnaires. Les dirigeants de la Compagnie, rapportera-t-on même plus tard, passaient leur temps à profiter des établissements de celle-ci pour commercer pour leur compte.

Le désordre croissant de la Compagnie, s'il n'attira pas immédiatement l'attention des ministres de la France, devint un sujet majeur de préoccu-

---

[30] repris dans *Économie Politique. Recueil de monographies*, 1843, Tome 1, Bruxelles, 1851, p.94

pation dès que ses comptes furent en perte. On chargea alors Étienne de Silhouette, en passe de devenir Contrôleur général des finances, de mener son enquête. Celui-ci envoya un rapport accablant sur la Compagnie, immédiatement contesté par M. de Montaran, commissaire du roi en charge des opérations de celle-ci. Bref, l'affaire n'avançait pas. Pour mettre enfin de l'ordre dans le fonctionnement de la Compagnie des Indes, et tirer au clair cette affaire qu'on savait d'avance peu glorieuse pour l'État, Vincent de Gournay, dont on connaissait vraisemblablement l'intégrité et la rigueur, fut missionné de mettre au clair les différentes vues sur l'état de la compagnie. En 1755, il écrivit donc un mémoire, intitulé « Observations sur le rapport fait à M. le Contrôleur Général sur l'état de la Compagnie des Indes ». Il y expliquait que les vices inhérents au monopole provoqueraient tôt ou tard la chute de la Compagnie, et que les solutions qu'on proposait étaient illusoires. C'était un coup très grave porté à la Compagnie des Indes, mais il resta sans réponse. Gournay, qui proposait de privatiser cet ancien monopole qu'on croyait encore pouvoir sauver, ne pouvait être écouté. Dans les rangs de l'administration des finances, on s'étonna même du ton du mémoire, très rare chez un intendant. « Si l'on parlait ainsi aux actionnaires, dira-t-on à l'époque, ce serait la première fois qu'on leur parlerait vrai. » [31]

Ce mémoire fut pourtant un déclencheur. Pendant les années qui suivirent, et jusqu'à la suspension de la fameuse Compagnie en 1769, tous les économistes que comptait la France — à l'exception notable de Necker — se rallièrent au combat contre la Compagnie des Indes. Elle fut attaquée de toutes parts, et de toutes parts elle prit l'eau. Quesnay fit valoir qu'elle coûtait plus qu'elle ne rapportait. Dupont de Nemours la considéra même comme une cause potentielle de guerre, écrivant qu'il « est impossible que ces établissements et ces colonies exposées à 6 000 lieux de la métropole, à la jalousie des barbares de l'Inde, et à celle des différentes compagnies européennes, qui ne sont pas beaucoup moins barbares, n'excitent point de guerres. » [32] Après une décennie de vives critiques de la part des économistes physiocrates, le coup de grâce fut porté par un ami et collaborateur de Gournay, l'abbé André Morellet. En 1769, il publia un *Mémoire sur la situation actuelle de la Compagnie des Indes*. Il y reprenait les arguments de Gournay, citait les thèses du mémoire de l'ancien intendant de commerce, et notait, après avoir résumé les idées de son ancien maître : « Tel est le précis des observations de M. de Gournay, dans lesquelles on reconnaît tous les bons principes du commerce. Nous renvoyons nos Lecteurs à l'original, que nous imprimerons à la fin de cet ouvrage. Nous nous contenterons de remarquer ici que ce Mémoire, fait il y a quatorze ans par un homme impartial, suffirait seul pour mettre en état de décider les ques-

---

[31] Gustave Schelle, *Vincent de Gournay*, Paris, 1897, p.150
[32] cité dans Alain Clément, « Du bon et du mauvais usage des colonies : politique coloniale et pensée économique française au XVIIIe siècle », *Cahiers d'économie politique*, 2009, 1, n°56, p.117

tions que l'on agite aujourd'hui, relativement à la situation actuelle de la Compagnie ; parce qu'elle se trouve aujourd'hui dans les mêmes circonstances où elle était alors, et qu'il est évident que si on eût suivi en 1755 l'avis de M. de Gournay, les Actionnaires auraient aujourd'hui cinquante millions de plus en capital, et un dividende proportionné. » [33] Gournay avait encore correctement anticipé les choses. Pour une fois, on lui en savait gré.

***

Après avoir jeté nos regards sur quelques-uns des grands thèmes traités par Vincent de Gournay, nous ne pouvons conclure autre chose que ceci : sur toutes ces questions capitales pour le bien-être matériel des hommes, Gournay a jeté une lumière nouvelle et féconde. « Vincent de Gournay est le premier qui ait entamé la lutte contre les procédés pédantesques des gouvernants et contre la cupidité particulière des protégés, écrira Gustave Schelle. Il a devancé Quesnay de quelques années, Turgot de près de vingt ans. » [34] Quand on s'aperçoit avec étonnement que son nom n'est plus cité, tandis que ses continuateurs connaissent la gloire, comment ne pas être choqué et attristé tout à la fois du sort que la postérité a réservé à ce si brillant humaniste ?

Concernant Quesnay, d'abord, il est indiscutable que Gournay l'ait devancé, et peut-être l'a-t-il influencé. Les deux hommes s'étaient rencontrés en 1758, à une époque où Gournay, malade, achevait sa carrière de haut fonctionnaire et d'économiste, et où Quesnay, établi à Versailles depuis peu, venait d'abandonner la chirurgie pour l'économie politique. Selon les dires de Dupont de Nemours, Gournay et Quesnay reconnurent l'exacte convergence de leurs vues, et repartirent satisfaits. En ardent défenseur de la physiocratie, Dupont de Nemours passe en réalité sous silence les deux grands sujets sur lesquels ces deux économistes étaient en désaccord, et qui ont très certainement été au centre de leur discussion.

La première, fondamentale, tient au rôle de l'agriculture dans le processus économique. Les physiocrates, comme nous le savons, firent de l'agriculture la seule activité productive, et considérèrent l'industrie comme « stérile ». Ils en tirèrent des conséquences très fausses du point de vue fiscal, et arguèrent en faveur d'un impôt unique sur les terres. Gournay était loin de partager cette position, et considéra toujours que toute activité économique était productive. Son expérience de commerçant et ses origines malouines l'aidèrent sans aucun doute à se prémunir contre cette erreur malheureuse.

---

[33] Gustave Schelle, *Vincent de Gournay*, Paris, 1897, p.61
[34] *Ibid.*, p.6

La seconde, qui pourrait apparaître, à tort, comme une subtilité de théoricien, signalait bien l'opposition de caractère et la divergence de philosophie générale. Il s'agissait de la question de savoir si l'État devait fixer le taux de l'intérêt. Bien que reconnaissant tous deux qu'un plus faible taux d'intérêt constituerait un vif encouragement pour l'industrie et, d'une manière générale, pour la production, le rôle que l'État devait jouer dans ce processus divisait les deux grands fondateurs de l'économie politique française. Tandis que chez les Physiocrates, on portait ses suffrages sur l'intervention de l'État, Gournay restait fidèle à sa grande maxime et préférait laisser à la concurrence la fixation du taux d'intérêt.

Anne-Robert-Jacques Turgot, bien qu'il sombra dans la première source d'erreur, fut néanmoins très nettement influencé par Gournay, et adopta par exemple sa position sur le taux d'intérêt. Il faut le redire, Turgot avait suivi Gournay dans ses voyages à travers les régions françaises, et l'avait très tôt considéré comme un mentor. Selon lui, Vincent de Gournay était un modèle d'intransigeance, de hauteur morale et de plus parfait désintéressement. Gournay, rappela Turgot, s'était toujours refusé à vivre aux dépens de l'État, en obtenant un privilège auprès du Roi, qui en donnait à l'époque beaucoup. « Je ne veux point qu'on puisse me reprocher de me prêter, pour mon intérêt, à des exceptions à mes principes », disait-il. [35] Gournay était aussi, pour Turgot, un modèle de clarté en matière d'économie politique. Lorsque Galiani, dix ans après la mort de Gournay, publia des *Dialogues sur le commerce des grains* pour contester la théorie de la liberté du commerce, Turgot s'offusqua dans une lettre à Mlle Lespinasse : « Il a l'art de tous ceux qui veulent embrouiller les choses claires, des Nollet disputant contre Franklin sur l'électricité, des Montaran disputant contre de Gournay sur la liberté du commerce. » [36]

Turgot, enfin, nous a laissé un *Éloge de Gournay*, qui renferme les idées économiques de celui que l'éphémère Contrôleur général des Finances considérait comme son maître. Dans ce texte précieux, Turgot nous renseigne de manière précise sur le sens que donnait Gournay à une expression qui restera célèbre, et que Gournay utilisait pour résumer ce qu'il appelait son *système* : « laissez faire, laissez passer ». Par ces quatre mots raisonnait pour la première fois tout l'idéal de la liberté économique, tant vanté et tant ardemment soutenu par Gournay. Laisser faire les hommes, laisser passer les marchandises : telle était, ou plutôt telle devait être la première et la seule maxime de la puissance publique, eu égard aux grandes questions économiques.

Dans son *Éloge de Gournay*, cherchant à résumer ce que pouvait signifier dans l'esprit de son maître à penser cette si belle et pourtant si simple expression, Turgot lui accorda une autre grande découverte. Cette découverte, c'est celle qui, plus de quinze ans après la mort de Gournay, fera la

---

[35] *Ibid.*, p.28
[36] Lettre de Turgot à Mlle Lespinasse du 26 janvier 1770

célébrité de l'Écossais Adam Smith : le fameux concept de la « main invisible », cette idée que la recherche de l'intérêt personnel, aussi égoïste qu'on puisse la supposer, mène irrémédiablement à l'intérêt général. En avance sur son temps, Gournay avait déjà parfaitement compris ce principe, et l'avait énoncé. Turgot écrit :

> « M. de Gournay concluait que lorsque l'intérêt des particuliers est précisément le même que l'intérêt général, ce qu'on peut faire de mieux est de laisser chaque homme libre de faire ce qu'il veut. Or, il trouvait impossible que dans le commerce abandonné à lui-même l'intérêt particulier ne concourût pas avec l'intérêt général. »[37]

Autrement dit, Gournay considérait que dans la sphère économique, on pouvait, et en réalité, on devait laisser les hommes agir librement, convaincus qu'ils connaîtraient toujours mieux que des ministres ce qui constitue leur intérêt propre, et qu'en le suivant, il était impossible qu'ils ne fassent du mal à la société ; mieux : qu'il était impossible qu'ils ne lui fassent quelque bien.

Ce principe fécond, et mille autres plus pertinents et plus puissants encore, Gournay les avait tirés de son expérience commerçante et de ses réflexions approfondies sur la science du commerce. S'il avait accouché seul de ce grand système, il aurait déjà mérité notre reconnaissance pour avoir combattu le premier contre la prétention d'omnipotence des ministres. Mais il ne fut pas seul, il ne lutta pas seul. Réunis autour de sa personne, et dans un but commun, une vingtaine de penseurs formèrent le premier regroupement d'économistes connu dans l'histoire.

Avant de passer ce « cercle de Gournay » sous nos regards, c'est avec les mots de Turgot, dans son *Éloge* déjà cité, que nous clôturerons ce chapitre. Il nous apparaît qu'il a donné, avec le plus de style, et le plus de véracité tout à la fois, le témoignage de l'héritage de Gournay, et l'explication des raisons que nous avons, aujourd'hui encore, de l'étudier, de le citer, et de le célébrer.

> « M. de Gournay mériterait la reconnaissance de la nation, quand elle ne lui aurait d'autre obligation que d'avoir contribué plus que personne à tourner les esprits du côté des connaissances économiques. Cette gloire lui serait acquise quand ses principes pourraient encore souffrir quelque contradiction ; et la vérité aurait toujours gagné à la discussion des matières qu'il a donné occasion d'agiter. La postérité jugera entre lui et ses adversaires. Mais en attendant qu'elle ait jugé, on réclamera avec confiance pour sa mémoire l'honneur d'avoir le premier répandu en France les principes de Child et de Jean de Witt. Et, si ces principes deviennent un jour adoptés par notre administration dans le commerce, s'ils sont jamais pour la France, comme ils l'ont été pour la Hollande et l'Angleterre, une source d'abondance et de

---

[37] Turgot, *Éloge de Gournay*, in Turgot, *Écrits économiques*, Calmann-Lévy, 1970, p.87

prospérité, nos descendants sauront que la reconnaissance en sera due à M. de Gournay. » [38]

Nous n'aurions pu mieux le dire.

---

[38] *Ibid.*, p.101

CHAPITRE 3
LE CERCLE DES FONDATEURS

Vincent de Gournay, en partant du comptoir, avait abouti à la liberté économique et à la science du commerce. Il ne fut pas le seul à effectuer ce chemin. Autour de lui, ou plutôt avec lui, de nombreux économistes, bretons par origine ou par affiliation, mirent leurs forces en commun dans le but de venir à bout de cette société d'Ancien Régime paralysée par les réglementations et meurtrie par une fiscalité oppressive, que l'intendant de commerce avait passé sa vie à condamner, et que ses idées, jointes à celles des philosophes et des économistes physiocrates, allaient finalement emporter dans la grande tourmente révolutionnaire.

Ce troisième chapitre, prenant la suite du précédent, qui présentait Gournay, détaillait sa trajectoire au sein de l'administration, et développait ses principales idées économiques, sera tout entier consacré à ce groupe d'économistes que l'histoire de la pensée a fini par nommer, avec justesse, le « cercle de Gournay ». Ce chapitre montrera en quoi, dix ans avant leurs successeurs les Physiocrates, ce cercle, profondément ancré en Bretagne, développa les thèmes de l'économie politique avec une puissance théorique, des intuitions, et un succès qui ne méritent pas l'oubli dans lequel il est aujourd'hui tombé.

Les manuels d'histoire de la pensée économique — du moins ceux qui ne se contentent pas naïvement de commencer avec le mythe du « Adam Smith fondateur de la science économique » —, négligent habituellement toute cette série d'économistes qui, quelques années avant les Physiocrates, fondèrent la science économique en France. Lorsque l'on parcourt les écrits de l'époque, ceux des philosophes et des commentateurs, on est frappé du succès des écrits économiques, et de la popularité des questions qu'ils traitent, à une époque où la physiocratie n'existait pas encore, et où François Quesnay n'était encore qu'un simple médecin. Melchior Grimm, fin observateur de la scène littéraire française, écrivit par exemple, dès mars 1755, que « rien n'est si commun, depuis dix-huit mois, que les ouvrages sur le commerce ».[1]

C'est là un passage très étonnant, et inexplicable si l'on écoute nos manuels, selon lesquels F. Quesnay, en 1757, fonda la science économique. L'école physiocratique, en effet, prit corps en 1757, après la conversion du marquis de Mirabeau aux idées du futur « maître » Quesnay. Les premiers recrutements intervinrent dès après : Mercier de la Rivière, encore intendant en Martinique, se lia à l'école en 1758. Pierre-Samuel Dupont de

---

[1] Melchior Grimm, *Correspondance littéraire*, t.II, pp.506-507

Nemours ne fut recruté par Mirabeau qu'en 1763. Le Trosne s'y inséra à la même époque, et parvient à convaincre Nicolas Baudeau, qui devient physiocrate en 1766. Ce n'est qu'à cette date qu'est constitué le noyau dur de l'école. Les premiers écrits qualifiés de physiocratiques avaient été les articles « Fermiers » et « Grains », que Quesnay fournit pour l'*Encyclopédie* de Diderot et d'Alembert, en 1757-1758.

La vérité est que c'est durant la décennie 1750 que nous trouvons le début de l'économie politique scientifique. Le *Journal Œconomique* est créé en 1751, le cercle de Gournay se forme la même année ; l'école physiocratique, à l'inverse, ne se constituera qu'à la fin de cette décennie. Dans son intéressante étude sur l'édition des ouvrages économiques au cours du XVIIIe siècle, Christine Théré indique que pas moins de 349 livres d'économie furent publiés entre 1750 et 1759, contre seulement 83 entre 1740 et 1749. [2] Cette hausse sensible d'activité littéraire dans la science économique est en grande partie de la responsabilité du cercle de Gournay, qui sera à l'origine d'une quarantaine d'ouvrages, dont certains rencontreront un très large succès : citons les *Remarques sur la France et la Grande-Bretagne* de Plumard de Dangeul, les *Éléments de Commerce* de Forbonnais, la *Noblesse Commerçante* de Coyer, et l'*Essai sur la police des grains*, par Herbert, avec son supplément de Montaudoin de la Touche.

C'est à la connaissance de ce cercle prolifique que nous souhaitons contribuer avec ce chapitre. Une étude générale, qui manquait encore, a été produite récemment par l'INED, sous la direction de Loïc Charles, Frédéric Lefebvre et Christine Théré. Elle est intitulée : *Le Cercle de Gournay : Savoirs économiques et pratiques administratives en France au milieu du XVIIIe siècle*. Le lecteur qui trouverait dans la très sommaire présentation que constitue ce chapitre, une source nouvelle de réflexions qu'il souhaiterait approfondir, obtiendra dans ce très érudit et très complet ouvrage de quoi satisfaire sa curiosité. Le présent chapitre ne peut prétendre à embrasser la somme de toutes les problématiques soulevées par l'ouvrage de l'INED. Nous tâcherons de nous acquitter du mieux que nous pourrons de la tâche difficile de présenter en si peu de pages l'activité littéraire d'un groupe aussi prolifique, aussi influent, et aussi savant que le cercle de Gournay. Pour cela, la première partie sera consacrée à la description des grands objectifs que Gournay avait fixé à son cercle d'économistes, et aux réalisations qu'on peut porter à son crédit. La seconde, plus biographique, présentera en détail quelques membres de ce cercle, avec une mention spéciale pour les bretons, qui y étaient majoritaires.

C'est en mars 1751 que naquit le cercle de Gournay. À cette date, Gournay fut nommé intendant du commerce, une position qui le mit en relation avec tout le réseau des économistes français de l'époque, tant avec ceux de

---

[2] Christine Théré, « Economic publishing and authors, 1566-1789 » in *Studies in the History of Political Economy. From Bodin to Walras*, Londres, 1997, pp.13-18

l'école physiocratique de Quesnay, encore en formation, qu'avec les économistes que comptaient alors la Bretagne, et qu'il parvint à réunir autour de lui. D'abord constitué des hauts fonctionnaires que Gournay côtoyait au sein de l'appareil d'État, et de quelques économistes proche de leurs réseaux, le cercle fut initialement conçu comme une association de libre penseurs désireux de populariser, en France, cette nouvelle science de l'économie politique.

Trudaine, le supérieur direct de Gournay au sein de l'administration du commerce, fut le premier membre du cercle. On peut considérer que son adhésion date de 1752, année à partir de laquelle, apprenant à mieux connaître son brillant intendant, il en mesura les qualités et accepta de s'associer à lui. Avouons-le, il n'apporta aucune aide, au niveau littéraire, à la diffusion des principes économiques, mais travailla à mobiliser des troupes dans le combat de pédagogie économique engagé par Gournay, puis par son cercle. C'est lui, par exemple, qui dirigera le jeune Turgot, alors presque inexpérimenté sur ces questions d'économie, vers Gournay et ses amis.

En cette même année de 1751, ce fut un économiste qui décida de lier son destin avec celui de Gournay : Véron de Forbonnais. Recrue de prestige, Forbonnais restera longtemps l'un des économistes les plus capables du cercle. C'est en 1751, tandis qu'il travaillait à plusieurs articles économiques pour l'*Encyclopédie* de Diderot et d'Alembert, qu'il fit la rencontre de Gournay et décida de travailler en collaboration avec lui. Dès 1752, il traduisit un ouvrage de l'économiste espagnol Ustariz, peut-être sous la demande expresse de Gournay. Sa « traduction libre » paraîtra en 1753, la même année que ses articles pour l'*Encyclopédie*.

Originaire du Mans, Forbonnais se rattachait à la Bretagne par ses intérêts commerciaux. La famille Véron produisait des draps et travaillait avec les grands ports bretons, et notamment celui de Nantes, ce qui mettra plus tard Forbonnais en contact avec Montaudoin de la Touche, économiste et armateur nantais. Après son départ de Nantes, la production drapière des fabriques de Forbonnais partait en destination de Cadix, pour être ensuite exportée dans les colonies. Bien que cela ne soit qu'une conjecture, il est donc possible que Gournay et Forbonnais se soit connus avant leur rencontre physique en France, laquelle date, comme nous l'avons dit, de 1751.

En 1752, Forbonnais introduisit son cousin, Plumard de Dangeul, auprès de Gournay, et celui-ci l'inséra au sein du cercle. Il lui fit traduire un autre ouvrage espagnol, celui-ci d'Ulloa. La traduction paraîtra en 1753. Plumard de Dangeul, possédant alors un grand réseau de connaissances, apporta à son tour au cercle plusieurs nouvelles recrues : Malesherbes, l'abbé Le Blanc, et l'abbé Coyer. Ces deux derniers s'illustrèrent immédiatement par leur activité : l'abbé Le Blanc traduisit les *Discours politique de David Hume* (publication en 1754), et Coyer s'attaqua à une question épineuse, destinée à nourrir un vif débat : l'entrée des nobles dans la vie économique et le commerce, avec un bien-nommé *La Noblesse commerçante*.

Plumard de Dangeul favorisa plus tard l'entrée dans le cercle de Gournay du breton O'Héguerty, dont nous parlerons bientôt en détail.

Vers 1754, Turgot, amené par Trudaine, rejoignit le cercle et, plutôt que de traduire, il accompagna Gournay dans ses tournées à travers les régions de France. À la même époque, un autre membre de la haute administration, Étienne de Silhouette, se rapprocha du cercle. Quelques années plus tard, il fera entrer l'abbé Morellet, un ancien ami d'enfance de Turgot, au sein du cercle. Gournay le mit immédiatement à contribution, sur un sujet qu'il avait lui-même traité auparavant : le commerce des toiles peintes.

Après la création de la Société de Bretagne, en 1757, Montaudoin de la Touche, son inspirateur, se rapprocha de Vincent Gournay. Les deux se connaissaient déjà : par ses activités d'armateur à Nantes, Montaudoin était en contact régulier avec Cadix, plate-forme indispensable du commerce négrier, où opérait Gournay. Autre membre de la Société de Bretagne, Louis-Paul Abeille rejoignit le cercle en 1757. Avec cette dernière entrée, le cercle de Gournay atteignait sa dimension finale, dimension qu'il gardera pendant deux ans, jusqu'à sa dissolution en juin 1759, avec la mort de Vincent de Gournay.

***

Éloigné l'un de l'autre par quelques années à peine, le cercle de Gournay et l'école physiocratique ont au moins deux grandes différences, qu'il nous faut approfondir ici. La première, et celle qui peut-être est la plus évidente, concerne l'activité même des deux groupes : le cercle se concentra beaucoup sur la traduction des grandes œuvres étrangères d'économie politique, tandis que les Physiocrates eurent pour unique ambition de bâtir un système qui leur fût propre. La seconde, non moins fondamentale, a trait à un point de doctrine. Tandis que les physiocrates semblaient n'estimer que l'agriculture, les économistes du cercle de Gournay — et le Breton Pierre-André O'Heguerty, nous le verrons, en est un parfait exemple — n'eurent de cesse de vanter les mérites du commerce et le rôle éminemment social du commerçant.

Si les raisons de ces grandes divergences sont nombreuses, la plus décisive parmi elles semble provenir de la personnalité même des leaders des deux groupes. Nous avons rappelé et illustré dans le chapitre précédent la grande modestie de Gournay et son zèle infatigable pour diffuser les idées qu'il savait justes. Ce fait en apparence banale eut de nombreuses conséquences. D'abord, et du fait même de cette modestie extrême chez leur leader, les relations des membres du cercle de Gournay n'eurent pas le ridicule de celles des Physiocrates. Non seulement ils n'appelaient pas Gournay le « maître » ou même le « Confucius d'Europe », comme les Physiocrates appelaient François Quesnay, mais ils échangeaient avec lui en égaux. Cela ne les empêchait pas, bien sûr, de vanter sa hauteur et sa supériorité, et l'*Éloge* de Turgot, ou les *Mémoires* de Morellet, en sont deux flagrantes illustrations. Néanmoins, dans leur attitude ou dans leurs productions, nulle part on ne peut apercevoir un quelconque esprit de secte.

C'est par la modestie de Gournay, de la même façon, que s'explique sa reconnaissance très pieuse de la domination des autres pays dans la sphère de l'économie politique, et son effort de traduction des œuvres anglaises et hollandaises. Tandis que les Physiocrates réclameront avec vigueur pour la France le mérite d'avoir fait naître la science de l'économie politique, Gournay semblait tout à fait indifférent à de telles préoccupations, et n'hésitait pas, à l'inverse, à considérer et à écrire que l'Angleterre avait l'avantage historique de ce point de vue. Pour cette raison même — et contrairement aux Physiocrates, qui restaient enfermés dans la tradition française — les proches de Gournay viendront puiser dans les richesses des écrits anglais et hollandais. Nombreux, parmi les économistes du cercle de Gournay, y étaient les polyglottes. La maîtrise de la langue anglaise était en tout cas la norme, et s'explique d'abord et avant tout par le milieu commerçant dans lequel s'était recruté ce groupe : parmi les grands marchands bretons, la connaissance de l'anglais était tout à fait courante. Cette activité intense de traduction permit en tout cas de s'enrichir des écrits étrangers, et d'enrichir la France par la même occasion.

Forbonnais, membre très actif du cercle, a bien décrit cette nécessité de s'enrichir par l'exemple extérieur, dans son introduction à la traduction d'Uztariz : « Nous avons si peu de livres dans notre langue sur le commerce, que j'ai regardé les détails de celui-ci comme très utiles à l'instruction de ceux qui veulent étudier cette grande partie. [...] Il y a plus de vrai mérite à bien saisir l'esprit des bons principes connus et à suivre, qu'à en imaginer de nouveaux. [...] La connaissance des pratiques employées par les étrangers, est la voie la plus sûre pour y parvenir. »[3]

Le rythme très soutenu des traductions issues du cercle de Gournay, bien que résultant d'abord du talent et des efforts individuels des personnalités très éclairées qui le composaient, s'explique aussi par le soin que son leader, Gournay, eut pour les inciter dans cette voie. Non seulement il leur présentait les ouvrages dignes d'être traduits, mais en fin connaisseur des langues, il les aidait aussi activement dans la tâche et les corrigeait quand ils avaient besoin de l'être.

Parmi les écrits économiques d'auteurs étrangers, que Gournay participa à mettre sur le devant de la scène, une mention particulière doit être réservée à l'*Essai sur la nature du commerce en général*, par l'irlandais Richard Cantillon. Ce grand ouvrage, aujourd'hui reconnu comme l'un des chefs-d'œuvre de la pensée économique, n'existait alors qu'en version manuscrite, son auteur l'ayant laissée ainsi à sa mort. Dès les premières années de

---

[3] Geronymo de Uztariz, *Théorie et pratique du commerce et de la marine, traduction libre sur l'espagnol*, Paris, 1753, préface du traducteur, pp.ix-x

la décennie 1750, Gournay, conscient de la valeur inestimable de ce livre, le fit lire aux économistes de son groupe. Il œuvra ensuite pour en agrandir la diffusion, et le fit publier en 1755.

Venons-en désormais à la production propre, c'est-à-dire les traductions mises à part, issue du cercle de Gournay. Ce qui frappe surtout, à la lecture des écrits provenant de ce groupe, c'est la considération qu'ont ces économistes pour les commençants. Qu'il nous soit permis de nous y arrêter.

Si l'on se souvient des origines sociales des membres de ce cercle, et de celles de son fondateur, il faut dire que nous sommes peu surpris d'un tel fait. Un grand nombre de ceux qui s'associeront avec Gournay au sein de son cercle provenaient en effet comme lui de familles commerçantes. Pour la Bretagne, on comptait Montaudoin et O'Heguerty. S'ajoutaient les cousins Plumard de Dangeul et Forbonnais, originaires du Mans, mais avec de forts intérêts commerciaux dans les ports bretons. Étienne de Silhouette, né à Bayonne, et Simon Cliquot-Blervache, né à Reims, avaient quant à eux rompu leurs attaches en entrant dans la haute administration des finances de la France. C'était donc, au fond, un mouvement de fils de commerçants que la terre bretonne faisait naître par l'intermédiaire de l'un de ses fils.

Très illustratif de cette grande estime pour le commerce et l'action des commerçants est l'œuvre de Pierre-André O'Heguerty. Fils d'un capitaine puis lieutenant-colonel d'origine irlandaise, Pierre-André naquit à Dinan en septembre 1700. Après un passage au collège des Jésuites de Caen, il fit des études de droit et devint avocat au parlement de Normandie. S'étant fait remarqué tôt par ses grandes qualités, on envisagea pour lui d'autres postes, dans la haute administration. En 1733, il devint ainsi procureur général au sein du conseil supérieur de l'île Bourbon, l'actuelle Réunion. Il quitta l'île en 1745, après avoir obtenu l'estime de la population… et une belle fortune. Son père ayant quitté la Bretagne pour Nancy, Pierre-André l'y suivit. Il y décéda en 1763.

Sous les conseils de Gournay, qu'il rencontra dans des conditions et pour des raisons dont nous ignorons tout, O'Heguerty traduisit des ouvrages d'histoire et d'économie, et publia également ses propres vues sur les matières économiques. Le premier de ces ouvrages est un *Essai sur les intérêts du commerce maritime*, paru sans nom d'auteur en 1754, ouvrage qui eut un véritable succès, surtout à partir de 1761, après qu'il ait été imprimé à la fin des *Discours politiques de M. Hume*, préparés par Gournay et traduits par l'abbé Le Blanc. Le second suivit trois ans plus tard, et porte le titre de *Remarques sur plusieurs branches de commerce et de navigation*. En passant ces deux ouvrages successivement sous nos regards, nous obtiendrons une illustration satisfaisante de ce fort intérêt pour le commerce, qui faisait l'une des singularités du cercle de Gournay.

Les deux ouvrages de ce brillant économiste respirent tellement un vif amour pour les commerçants qu'il est impossible d'ouvrir l'un ou l'autre à une page au hasard, sans en retrouver la manifestation sensible. Si nous prenons l'*Essai sur les intérêts du commerce maritime*, nous lisons, et dès les toutes premières pages, un éloge du commerce d'une vigueur telle qu'on en a rarement publié de pareils : « En s'occupant de sa fortune, écrit-il, le Négociant s'occupe nécessairement du bien public. Il répand chez les Nations étrangères le superflu de nos denrées et les fruits de notre industrie. Il nous procure par les retours ce qui est nécessaire à notre consommation, et fait payer dans les mains industrieuses qu'il emploie, une partie des trésors du Mexique et du Pérou. En s'enrichissant, il enrichit ceux qu'il intéresse à ses armements, et fait vivre une infinité de peuples. » [4] Nous avons déjà là des propos d'une grande richesse. D'abord, comment ne pas lire, dans sa première phrase, et dans la dernière, une nouvelle anticipation de l'idée de « main invisible » d'Adam Smith ? Nous en avons même l'une des formulations les plus claires et les plus anciennes jamais connues. Le principe sous-jacent est bien le même : en poursuivant son intérêt personnel, c'est l'intérêt général que le commerçant est conduit à servir. Dans ses *Remarques* de 1757, O'Heguerty le dira même dans des termes plus directs : « L'avidité du Négociant sera toujours avantageuse à l'État. » [5] Pour le reste, le passage précédemment cité contient la belle reconnaissance de l'utilité du commerce, trois ans avant que les Physiocrates ne commencent à convaincre la France et ses ministres que seuls l'agriculteur et le propriétaire terrien avaient besoin de la protection de la loi.

Avant eux, O'Heguerty argumentera aussi en faveur de la liberté du commerce. La seule politique raisonnable et sensée, argumentait-il, revient à laisser les commerçants mener à bien leurs opérations, ou, pour reprendre les termes de son mentor, à laisser faire. « Quiconque connaît les vrais principes du Commerce, écrit O'Heguerty, sait que tout Commerce permis a pour objet le bien de l'État, et l'intérêt des particuliers qui s'y livrent ; et dans celui qui a pour base le transport de nos fabrications, on doit laisser le Citoyen négociant obéir à son génie, suivre son goût, essayer ses talents, tenter, hasarder, entreprendre. » [6] Il n'est nul besoin, continue notre auteur, de s'épouvanter devant un tel système et devant cette anarchie autorégulée. Que les ministres, qui ont l'habitude d'aimer tout voir, tout décider et tout contrôler, et qui ont le tempérament qui sied à ces folles ambitions, considèrent donc le fonctionnement naturel du commerce. Ils sentiront bien que le commerce a moins besoin d'eux qu'eux de lui, et qu'un domaine si complexe de la vie humaine serait plus sagement et plus tranquillement administré s'il ne l'était que par les commerçants. « Le Commerce

---

[4] Pierre-André O'Heguerty, *Essai sur les intérêts du commerce maritime*, La Haye, 1754, pp.5-6
[5] Pierre-André O'Heguerty, *Remarques sur plusieurs branches de commerce et de navigation*, Tome 2, 1757, p.16
[6] *Ibid.*, pp.6-7

ainsi que l'eau, cherche et trouve son niveau, déclare l'auteur ; c'est-à-dire, que le Négociant industrieux porte dans les Pays où il trafique, une attention toute particulière à connaître les quantités et les qualités des Marchandises qui conviennent au Consommateur dont il étudie les goûts et les modes, pour les suivre et les satisfaire dans ses assortiments. S'il arrive qu'il surcharge le Pays d'une année, bientôt il répare cet excèdent par une exportation plus modérée l'année suivante ; et ce n'est que par l'expérience appuyée d'une pleine liberté, qu'il se met en état de calculer et d'apprécier avec justesse l'étendue du Commerce dont le Pays est susceptible. » [7]

Considérant le cas si débattu de la liberté du commerce des grains, dont nous parlerons plus tard, il écrit : « Le commerce des grains d'une Province à l'autre de ce Royaume, produira l'avantage de s'aider et se soulager mutuellement, en faisant passer les superflus d'une Province abondante, dans celle qui serait indigente. Cette permission occasionnera vraisemblablement la construction de greniers de dépôt, et de consommation, dont M. Duhamel de Monceaux, ce digne citoyen, nous a tracé les plans dans son *Traité de la conservation des grains.* » [8]

Très élogieux sur les vertus du commerce et sur l'utilité sociale des commerçants, O'Heguerty est donc conduit à réclamer pour eux la liberté la plus entière. Si c'est là son intérêt principal, et si c'est au commerce qu'il consacre ses écrits, il n'y néglige pourtant nulle part l'agriculture, qu'il nomme même « le bien le plus précieux de l'État. » [9] Il insiste partout sur l'abandon des terres et la faible productivité de l'agriculture. « C'est un grand malheur pour l'État, écrit-il, que la culture des terres ait été négligée : les charges trop pesantes sur les Cultivateurs les ont découragés à mesure de leur appauvrissement, et les ont réduits à ne labourer que l'indispensablement nécessaire, pour payer leurs taxes, se nourrir misérablement, et se vêtir de même ; de là les disettes fréquentes que l'on ne connaissait point dans les siècles précédents. » [10] Pour encourager l'agriculture, poursuit-il, il convient de la rendre à nouveau attractive pour l'agriculteur lui-même, de la chérir, de l'honorer, afin de stopper l'émigration des paysans vers les villes et le déclin de l'économie nationale. Avant les économistes physiocrates, qui l'élèveront au rang de modèle absolu, l'économiste breton cite la Chine comme un exemple à suivre, cette Chine où l'agriculture est considérée comme le premier des arts, et où l'empereur anoblit les paysans ayant témoigné du plus grand mérite. [11]

Ce serait manquer à notre devoir d'objectivité que de passer sous silence les longues pages qu'O'Heguerty consacre à la traite négrière, et le peu de cas qu'il y fait des objections morales, à une époque où une opposition organisée venait de naître. Obnubilé par le souci de retirer à l'An-

---

[7] *Ibid.*, pp.15-16
[8] *Ibid.*, pp.40-41
[9] *Ibid.*, Tome 1, p.34
[10] *Ibid.*, pp.18-19
[11] *Ibid.*, pp.25-26

gleterre et à la Hollande des sources d'enrichissement, il soutient que le ministère doit aider le développement du commerce français en Guinée, en Louisiane et en Martinique. Pour le premier cas, il n'hésite pas à défendre la traite des esclaves, et demande même que le ministère soit attentif à conserver le droit d'acheter librement des esclaves : « Comme les Nègres sont le nerf et la richesse des Colonies et de notre Commerce, on ne saurait être trop attentif à se conserver le droit de traiter à la Côte de Guinée. Cette traite mérite la protection toute particulière du Roi. » [12] Il voit d'un côté que le commerce des esclaves est le plus profitable, et de l'autre qu'il nous serait subtilisé par les Anglais si nous n'en profitions pas. Sa conclusion, fruit d'un utilitarisme un peu barbare, jaillit tout naturellement : il faut se rendre maître de la traite des esclaves dans tous les lieux que nous pourrons. Il soutient même qu'il s'agit là d'une nécessité, car notre prospérité y est liée. Peut-être pourrions-nous avoir quelques sentiments, mais notre commerce est trop dépendant de ces esclaves. « Le sort de ces Iles et de son Commerce dépend absolument de la traite des Noirs. Tout aussi longtemps que nous aurons la faculté de cette traite, nos Iles seront pourvues d'Esclaves, les terres seront mises en valeur, et les denrées qu'elles produisent seront abondantes ; plus elles le seront, et plus elles enrichiront les habitants ; et par une suite infaillible, plus les habitants seront riches, et plus le goût du luxe s'étendra chez eux, au grand avantage de nos Manufactures, de nos vins et de nos liqueurs. » [13]

Cette position, nulle part critiquée ou même débattue dans les écrits des économistes du cercle de Gournay, est une grave source d'infériorité de ceux-ci par rapport à leurs successeurs les Physiocrates. James Padilioni Jr. rappelait récemment le vif combat anti-esclavagiste des disciples de Quesnay, Dupont de Nemours en tête, et citait de larges passages d'articles des *Éphémérides du Citoyen* pour justifier son propos. [14] Sur ce point, il est très difficile de connaître ce que fut l'opinion précise de Gournay et des membres de son cercle. À partir de l'écrit d'O'Heguerty, le seul à avoir adressé la question durant les années 1750, et à partir des lettres échangées par Turgot et Dupont de Nemours, il est tout de même possible de reconstituer leurs convictions communes. La similarité entre les avis d'O'Heguerty et de Turgot nous laisse penser, bien que ce ne soit qu'une conjecture, que l'esclavage était considéré, au sein du cercle de Gournay, comme un « mal nécessaire », ou, pour parler plus directement, comme une source d'enrichissement moins morale que les autres. C'est ce qui ressort en tout cas clairement d'une lettre adressée en février 1770 par Turgot à Dupont de Nemours, économiste physiocrate ayant soutenu que l'esclavage était un viol des droits de l'humanité. Turgot écrit : « Je voudrais fort que vous eus-

---

[12] *Ibid.*, p.79
[13] *Ibid.*, pp.96-97
[14] James Padilioni Jr., « La liberté pour tous. Les économistes français face à l'esclavage », *Laissons Faire*, Numéro 2, Juillet 2013, pp. 7-12

siez raison de soutenir que l'esclavage n'est bon à personne, car c'est une abominable et barbare injustice, mais j'ai bien peur que vous n'ayez tort, et que cette injustice ne soit quelquefois utile à celui qui la commet. Le genre humain n'est pas assez heureux pour que l'injustice soit toujours punie sur le champ. Il y en a d'énormes et qui certainement ont procuré à ceux qui les ont faites de très grandes satisfactions. Quelquefois, le remord peut être une compensation de ces satisfactions qui sont le fruit de l'injustice, mais lorsque l'injustice n'est point reconnue par l'opinion, elle n'excite point de remords. Croyez-vous que Philippe en ait eu d'avoir soumis la Grèce, et Alexandre d'avoir conquis le royaume de Darius ? César en a peut-être eu d'avoir usurpé la puissance suprême à Rome, mais il n'en a sûrement pas eu d'avoir conquis les Gaules. Je ne crois pas non plus que, chez les peuples où l'esclavage est établi, les maîtres aient aucun scrupule d'avoir des esclaves. Il est donc incontestable que l'injustice est souvent utile à celui qui la commet, et celle de l'esclavage l'est tout comme une autre. » [15]

Si nous pouvons pardonner O'Heguerty et les autres d'avoir sombré dans ce qui était un préjugé de leur temps, il reste une critique plus fondamentale : c'est que notre auteur, dans ses différents livres, s'extrait trop peu souvent de l'étude des cas particuliers des différents types de commerce pour établir les lois générales du commerce ou du développement économique. Bien qu'il en perçoive bien les principes, il ne les énonce qu'en passant, ce qui est d'ailleurs le reproche que l'on pourrait faire à la plupart des économistes du cercle de Gournay, le maître compris.

***

Ces économistes, justement, qui étaient-ils ? Si nous en avons cité de nombreux, dans ce chapitre comme dans les précédents, nous avons pour l'instant failli à présenter du cercle une revue des troupes rigoureuse. Il est temps de la fournir. Plutôt que d'en citer pêle-mêle les différents membres, il est préférable de stratifier ce groupe d'économistes. À sa tête, nous le savons, nous trouvons Gournay. À ses côtés, les deux plus proches collaborateurs semblent avoir été le Nantais Montaudoin de la Touche et Plumard de Dangeul. Ce fut en tout cas l'avis de Turgot, qui s'adressa à ces deux économistes pour obtenir davantage d'informations sur Gournay, quand il commença l'écriture de son *Éloge*. Pour le reste, le degré d'investissement des différents membres était extrêmement variable, et fort difficile à utiliser comme critère. Si nous prenons l'exemple de Forbonnais, nous avons le plus productif des membres, et pourtant il était en marge du cercle, publiant surtout pour son compte, et restant souvent imperméable aux idées de ses amis. La segmentation du cercle de Gournay doit plutôt être effectuée selon le profil des membres. Nous retiendrons trois grandes caté-

---

[15] Lettre de Turgot à Dupont de Nemours, Limoges, le 20 février 1770

gories : les membres de la haute administration, qui aideront surtout en fournissant de nouveaux membres, fruits de leur réseau étendu ; les économistes professionnels, publiant les ouvrages de théorie pure ; et enfin les hommes de lettres, pour la plupart des abbés sans fonction.

I. La sphère des administrateurs

Cette sphère, assez réduite en nombre, fut décisive pour le développement du cercle. C'est d'elle que vinrent en effet la plupart des nouvelles recrues. Parmi ces membres de la haute administration des finances de la France acquis aux théories de Gournay, nous pouvons nous contenter de deux noms : Daniel-Charles Trudaine (1703-1769), directeur des Ponts et Chaussés, intendant des finances, et membre de l'Académie des Sciences ; et Chrétien-Guillaume de Lamoignon de Malesherbes (1721-1794), chef de la censure royale.

Ces deux hommes aideront beaucoup l'activité littéraire du cercle, bien que leur participation fut fort détachée et épisodique. Ils apportèrent aussi quelques recrues de grand renom, comme l'abbé Morellet, ou deux futurs ministres des finances : Turgot et Étienne de Silhouette.

II. La sphère des économistes

C'est la sphère la plus nombreuse et la plus importante du cercle. Elle est responsable des contributions à l'économie pure et à la défense du principe de la liberté économique dans les différents débats de l'époque. On y compte plusieurs Bretons, comme Louis-Paul Abeille, Jean-Gabriel Montaudoin de la Touche et Pierre-André O'Heguerty ; on y compte aussi les cousins Véron de Forbonnais et Plumard de Dangeul, ainsi que de nombreux autres économistes de moindre importance, tels Simon Cliquot-Blervache, Buchet du Pavillon, Ange Goudar, Butel-Dumont, ainsi que Jean-Baptiste de Secondat de Montesquieu, le fils du grand Montesquieu, qui traduira les *Considérations sur le commerce et la navigation de la Grande-Bretagne* de Joshua Gee.

Forbonnais et Dangeul

Forbonnais, né au Mans en 1722, avait obtenu divers postes dans l'administration, dont celui d'inspecteur général des monnaies, en 1756. En 1759, proche des idées de Vincent Gournay, il travailla au sein de l'éphémère ministère libéral d'Etienne Silhouette. Son opposition à Mme de Pompadour, malheureusement, l'éloigna pour longtemps d'une carrière qu'il avait passé toute sa vie à construire. Cet évènement contribua à le fâcher encore un peu plus avec les protégés de la marquise, les économistes physiocrates, dont il n'avait jamais été très proche, mais avec lesquels il partageait tout de même nombre de convictions.

En 1768, dans sa retraite, il publia un *Examen du livre intitulé Principes sur la liberté du commerce des grains*, faisant à suite à la publication du physiocrate Louis-Paul Abeille (publié en supplément du *Journal d'Agriculture et de Commerce*). Forbonnais y critiquait le manque d'adéquation entre les réformes proposées par les économistes et la situation et l'état des mœurs de la population agricole française de l'époque. La réponse ne tarda pas : un *Examen de l'examen*, probablement écrit par L.-P. Abeille lui-même, fut publié dans les *Éphémérides du Citoyen*. [16] De 1767 à 1769, Forbonnais travailla à l'édition du *Journal d'agriculture, de commerce et des finances*, qu'il transforma en centre d'opposition aux Physiocrates.

Hors traductions et articles pour l'*Encyclopédie*, nous lui devons de nombreux ouvrages. Pour la période qui nous intéresse dans ce chapitre, nous pouvons citer : *Considérations sur les finances d'Espagne* (1753), *Éléments de commerce* (1754), *Examen des avantages et désavantages de la prohibition des toiles peintes* (1755), *Examen politique des prétendus inconvénients de la faculté de commercer en gros sans déroger à la noblesse* (1756), et *Recherches et considérations sur les Finances de la France* (1758).

Très dévoué, Forbonnais chercha toujours à diffuser la science économique au sein de la nation. En 1796, il cédera par exemple ses droits sur les *Éléments de Commerce* à ses éditeurs, en leur demandant de fixer le prix le plus bas possible.

Louis-Joseph Plumard de Dangeul, né au Mans la même année que son cousin Véron de Forbonnais, fut l'auteur d'un ouvrage au succès considérable, mais qui ne le mit que modérément sur le devant de la scène, étant donné qu'il fut publié sous un faux nom, et comme une prétendue traduction d'un ouvrage anglais. L'ouvrage était intitulé *Remarques sur les avantages et les désavantages de la France et de la Grande-Bretagne par rapport au commerce et aux autres sources de la puissance des États*, et parut en 1754.

III. La sphère des abbés

Ce troisième cercle regroupe les hommes de lettres, pour la plupart des abbés sans profession, qui contribuèrent au développement de la pensée économique ou par des traductions d'ouvrages étrangers, ou par des essais de polémique dans les grands thèmes de débat de l'époque. Parmi ces propagandistes éclairés, nous pouvons citer l'abbé Coyer, l'abbé Morellet, l'abbé Le Blanc, et l'abbé Gua de Malvès. Nous présenterons avec quelques détails les deux premiers, de loin les plus célèbres.

---

[16] *Éphémérides du Citoyen*, Décembre 1768, Volume XII, pp.139-148

L'abbé Coyer

Gabriel-François Coyer était né le 18 novembre 1707 au sein d'une famille modeste de Franche-Comté. Il était entré chez les jésuites pour y recevoir son éducation, et fut d'abord précepteur avant de se mettre aux lettres. Il publia des *Bagatelles morales* (1753) qui eurent un petit succès et lui assurèrent une première reconnaissance. Ce début de célébrité s'étendit largement grâce à sa *Noblesse commerçante* (1756) et à l'intense polémique que ce petit ouvrage parvint à nourrir. Dans ce livre énergique et fort admiré de ses contemporains, Coyer défendit une réforme audacieuse : il voulait qu'on laisse les nobles embrasser les métiers du commerce et de l'industrie. C'était là sa première charge en faveur de la liberté du travail.

La modestie de Gournay prenait, comme nous l'avons déjà suggéré, une forme étonnante chez un intellectuel de sa trempe : il donnait *gratis* ses textes à d'autres pour qu'ils les publient sous leur nom, ou pour qu'ils les retravaillent ou les insèrent dans leurs propres écrits. De nombreux cas de cette pratique sont aujourd'hui avérés. À titre d'exemple, on peut citer *La Noblesse commerçante*, un ouvrage publié en 1757, attribué à l'abbé Coyer, et qui fit la célébrité de ce dernier. Le livre défendait l'entrée des nobles dans les professions économiques, et fut suivi de maintes réponses critiques. Christine Théré fera même remarquer que « la *Noblesse commerçante* a déclenché une polémique qui passionna un temps le public lettré et contribua à faire naître un engouement plus durable sur les questions économiques. » [17] En vérité, donc, Gournay était derrière la *Noblesse commerçante* de Coyer, et l'abbé Trubet, proche de Gournay et membre de son cercle, l'avouera très clairement en parlant de la « thèse de l'abbé Coyer, thèse et opinion que je n'ai jamais approuvées malgré ma déférence pour mon ami et compagnon M. de Gournay. Soyez bien sûr que l'abbé Coyer n'est pas lui-même de l'avis qu'on lui a fait soutenir. Ce n'est qu'un jeu d'esprit de sa part. On lui a présenté l'occasion de faire une brochure ingénieuse ; il l'a saisie. » [18]

L'abbé Morellet

Né à Lyon en 1727, l'abbé André Morellet fut de tous les combats. Membre du cercle de Gournay entre 1755 et 1759, il se rapprocha des Physiocrates à la mort de ce dernier. Il participa alors ardemment aux réunions données par Quesnay dans l'entresol des appartements de la marquise de

---

[17] Christine Théré, « Économie politique, stratégies littéraires et pratiques culturelles dans la France des Lumières », in Jesus Astigarraga & Javier Usoz, *L'économie politique et la sphère publique dans le débat des Lumières*, Casa de Velazquez, 2013
[18] Lettre du 14 août 1756 à Malesherbes, in Jean Jacquart (éd.), *Correspondance de l'abbé Trublet* (Paris, 1926), p. 67-68. L'abbé Trublet, né à Saint-Malo, fut aussi un membre du cercle, même si les matières économiques l'intéressaient peu. Il n'était qu'un ami proche de Gournay, qu'il respectait beaucoup.

Pompadour, réunions dans lesquelles se côtoyaient aussi, outre les économistes physiocrates, le dinannais Duclos et l'élève de Gournay, Turgot. À sa mort, en 1819, il fut d'ailleurs le dernier survivant de ce cercle fameux, ainsi que des salons de Mme Necker et de Mme Geoffrin, desquels il fut un invité régulier.

En tant qu'économiste, il fut l'auteur de nombreuses brochures, auxquelles nous ne pouvons rendre compte ici. Il consacra aussi plusieurs années à la production d'un *Dictionnaire de Commerce* qui ne vit jamais le jour, malgré les plaintes de son ami Turgot. Ce beau projet naquit quand Morellet, souhaitant œuvrer dans la science économique, mais n'ayant pas encore tout à fait le goût de la traduction, songea à corriger le *Dictionnaire Universel* de Savary, qu'il trouvait fort imparfait. Gournay approuva l'idée, et lui envoya ses différents mémoires économiques, pour l'aider dans la tâche. Selon Dupont de Nemours, Morellet reçut en tout une centaine de mémoires, afin de fournir enfin une alternative au *Dictionnaire* de Savary, dont on avait multiplié les éditions ces dernières années, malgré la pauvreté du texte. « M'étant convaincu par un examen réfléchi de cet ouvrage que le fond et la forme ne valaient rien, écrivit plus tard Morellet dans ses *Mémoires*, je conçus le projet d'un dictionnaire nouveau, sur un plan beaucoup plus vaste, et par là beaucoup plus difficile à exécuter. » [19] La difficulté de l'entreprise, que Morellet sous-estimait autant à l'époque qu'il la surestimera dans ses *Mémoires* pour se faire pardonner, ne fut pas la seule raison de son échec.

La raison véritable est à trouver dans l'esprit toujours curieux de l'abbé Morellet, qui papillonna nonchalamment pendant de longues années sur des travaux moins urgents que cet important dictionnaire. Turgot n'eut de cesse de s'en agacer et de l'enjoindre à poursuivre son effort. À l'occasion de l'effervescent débat sur le commerce des grains, quand Galiani défendit ardemment la cause protectionniste, Turgot déconseilla à Morellet d'écrire une réfutation. « Il ne faut pas qu'il y pense, écrivit-il à Mlle d'Epinay ; il se ferait un tort réel de se détourner encore de son dictionnaire. » [20] Morellet passa pourtant une bonne partie de l'année 1770 à écrire un ouvrage de 400 pages, pour critiquer la thèse de Galiani. Quand il fut prêt, l'abbé Terray, alors Contrôleur général, en empêcha la publication. Ce fut une nouvelle cause de retard pour le *Dictionnaire*, qui attirait pourtant toutes les convoitises : même le grand Voltaire, retranché à Ferney, envoya une lettre à l'abbé Morellet pour souscrire à son *Dictionnaire de Commerce*. [21]

En 1776, c'est pour œuvrer dans le sens défini par Gournay, celui de la traduction des grands ouvrages économiques anglais, qu'il abandonna une nouvelle fois son *Dictionnaire*. À Londres parut un grand livre d'économie

---

[19] Abbé Morellet, *Mémoires sur le dix-huitième siècle*, 1822, p.182
[20] Lettre de Turgot à Mlle d'Epinay, 26 janvier 1770, *Œuvres de Turgot*, Volume 2, p.801
[21] Lettre de Voltaire à l'abbé Morellet, le 14 juillet 1769, in *Œuvres complètes de Voltaire*, tome 49, Paris, 1830, p.295

politique, du à un homme dont la France connaissait déjà l'œuvre de philosophe, et que Morellet avait rencontré à Paris. Il s'agissait de la *Richesse des Nations* d'Adam Smith. Morellet s'attela à la traduction de ce volumineux ouvrage et l'acheva l'année même. Malheureusement, un autre traducteur ayant commencé à publier son travail par série dans un journal économique, cette traduction ne trouva pas d'éditeur. [22]

Comme nombre d'autres économistes de l'époque, l'abbé Morellet conserva toujours un souvenir intact de sa rencontre avec Gournay, et avoua son influence sur son choix d'embrasser entièrement la carrière d'économiste. On lit dans ses *Mémoires* :

> « Vers 1755, une connaissance, que je dus à M. Turgot, m'attacha encore davantage aux études économiques ; ce fut celle de M. de Gournay, intendant du commerce. Ce magistrat avait été un des premiers à se convaincre, par son expérience, des vices de l'administration commerciale : il avait eu, lui-même, une maison à Cadix, il avait lu de bons livres anglais d'économie publique, tels que Petty, Devenant, Gee, Child, etc., dans un temps où la langue anglaise n'était encore que fort peu cultivée parmi nous. Il répandit le goût de ces recherches ; il encouragea Dangeul à publier les *Avantages et les Désavantages de la France et de l'Angleterre*, extraits d'un ouvrage anglais, et Forbonnais à abréger le *British Merchant* de King, sous le titre du *Négociant anglais*. Il donna l'exemple, en traduisant Child, sur l'*Intérêt de l'argent*, et Gee, sur les *Causes du déclin du commerce*, etc., il fit publier à Forbonnais les *Eléments du commerce* ; il fit surtout lire beaucoup l'*Essai sur le commerce en général* par Cantillon, ouvrage excellent qu'on négligeait ; enfin, on peut dire que, si l'on eut alors en France les premières idées saines sur la théorie de l'administration commerciale, on doit en rapporter le bienfait à son zèle et à ses lumières. [...] M. Turgot me fit connaître à lui, et je pris, dès ce moment, un goût plus vif encore pour le genre d'étude qui pouvait me faire entretenir cette liaison. » [23]

Nous ne pouvons achever cette revue des troupes sans considérer un instant le cas d'un Breton célèbre : Duclos. Philosophe plus qu'économiste, Duclos fut néanmoins très lié au cercle de Gournay, et il lui assura une grande autorité et une certaine célébrité dans les milieux philosophiques parisiens. Nous pouvons le présenter rapidement.

Charles Pinot Duclos, né en 1704 dans la ville de Dinan, dont il sera le maire pendant cinq années, était proche de Mme de Pompadour, mais aussi des économistes physiocrates, notamment de Louis-Paul Abeille. Anobli en 1755, il fut député aux États Généraux de Bretagne, en 1744, puis, grâce au soutien appuyé de Mme de Pompadour, historiographe de France à Versailles en 1750, en remplacement de Voltaire, tombé en disgrâce. Lors de l'affaire La Chalotais, qui formera le thème d'un prochain chapitre, il fut inquiété, et poussé vers la sortie : il émigra d'abord en Angleterre, puis, lorsqu'il osa se plaindre du sort réservé à son ami, il fut à

---

[22] Cf. Benoît Malbranque, « "Trahi plutôt que traduit". Lire Adam Smith en français, 1750-1800 », *Laissons Faire*, n°3, Août 2013, pp.13-18
[23] Abbé Morellet, *Mémoires*, pp.37-38

nouveau exilé six mois en Italie. De ce dernier séjour datent de nombreuses lettres échangées à Louis-Paul Abeille. Les deux hommes furent très proches : Dans la notice introductive des *Œuvres complètes* de Duclos, on lit qu'Abeille « a été, pendant plus de quarante ans, l'ami intime de Duclos ; il l'a vu mourir dans ses bras, et a été le dépositaire et l'exécuteur de ses dernières volontés. » [24] Louis-Paul Abeille fut en effet son exécuteur testamentaire, et Duclos lui légua un diamant de cent louis. Très mêlé au milieu philosophique de l'époque, Duclos fut proche de Jean-Jacques Rousseau et de d'Alembert, mais assez éloigné de Voltaire et de Diderot. Après la création de l'école physiocratique, il participa activement aux réunions organisées dans l'entresol des appartements de Mme de Pompadour. Il y côtoya ainsi, outre les économistes physiocrates, Turgot et l'abbé Morellet, qu'il connaissait déjà de par sa liaison avec Gournay, avec Abeille, et avec le fameux cercle breton.

***

Roulant sur la plupart des grandes questions économiques, la glorieuse activité du cercle de Gournay est une nouvelle raison d'admirer ce grand économiste, qui marqua autant son époque qu'il a peu marqué l'histoire et, semble-t-il, notre mémoire commune.

Les économistes français, sans doute moins myopes que nous, rendirent très tôt hommage au cercle de Gournay et à son leader. Les Physiocrates le nommèrent parmi leurs précurseurs, malgré leur vantardise habituelle, et leur manière de se considérer comme les créateurs de cette « science nouvelle » qu'était l'économie politique. [25] Un économiste moins prétentieux, et plus juste dans ses appréciations, Jacques A. de Serionne, reconnaîtra en 1767 qu'il avait été précédé dans le traitement de ces matières par un petit groupe d'économistes : « Un petit nombre de Français, également philosophes et citoyens, commencèrent il y a quelques années à imiter les écrivains anglais. Ils traduisirent d'abord leurs modèles, et les ont bientôt surpassés en beaucoup de choses. Ils ont employés tous les agréments, toutes les richesses de la littérature, à traiter des choses utiles ; ils ont fait naître et répandu le goût des sciences les plus nécessaires à la prospérité de l'État. » [26] Nul doute que l'auteur fait ici référence au cercle de Gournay. Plus tôt encore, le *Mercure de France* observait déjà cette tendance éminemment nouvelle : « L'économie politique est aujourd'hui la science à la mode. Les livres qui traitent de l'Agriculture, de la population, de l'industrie, du commerce et des finances, sont dans les mains d'une infinité de

---

[24] *Œuvres complètes de Duclos*, Volume 1, Paris, 1806, pp.1-2
[25] Dupont de Nemours, *De l'origine et des progrès d'une science nouvelle*, Paris, 1768
[26] Jacques Accarias de Serionne, *Les Intérêts des Nations de l'Europe, développés relativement au commerce*, Paris, 1767, t.I, p.26

personnes qui, naguère, ne feuilletaient que des romans. » ²⁷ Nous étions en novembre 1758, quelques mois avant la mort de Gournay. Quel meilleur hommage pouvait-on rendre à son activité et à l'influence de son cercle d'économistes ?

---

²⁷ *Mercure de France*, novembre 1758, p.69

CHAPITRE 4
LE COMMERCE DES GRAINS

Durant toute la seconde moitié du XVIIIe siècle, la question du commerce des grains a dominé les débats économiques d'une façon qu'il nous sera difficile de faire entendre, tant il s'agit là désormais d'une problématique mineure. Le pain ne constituant plus aujourd'hui la base de l'alimentation populaire, le commerce international et national du blé fonctionnant avec si peu d'entraves et étant si parfaitement étendu, nous n'avons plus sous nos yeux même l'apparence de la réalité de l'Ancien Régime, et donc absolument aucun moyen de saisir l'urgence des débats sur le commerce des grains. Nous serions donc tentés d'imaginer que la « question des blés », comme on l'appelait à l'époque, devait nécessairement constituer une préoccupation marginale, même pour les économistes, et qu'en tout cas elle passait loin derrière les théories sur la monnaie, la fiscalité, ou la production agricole. Il serait difficile de se tromper davantage.

À partir de 1750, la France, confrontée aux mauvaises récoltes et à l'approvisionnement compliqué de certaines de ses régions, dont la Bretagne, avait vu revenir avec une vigueur inouïe cet ancien grand sujet de la politique nationale. « Vers 1750, racontera Voltaire, la nation, rassasiée de vers, de tragédies, de comédies, de romans, d'opéras, d'histoires romanesques, de réflexions morales plus romanesques encore, et de disputes sur la grâce et les convulsions, se mit à raisonner sur les blés. » [1] Si ce fut une passion nationale, la Bretagne était plus que toutes les régions intéressée par cette question, et c'est de ses terres que jaillit la contestation et les propositions de réforme.

La politique française sur le sujet du commerce des céréales avait été très versatile au cours de l'histoire, passant de périodes plus ou moins libérales à des phases de contrôle et de réglementation sévères, suivant les préjugés des gouvernants, et selon les besoins financiers du temps.

Après une longue phase d'antique liberté, le contrôle des prix avait été essayé sous Philippe le Bel. Ce fut un échec. Paralysés par la peur, les marchands refusaient de vendre, et le commerce du blé se retrouva dans une impasse. La réaction du pouvoir fut immédiate. Comme tout gouvernement qui s'engage dans la voie du contrôle des prix ne peut refuser de s'y engager davantage, étant comme avalé par le glissement de terrain qu'il a lui-même initié, il en devient contraint d'accentuer les mesures répressives. Ainsi obligea-t-on les marchands à vendre leur blé, et en public, pour éviter le marché noir, qui fleurira néanmoins. On rationna ensuite les

---

[1] Voltaire, article « Blé », *Écrits Économiques de Voltaire*, Institut Coppet, Paris, 2013, pp.135-150

consommateurs, avant de leur interdire tout stockage. La course folle s'arrêta quand on s'aperçut de la démence.

Par un édit du 27 novembre 1577, Henri III établit la liberté du commerce intérieur du blé, conscient des erreurs de l'administration du passé. La phase de liberté par lui initiée dura moins d'un siècle, et la politique sur le commerce des blés changea du tout au tout sous Louis XIV. Dans sa déclaration d'août 1669, il indiqua qu'il faudrait désormais obtenir une permission des officiers de la justice royale pour pouvoir faire commerce du blé, qu'en outre les laboureurs ne pourraient pas avoir accès à ce privilège, et que tout commerce de blé ne pourrait se faire que dans les halles et lieux autorisés. Tels furent les termes du débat lorsque, dès le début du XVIIIe siècle, il reprit en vigueur.

Dès cette époque, en effet, sur la scène intellectuelle française, la question du commerce des grains commençait à recevoir une très vive attention. Les plaintes nourries et nombreuses énoncées par Pierre Le Pesant de Boisguilbert, dans son *Traité de la nature, culture, commerce et intérêt des grains* (1707) et dans ses divers autres écrits, avaient très tôt signalé l'urgence d'une libéralisation. Les grands économistes écrivant au cours de la première moitié du XVIIIe siècle adressèrent le sujet : Jean-François Melon, dans son *Essai politique sur le commerce* (1734), Nicolas Dutot, avec ses *Réflexions politiques sur les finances et le commerce* (1735), et Richard Cantillon, dont l'*Essai sur le Commerce* se diffusa à l'état de manuscrit de la mort de l'auteur en 1734 jusqu'à sa parution finale en 1755.

Bien que Voltaire indiquera la date de 1750, le débat fut relancé dès 1748, quand le baron Claude Dupin publia un *Mémoire sur les blés*, défendant une libre exportation et une importation soumise à des droits de douane selon une échelle mobile. [2] L'ouvrage jouira d'une large diffusion, preuve que la question du commerce du blé redevenait brûlante.

Avant la parution des premiers opuscules, qu'on dut d'ailleurs à des membres de son cercle, Vincent de Gournay s'occupa avec soin de cette grande question. Dans ses lettres à Trudaine, en 1752, on voit déjà poindre un vif intérêt pour un débat qui allait être, après la création de l'école de Quesnay, au centre des préoccupations.

En 1752, donc, Gournay, éternel défenseur de la liberté du commerce, écrivait à Trudaine : « Les gênes que l'on met sur le commerce du blé, les recherches que l'on fait chez le laboureur, le risque qu'il court d'être puni ou de passer pour mauvais citoyen si on lui en trouve en réserve, l'obligation qu'on lui impose d'en porter tant de sacs au marché, tendent à détourner les sujets du roi de la culture du blé, en ce que la possession de cette denrée les expose à des recherches et à des gênes qu'ils n'éprouveraient pas s'ils n'en avaient point du tout. » [3] L'influence de ces remarques

---

[2] Charles Dupin, *Mémoire sur les blés, avec un projet d'édit pour maintenir en tout temps la valeur des grains à un prix convenable au vendeur et à l'acheteur*, Paris, 1748
[3] Gournay à Trudaine, cité dans Gustave Schelle, *Vincent de Gournay*, Paris, 1897, p.72

audacieuses, à une époque où le débat sur le commerce des blés semblait encore dominé par les préjugés réglementaires, peut être représentée par le changement dans la législation, qui intervint peu après. Le 17 septembre 1754, sous le ministère de Moreau de Séchelles, le supérieur de Gournay au sein de l'administration des finances, un arrêt libéralisa en effet le commerce des grains.

Ce ne fut pas une libéralisation complète : soucieux de ménager les partisans de la réglementation, et de protéger sa carrière par la même occasion, le Contrôleur des Finances n'avait pas osé réclamer la liberté absolue du commerce des grains. Il se mettait pourtant, de ce fait, dans une position délicate : accusé par les partisans de la réglementation, il n'obtenait qu'un soutien modéré de la part des économistes libéraux, qui se mirent même à critiquer ses mesures comme étant trop timides. Ainsi s'explique la réaction des économistes du cercle de Gournay, qui, peut-être sous la direction du leader lui-même, s'agitèrent vigoureusement pour réclamer la libéralisation complète.

Cet effet commença en 1754. Claude Jacques Herbert, membre du cercle de Gournay, écartait comme nuisibles les quelques dispositions réglementaires admises par Dupin et par le décret de libéralisation, et, revenant aux réclamations anciennes de Boisguilbert, il se prononçait en faveur d'une liberté complète. [4] Peu surprenant, ainsi, que son *Essai sur la police générale des grains* ait été particulièrement apprécié par le marquis d'Argenson, autre grand défenseur des libertés économiques : « Je viens de lire une nouvelle brochure ayant pour titre *Essai sur la police générale des grains*, notera-t-il ainsi dans son journal. On y propose de laisser ce commerce tout à fait libre, et l'on montre que par là l'on aurait en tout temps autant de blé qu'il en faudrait, même dans les années les plus stériles. Enfin j'ai donc lu un ouvrage dans mon goût, par où la liberté parfaite du commerce produirait la meilleure police. » [5]

Avec des convictions très clairement teintées par sa proximité avec Vincent de Gournay, Herbert rompait avec l'esprit réglementaire encore fort à la mode à l'époque. C'est sans doute la raison des mots élogieux que d'Argenson écrit sur lui. Le fond du texte, en vérité, les justifiait moins : prudent, modéré, et attentif à ne pas s'opposer trop durement aux préjugés de son temps, sous peine d'être repoussé comme un doctrinaire idéaliste, Herbert avait accompagné sa défense de la liberté du commerce par principe d'une grande souplesse sur les détails. S'il restait intransigeant sur la liberté intérieure du commerce des grains, c'est-à-dire celle entre les différentes régions de France, il apparaissait bien moins absolu quant au com-

---

[4] Claude Jacques Herbert, *Essai sur la police générale des grains*, Paris, 1755
[5] Marquis d'Argenson, *Journal et mémoires*, édition J.B. Rathery, Tome VIII, 1866, p.220 Le marquis d'Argenson était en effet un grand promoteur de la liberté du commerce des grains. Cf. « La politique économique du marquis d'Argenson », *Laissons Faire*, n°2, Juillet 2013

merce extérieur : l'exportation ne serait permise que quand et si le prix du blé atteindrait un niveau fixé d'avance par voie réglementaire.

Cette souplesse, il faut le dire, et sans préjuger sur ce que furent les véritables convictions de l'auteur, était tout à fait habile. Très favorablement accueilli par les économistes libéraux, comme le marquis d'Argenson, l'ouvrage fut également célébré par les partisans de la réglementation, qui y trouvèrent une défense audacieuse mais mesurée de la liberté économique en matière de commerce des grains. Au final, comme l'écrira Henri Sée, « le traité de Herbert a eu une grande célébrité au XVIIIe siècle et a exercé une influence considérable sur l'opinion publique. » [6] Parmi les proches de Vincent de Gournay, on fut très satisfaits de cet *Essai*, et du succès qu'il avait rencontré. Cependant, un autre auteur, qui avait été puissamment formé par le cercle de Gournay sans toutefois y appartenir véritablement, apprécia peu les réserves et limites qu'Herbert laissait à la liberté du commerce des grains, et s'engagea à réfuter les conséquences de cette « souplesse » malavisée. Cet auteur, nous l'avons déjà rencontré : il s'agit de Moutaudoin de la Touche, l'inspirateur de la Société d'Agriculture de Bretagne, et son secrétaire au sein du bureau de Nantes.

C'est en 1757, l'année même de la création de la Société de Bretagne, que Montaudoin fit paraître son *Supplément à l'Essai sur la police générale des grains*. Il est difficile d'assurer que Montaudoin et Herbert se soient connus personnellement, bien que leur proximité mutuelle avec Gournay rende cela vraisemblable. Quoi qu'il en soit, Montaudoin ne témoigna dans son *Supplément* d'aucune inimité particulière envers Herbert, et se contenta de livrer au public une discussion sur les principes. La confrontation théorique fut même si peu acerbe que l'auteur prit la peine d'indiquer, dès les premières lignes de son texte, que « L'*Essai sur la Police générale des Grains*, est un Livre rempli d'excellentes choses » et même que « l'auteur mérite les plus grands éloges, et a un droit bien acquis à la reconnaissance de tous les bons Citoyens. » [7]

Après ces mots d'introduction, qui sont trop énergiquement écrits pour ne constituer que des compliments d'usage, Montaudoin entrait dans le vif de son sujet, et présentait ce qui distinguait ses idées de celles de Herbert : « L'auteur de la *Police des Grains* s'est déclaré en faveur de la liberté entière du commerce des blés. L'Auteur des Observations sur cet Ouvrage est de même sentiment. Mais le premier veut établir un droit de sortie qui doit hausser ou baisser suivant les circonstances. Le second prétend que la liberté entière consiste dans la faculté de faire entrer ou sortir du bled sans payer de droits, et sans permissions particulières, et que le droit ôte toute idée de liberté. L'un court après le nom, l'autre poursuit la chose. » [8]

---

[6] Henri Sée, « C. J. Herbert, Essai sur la police générale des grains, sur leurs prix et sur les effets de l'agriculture (1755) », *Annales de Bretagne*, Année 1910, Volume 26, Numéro 3, p. 621
[7] Montaudoin de la Touche, *Remarques sur l'Essai sur la police des grains*, in Claude-Jacques Herbert, *Essai sur la police générale des grains, sur leurs prix et sur les effets de l'agriculture*, Paris, 1757, p.5
[8] *Ibid*, p.3

On pourrait difficilement exprimer en termes plus clairs, et moins alambiqués, ce qui constituait le fond de la positon de l'un et de l'autre, et ce qui rendait la réaction critique de Montaudoin inévitable. Quand l'on attache à son action publique le noble rôle de défenseur de la liberté, et quand, par une formation étendue des principes fondamentaux de l'économie politique, on perçoit le champ immense de son applicabilité, il en devient naturel, et comme inévitable, de venir ferrailler avec le premier économiste qui abandonne la rigueur des principes, quelles que soient ses intentions ou ses succès. Ce fut le cas de Montaudoin. Ce fut le sens de sa polémique avec Herbert. Cette posture explique seule l'engagement de cet économiste, par ailleurs assez brillant, et s'illustre parfaitement dans son *Supplément*. Montaudoin y reproche à son contradicteur Herbert d'affirmer des principes justes, et de venir les contredire constamment par des restrictions. Reprenant les mots de Herbert, il commente : « Laissez en tout temps, dit-il, le commerce libre : il faut que la liberté soit entière, ajoute-t-il plus bas. Cette doctrine est excellente : il est bon de ne pas perdre de vue les paroles de l'Auteur. Cependant il ajoute ensuite : Il faut que la liberté soit limitée seulement par le prix ou par les droits de sortie ; mais comment la liberté sera-t-elle entière, si elle est subordonnée aux prix et à des droits de sortie ? » [9]

Laissant poindre ce qu'est sa propre doctrine, qui n'est d'autre que le *Laissez Faire* cher à son ami et collaborateur Gournay, Montaudoin continue sa critique de l'*Essai* de Herbert, et écrit : « Le prix du grain s'appesantira de lui même à mesure qu'il deviendra moins abondant : il nous restera sans aucune défense, puisqu'il deviendra plus cher chez nous que chez nos voisins ; il nous en viendra même du dehors : l'Auteur en convient deux pages après. Pourquoi donc proposer un droit gênant, variable, arbitraire, et inutile ? Dans le cas d'abondance, si on laisse le grain s'écouler librement, comme le dit si bien l'Auteur, il ira naturellement où un prix plus fort l'appelle : cette opération n'a pas besoin de l'action ni de la réaction du droit. Les bons effets de la diminution ou de la suppression momentanée proposée par l'Auteur, ne peuvent donc pas être comparés à ceux d'une suppression absolue et continuelle. Il est donc infiniment plus simple de ne point établir de droit : pourquoi multiplier les agents sans nécessité ? Les Ministres bienfaisants qui travaillent jour et nuit à la félicité des Peuples, et qui trouvent continuellement le travail après le travail, ne sont-ils pas déjà assez occupés sans qu'on les charge encore du soin fatigant de faire marcher une machine pesante et compliquée qui peut marcher toute seule dès qu'elle sera débarrassée d'un attirail inutile qui l'affaisse. » [10]

Laisser marcher tout seul le commerce : telle était déjà, on l'a vu, la doctrine de Gournay et de ses proches au sein du cercle. On l'a lue chez Gour-

---

[9] *Ibid.*
[10] *Ibid.*, pp.11-13

nay lui-même, chez Turgot, chez O'Héguerty ; on l'a voit maintenant exposée avec style par Montaudoin. Le lecteur contemporain peut bien les accuser d'être tombés dans une erreur commune, et décider nonchalamment de rester attaché à ses propres idées. Parce qu'elle forme le fond de toute l'école française d'économie politique, et parce qu'elle fut soutenue par des économistes qui n'en furent pas moins de grands savants et de grands observateurs, qu'il souffre néanmoins qu'on approfondisse quelque peu les raisons de leur défense du laissez-faire.

Laissez-faire ne signifiait certainement pas laissez les pauvres souffrir ou laissez les riches jouir de leurs biens. Tout au contraire. Il s'agissait de défendre la seule voie possible d'assurer pour le menu peuple la présence sur ses marchés de la denrée qui lui apportait la subsistance, à un prix le plus bas et le moins fluctuant possible. L'assurance contre le risque d'une disette et la prévention des famines était la préoccupation unique de ces économistes. Pour y répondre, ils considérèrent que la seule solution aux mauvaises récoltes d'une région était l'achat du surplus d'une autre région, dans laquelle les récoltes avaient été meilleures. Ils ajoutèrent, conséquents avec eux-mêmes, que si la nation toute entière avait à souffrir de mauvaises récoltes, il était d'une impérieuse nécessité que le commerce extérieur soit libre, et qu'elle puisse acheter aux nations voisines le produit de leurs récoltes. Ce mécanisme stabilisateur, en conclurent-ils, étant dans l'intérêt même des marchands, qui pourront obtenir un profit de ce commerce, il n'est nul besoin de la puissance publique pour solutionner les mauvaises récoltes : elle peut, elle doit se contenter de *laisser faire le commerce*.

La décennie 1750 verra une profusion d'ouvrages et de brochures venant défendre cet argumentaire et réclamer la libéralisation du commerce des blés. En dehors de la région bretonne, le plus significatif de ces ouvrages, outre le fameux *Ami des Hommes, ou Traité de la population* (1756) du marquis de Mirabeau, fut les *Observations sur la liberté du com-merce des grains* (1759), par Claude-Humbert Piarron de Chamousset. Cette profusion considérable, encore le résultat d'un intérêt vif pour cette question du commerce des grains, gagna même en ampleur avec la constitution d'une véritable école de pensée économique dévouée à la défense de la liberté économique. Le mouvement physiocratique, en effet, était en train de se constituer. En 1757-58, l'*Encyclopédie* publia les premiers articles du futur maître Quesnay, dont « Fermiers » et « Grains ». Par la suite, le marquis de Mirabeau, jouissant alors d'une popularité notoire après la publication de son *Ami des Hommes*, rencontra Quesnay et se convertit à sa doctrine. Le *Tableau économique*, schématisation de la pensée économique des Physiocrates, sortit des presses royales en 1759, et la *Théorie de l'impôt*, rédigée par Mirabeau avec l'aide de Quesnay, parut en 1760. Après la mobilisation générale que provoqua la création de l'école physiocratique, le flot des publications en faveur de la liberté du commerce des grains se mit à atteindre des proportions inédites.

Participant avec talent au grand mouvement intellectuel qui mit progressivement à bas l'appareil réglementaire français en matière d'économie, les Physiocrates eurent très tôt un succès à s'attribuer. En 1764, un édit préparé par le contrôleur général Bertin accorda la liberté entière du commerce des grains, à la fois à l'intérieur et à l'extérieur. Dans les rangs des économistes libéraux bretons proches de Vincent de Gournay, désormais décédé, l'enthousiasme fut vif. Les réactions de l'époque portent encore la marque de ce sentiment de joie profonde qui accompagne toujours les grands succès. Très illustratif de cet enthousiasme est le discours que prononça M. de La Chalotais, procureur général du Parlement de Bretagne, à l'occasion de l'enregistrement de l'édit royal libéralisant le commerce des grains. Ce magistrat célèbre était donc déjà convaincu quand parut cet édit, d'autant qu'il s'était rallié depuis peu à l'école physiocratique. Ainsi que l'écrira l'historien Michel Antoine, « La Chalotais, physiocrate convaincu, membre actif de la Société royale d'agriculture, commerce et arts de Bretagne, qui se livrait sur ses terres à des expériences agronomiques, était très lié avec Quesnay. » [11]

Nous sommes le 20 août 1764, et La Chalotais s'exprime devant ses pairs du Parlement de Bretagne :

> Messieurs,
>
> J'ai l'honneur de vous annoncer le bienfait le plus signalé, dont Sa Majesté pût gratifier les Peuples : la liberté du commerce des Grains.
>
> Après en avoir permis la libre circulation dans l'intérieur du Royaume par sa Déclaration du 25 Mai 1673, le Roi accorde par cet Édit, que j'apporte à la Cour, la liberté entière de la sortie et de l'entrée. Il permet à tous ses Sujets de faire Commerce de toutes espèces de Grains, Légumes, Farines, etc., soit avec les Régnicoles, soit avec les Étrangers.
>
> C'est vous annoncer, Messieurs, l'augmentation et l'amélioration de l'Agriculture, qui sera infailliblement la source du rétablissement et de la prospérité du Royaume.
>
> Enfin, grâce à Sa Majesté, et au Ministre qui régit les Finances, le Système des Prohibitions paraît abandonné sans retour ; Système fatal, qui défendait aux Sujets d'un même Souverain de se prêter de mutuels secours, et qui interdisait entre la France et les autres Nations, cette communication dans les échanges du superflu avec le nécessaire, qui est si conforme à l'ordre de la Divine Providence. Les permissions particulières, cette ressource utile qui enrichissait quelques particuliers aux dépens de la Nation, ne décourageront plus le Cultivateur ; nous ne craindrons plus les disettes, ni, ce qui était presque aussi redoutable, la trop grande abondance des récoltes ; nous ne craindrons plus surtout les variations excessives du prix des Grains, aussi nuisibles que la cherté même ; enfin nous pouvons espérer un plan d'impositions équitable, fondé sur les vrais et uniques principes, la culture des terres et l'augmentation des richesses de l'État.
>
> Je ne m'arrêterai pas, Messieurs, à prouver des vérités trop connues présentement, et portées au plus haut degré de Démonstration par tant de solides ouvrages, qui sont le fruit des lumières de Citoyens zélés et éclairés.

---

[11] Michel Antoine, *Louis XV*, Paris, Fayard, 1989, p.210

> Qui ne sait que la terre seule donne les richesses, parce qu'elle seule produit et reproduit annuellement de nouvelles valeurs ; que la vente des denrées est l'unique moyen de faire circuler l'argent, qui n'est que la représentation de richesses plus réelles, les fruits de la terre ; qu'un État riche en productions qu'il peut vendre, sera nécessairement riche en argent ? Mais soit que ses denrées manquent, ou qu'elles ne se vendent pas, il éprouve infailliblement le défaut de circulation des espèces, et tombe dans un engourdissement, qui par ces effets équivaut à la pauvreté. Il est donc certain que la plus utile de toutes les Lois Politiques est celle qui donne la plus grande facilité à la vente des Productions de la terre ; les consommations, l'impôt, le commerce même de la Nation, tout prend sa source dans la vente des denrées ; on ne peut donc trop étendre cette source, ni trop craindre de la resserrer ; si elle tarissait, les maux de l'État seraient irrémédiables et sans bornes. » [12]

C'était là, exprimées avec grandiloquence et ardeur, la grande doctrine des Physiocrates sur la supériorité de l'agriculture, ainsi que leur défense de la liberté du commerce des grains, qu'ils avaient tiré de Gournay. Dans ce discours, La Chalotais indiquait aussi nombre de défauts des lois prohibitives, qui ne feront que plus tard l'objet de remarques. Le prochain grand économiste breton qui traita de cette question, Louis-Paul Abeille, croira innover de manière décisive en notant que le protectionnisme provoquait une distorsion des prix, ou une cherté artificielle, ou un bon marché artificiel, et que seule la liberté, jointe à une large concurrence, pouvait amener le *vrai prix*. La Chalotais, pourtant, l'avait bien analysé avant lui, et indiquait qu'un pays soumis au protectionnisme « est pauvre quand il a trop de grains, et est pauvre quand il en manque. La surabondance produit l'engorgement et le défaut produit la disette ; l'une amène le vil prix et l'autre une cherté excessive. » [13]

Que ce soit en raison de la vigueur de son engagement libéral ou par passion naturelle pour la controverse — et nous soutenons que ce fut pour la première de ces deux raisons — La Chalotais acheva son discours en critiquant les quelques très légères restrictions à la liberté de commercer qu'avait laissé l'édit. Que disons-nous critiquer : il les condamna sévèrement. Cette attitude digne, qu'on a l'habitude de rejeter spontanément comme un jusqu'au-boutisme pervers, fut surtout le résultat d'une défense *par principe* de la liberté du commerce.

Ces légères restrictions étaient nombreuses, mais, à notre connaissance, La Chalotais fut le seul à les mettre en avant avec une telle force. Qu'on consulte les *Éphémérides du Citoyen*, le journal des Physiocrates : nous ne trouverons rien de semblable. Après l'édit de libéralisation, le commerce des grains continuait à être l'objet de taxes spéciales : La Chalotais en demanda la suppression ; l'exportation et l'importation de grains devenaient libres, mais ne pouvaient se réaliser que par un nombre réduit de ports : il

---

[12] *Discours que prononça M. de La Chalotais, procureur général du Parlement de Bretagne, à l'occasion de l'enregistrement de l'édit royal libéralisant le commerce des grains*, Paris, 1764, pp.1-3
[13] *Ibid.*, p.9

s'en offusqua. « Ou les principes qui sont établis dans l'édit son vrais partout, affirma-t-il vaillamment, ou ils ne le sont nulle part. » Ces principes, c'étaient ceux du laissez-faire et de la liberté absolue du commerce, dont Gournay, son cercle, puis tous leurs continuateurs, dont les Physiocrates étaient, avaient convaincu la nation. La Chalotais indiqua :

> « Nous eussions souhaité que la liberté fût entière et indéfinie dans tous les Ports, qu'il n'y eût aucune limitation qui restreignit cette liberté ; que l'exportation fût exempte de tous droits, parce que la liberté seule peut étendre et soutenir le commerce des denrées et favoriser la consommation ; parce que la moindre gêne en arrête le cours ; parce que les plus petits droits sur les ventes et sur les achats (car cela est égal) sont un impôt qui en fait tarir la source ; parce qu'enfin l'augmentation des frais de transport fait perdre à la Nation des revenus considérables et détruit nécessairement la concurrence avec les autres Nations.
> Je conviens qu'en bornant le nombre des Ports on a envisagé l'avantage d'avoir des états réguliers de l'Importation et de l'Exportation. Mais on me permettra de remarquer d'un autre côté que cette fixation met des bornes aux bonnes intentions de Sa Majesté, et qu'elle est même contraire à l'esprit de l'Édit ; car les principes qui y sont établis sont vrais partout, ou ils ne le sont nulle part. Fixer un certain nombre de Ports, c'est favoriser une petite portion des Sujets aux dépens de l'autre, et préjudicier à la plus grande partie. Il paraîtrait plus naturel que l'exportation fut permise indistinctement par tous les Ports, du moins par tous ceux où il se trouve des Commis en état de tenir des Registres des entrées et sorties. » [14]

Peu contestée en théorie, la liberté du commerce des grains ne recevait donc plus d'opposition véritable que par la législation française, qui conservait encore quelques bribes de la force prohibitive qu'on lui avait jadis fournie. Tous les disciples de Quesnay, de Dupont de Nemours à Guillaume-François Le Trosne, en passant par Louis-Paul Abeille, se remirent à écrire inlassablement sur la question. Les *Principes sur la liberté du commerce des grains* de ce dernier, publiés en 1768, donnent une idée assez juste du ton des discussions de l'époque, en même temps qu'ils fournissent un nouvel exemple de la grande qualité des économistes qu'abritait alors la Bretagne. La courte brochure de Louis-Paul Abeille entendait solutionner le problème par une confrontation des arguments des trois positions de ce débat : la prohibition absolue, la liberté absolue, et le mélange de prohibition et de liberté. M. Abeille entendait tirer au clair tout cela et décider ce qu'il convenait d'adopter.

Après avoir pesé les avantages et les désavantages des trois, l'auteur se mettait à défendre le parti de la liberté absolue du commerce des grains. Si les grains sont en abondance, affirmait-il, il faut les exporter ; s'ils sont en manque, il faut les importer. L'effet régulateur de ces procédés ne peut intervenir que si le mécanisme par lequel il s'opère est laissé libre de fonctionner, *i.e.* si le commerce est libre. Et en effet, le commerce libre régule de par son fonctionnement même les évolutions des prix et donne à chaque

---
[14] *Ibid.*, pp.17-18

marchandise ce qu'Abeille appelle avec raison son « vrai prix. » Le vrai prix est celui qu'établit une libre et entière concurrence ; les marchandises gênées par des prohibitions étant à l'inverse à un « faux prix ». [15] Sous ce système, la valeur des marchandises est en proportion de l'offre et de la demande, ou, pour citer notre auteur : « La valeur d'une denrée est toujours proportionnée à la quantité qui en existe dans le pays, et au besoin qu'on en a. [...] Dans l'état de liberté, tout prend son niveau ; le prix proportionnel des choses s'établit de lui-même. » [16]

Par cette qualité autorégulatrice, le commerce libre rend inutile toute intervention de la puissance publique. « Tout ce que se doivent les hommes en société, tout ce que doit l'administration à ceux qu'elle gouverne, c'est de mettre obstacle à toute usurpation. C'en est une que de vendre les choses au-dessus de leur vrai prix ; c'en est une que de mettre obstacle au vrai prix des choses. Il n'y a donc de maximes respectables, en fait de commerce, que celles qui assurent l'existence continue du vrai prix. Alors nul ne peut survendre ; nul ne peut spolier ; tout prend un juste niveau, et par conséquent il ne peut exister ni murmures ni plaintes légitimes, soit de la part des vendeurs, soit de la part des consommateurs. La pleine et entière liberté du commerce est le seul moyen d'atteindre ce but. Tout autre système d'Administration trahirait les intérêts de la Nation et de l'Administration même. » [17]

Et plus loin, il écrit encore plus clairement son opinion, reprenant même les fameux mots de son ancien maître et ami, Gournay. « Les partisans de la liberté n'ont cessé de dire et de répéter que l'unique police, en matière de subsistances, consistait à *laisser aller les choses d'elles-mêmes* [18] ; à ne faire sentir la main de l'administration que contre les obstacles à une entière liberté ; que le Commerce des grains, qui, parmi nous, est à peine effrayé, se montera tout seul ; que la sûreté, pour tous les temps, pour toutes les circonstances, sera le fruit immédiat d'une exportation et d'une importation entièrement libres. La simplicité de ce plan d'Administration ne pouvait qu'étonner et peut-être indisposer ceux qui, sur d'autres matières, se sentent la capacité de tout voir, de tout régler, de tout conduire. Mais des événements aussi décisifs qu'effrayants, et toujours les mêmes, avertissent ceux qui écouteraient leur amour-propre avec le plus de complaisance, que le régime d'un Commerce aussi compliqué que celui des grains est au-dessus des forces de l'homme le plus supérieur, que par conséquent, il est indispensable de l'abandonner à lui-même. » [19]

D'ailleurs, si l'intervention du gouvernement dans le commerce des grains est irréaliste et impraticable, elle est également, selon notre auteur, profondément immorale. En effet, loin de limiter la spoliation, l'interven-

---

[15] Louis-Paul Abeille, *Principes sur la liberté du commerce des grains*, Paris, 1768, p.33
[16] *Ibid.*, p.30 ; *Ibid.*, p.40
[17] *Ibid.*, pp.32-33
[18] Souligné dans l'original
[19] *Ibid.*, pp.44-45

tion du gouvernement dans le commerce des grains provoque elle-même une spoliation : quand le blé est cher, l'État force les propriétaires à fournir le blé au prix normal ; or cela est profondément injuste, soutient Abeille. On ne ferait pas cela pour les autres marchandises, alors pourquoi le faire pour le blé ? Si c'est injuste dans un cas, pourquoi serait-ce juste dans un autre ? « On respecte les droits de la propriété dans un cas ; on les foule aux pieds dans l'autre » fait remarquer Abeille. [20]

De si bons arguments, exposés dans un style si convaincant, ne pouvaient rester sans effet. Sans effet, ils ne le furent pas : dès 1774, sous le nouveau ministre Turgot, le commerce des grains fut à nouveau libéralisé. Ainsi s'achevait, après deux décennies d'un flot littéraire presque ininterrompu, de vifs échanges, d'espoirs rapidement formés, et déçus plus rapidement encore, le grand débat sur la liberté du commerce des grains.

Une vue rétrospective sur ce débat nous a présenté les contributions décisives de grands économistes de la Bretagne. Avant de clôturer ce chapitre, il convient de rappeler en particulier le rôle de Gournay dans ce revirement des règlements en matière de commerce, que l'on porte trop souvent au crédit des Physiocrates. Comme nous l'avons indiqué, l'école physiocratique ne s'était pas encore constituée lorsque la question de la liberté du commerce des grains fut débattue pour la première fois par des ennemis des règlements. Turgot a bien fait remarqué cette vérité oubliée : « Lorsque Du Pin, M. de Gournay, Herbert et beaucoup d'autres, ont réclamé la liberté du commerce des grains, aucun des écrivains qu'on nomme économistes [entendez les Physiocrates] n'avait encore rien publié dans ce genre et on leur a fait un honneur qu'ils n'ont pas mérité lorsque, pour déprimer l'opinion qu'ils ont défendue, on leur a imputé d'en être les seuls promoteurs. » [21] En outre, lorsqu'on se souvient qu'Herbert était un disciple de Gournay et un membre de son cercle, on est encore plus disposé à créditer ce dernier d'un grand mérite.

C'est en effet Gournay qui imposa sa marque sur tout ce mouvement, et, aussi tard qu'en 1768, ce sont ses principes qu'on remit à l'ordre du jour pour défendre la liberté du commerce des grains. Non avons vu Abeille tout empreint du langage de l'économiste malouin ; en cette même année de 1768, un autre physiocrate très engagé dans ce débat du commerce des grains, G.-F. Le Trosne, publia des *Lettres à un ami sur les avantages de la liberté du commerce des grains*, dans lesquelles l'ombre de Gournay était toute visible. Dans sa conclusion, après avoir repris et développé un à un les arguments que le maître avait antiquement présentés, il eut ces mots pour clore son ouvrage :

> « Que tout le monde se joigne donc plutôt à nous pour concevoir, désirer et solliciter l'espèce de réduction qui convient, tant aux Vendeurs qu'aux Con-

---

[20] *Ibid.*, p.20
[21] Gustave Schelle, *Vincent de Gournay*, Paris, 1897, pp.72-73

sommateurs, et qui est conforme à l'intérêt de tous. Que tout le monde se joigne à nous pour supplier le Souverain de favoriser l'établissement du prix le plus avantageux par le moyen de la concurrence la plus entière et de la liberté indéfinie pour l'entrée et pour la sortie, et de supprimer dans l'intérieur toutes les gênes qui grèvent le Commerce, et tous les droits qui se perçoivent, de quelque titre que ce soit, sur le blé, la farine et le pain : de manière que le Commerce de la première denrée ne soit plus désormais gouverné que par ces deux maximes, si simples, si conformes à l'ordre, si faciles à mettre en pratique : LAISSEZ FAIRE ET LAISSEZ PASSER. » [22]

---

[22] Guillaume-François Le Trosne, *Lettres à un ami sur les avantages de la liberté du commerce des grains et le danger des prohibitions*, Paris, 1768, pp.167-168

CHAPITRE 5
LE SOLDAT GRASLIN

« Que tout le monde se joigne à nous » avait fièrement demandé le physiocrate Guillaume-François Le Trosne. Si la nécessité d'un tel appel paraît évidente en ne considérant même que l'importance des débats dans lesquels les disciples de Quesnay étaient entrés, il faut dire pourtant que ces mots sonnaient surtout comme un appel à l'aide : en cette année 1768, les économistes physiocrates étaient déjà esseulés, et ils le sentaient gravement. Tandis que le cercle de Gournay avait diffusé ses idées dans bien des sphères intellectuelles différentes, l'école de F. Quesnay, bien au contraire, clivait constamment et gardait éloignés d'elle tous ceux qui n'acceptaient pas pieusement l'enseignement du maître comme la vérité divine.

Significatif de cette différence entre le cercle de Gournay et l'école physiocratique du point de vue de la diffusion des idées est le cas de Melchior Grimm. Ce commentateur littéraire d'origine allemande, très lié avec les milieux philosophiques parisiens de la seconde moitié du XVIIIe siècle, et de ce fait même très influent, fut l'un des plus intraitables adversaires des Physiocrates, et cependant, malgré son antilibéralisme, un grand admirateur de Vincent de Gournay.

Melchior Grimm, ami des philosophes, fut dès le début le plus vigoureux adversaire de l'école de Quesnay et empêcha avec succès la diffusion de leurs idées dans les cercles philosophiques. « Il s'est élevé depuis quelques temps dans le sein de cette capitale, écrira-t-il dès les débuts de l'école, une secte d'abord aussi humble que la poussière dont elle s'est formée, aussi pauvre que sa doctrine, aussi obscure que son style mais bientôt impérieuse et arrogante : ceux qui la composent ont pris le titre de *Philosophes Économistes*. »[1] Le très apparent comportement sectaire des disciples de Quesnay était l'objet d'éternelles railleries de sa part : « Il faut compter la congrégation des pauvres d'esprit et simples de cœur assemblés dans la sacristie de M. de Mirabeau, sous l'étendard du docteur François Quesnay et sous le titre d'Économistes politiques et ruraux, au nombre des confréries religieuses qui forment leur domination dans l'obscurité et qui ont déjà une foule de prosélytes lorsqu'on commence à s'apercevoir de leurs projets et de leurs entreprises. [...] Le vieux Quesnay a toutes les qualités d'un chef de secte. Il a fait de sa doctrine un mélange de vérités communes et de visions obscures. Le peu qu'il nous a manifesté lui-même de ses idées est une apocalypse inintelligible ; la masse de sa doctrine qui s'appelle dans le parti la science, tout court et par excellence, est répandue

---

[1] Grimm, *Correspondance littéraire*, édition Tourneux, t.VIII, p.418

par ses disciples qui ont toute la ferveur et l'imbécilité nécessaires au métier d'apôtres. Le ténébreux Quesnay et ses barbares apôtres réussiront à jouer pendant quelque temps un rôle, même dans le siècle de Voltaire. Il existe parmi les hommes de tous les temps une classe d'esprits faibles et rétrécis créés pour la conquête de ceux qui ne dédaignent pas de s'en emparer. » [2] On pouvait difficilement écrire une critique plus vigoureuse et plus acerbe.

À l'inverse, Melchior Grimm appréciait Gournay, et se désespérait de voir ses maximes rester inappliquées. À l'annonce de sa disparition, il écrira dans son journal : « Le public vient de faire une perte dans la personne de M. Vincent de Gournay, conseiller honoraire du grand conseil, intendant honoraire du commerce. Ce magistrat était rempli de vues sages et profondes. Nous avons de lui quelques ouvrages sur la culture, le commerce et d'autres objets d'une administration heureuse. Beaucoup d'ouvrages de cette espèce se sont faits sous ses auspices et sur ses conseils. Si le gouvernement n'a pas suivi dans ses opérations les idées d'un homme aussi sage, c'est un malheur qui ne nous doit pas consoler de sa perte. » [3]

Cette différence évidente, plus imputable au comportement sectaire des disciples de Quesnay qu'à une véritable divergence de vues, ne saurait nous faire oublier la portée presque anti-physiocratique du cercle de Gournay. Ce cercle, en effet, n'était physiocratique ni par tempérament ni par doctrine. Il n'avait donc en aucun cas vocation, lors de sa dissolution en 1759, à venir garnir les rangs de sa sœur cadette. Et en effet il ne le fit pas. Parmi ses membres, seul Louis-Paul Abeille rejoindra l'école de Quesnay — encore ne le fit-il que pour une durée très courte, avant une violente et ineffaçable rupture.

Au début des années 1760, certains membres de l'ancien cercle breton rejoignirent même la cause anti-physiocratique. Ce fut le cas de Véron de Forbonnais, qui resta jusqu'à sa mort l'une des grandes figures de l'opposition à l'école de Quesnay, une opposition qu'il polarisa autour de son nom et qu'il vivifia par son talent d'économiste. Pour ne considérer qu'un exemple, désormais bien connu du lecteur, Forbonnais publia en supplément du numéro d'août 1768 du *Journal d'Agriculture et de Commerce* un « Examen du livre intitulé Principes sur la liberté du commerce des grains », répondant à la publication du physiocrate Louis-Paul Abeille, que nous avons étudié dans le chapitre précédent. Forbonnais y critiquait notamment le manque d'adéquation entre les réformes proposées par cet économiste et la situation et les mœurs de la population agricole française de l'époque. La réponse ne tarda pas : un « Examen de l'examen », fort probablement rédigé par Abeille lui-même, fut publié dans les colonnes des *Éphémérides*. [4] Forbonnais ne s'arrêta pas là. Jusqu'au début des années

---

[2] *Ibid.* p.40
[3] *Ibid.* p.146
[4] *Éphémérides du Citoyen*, décembre 1768, Volume XII, pp.139-148

1770, il édita le *Journal d'agriculture, de commerce et des finances*, qu'il transforma en véritable centre d'opposition aux économistes physiocrates.

C'est avec cet économiste éminent, vigoureux opposant à la physiocratie, que Jean-Joseph-Louis Graslin fut appelé à faire ses armes. Nous savons que les deux auteurs furent en contact ; les biographes de Graslin, R.-M. Luminais et J. Desmars, les déclarent même amis. [5] L'explication la plus convaincante de leur rencontre est celle qui la fait remonter à 1761 : à cette époque, Graslin et le père de Forbonnais comptent parmi les fondateurs de la Société d'Agriculture de Touraine, société qui rassemble principalement des savants du Mans, de Tours, et d'Angers. La conjecture selon laquelle ils se seraient connus avant, notamment par l'intermédiaire de l'oncle de Véron de Forbonnais, puissant armateur établi à Nantes, ne paraît pas reposer sur des preuves ni mêmes des probabilités suffisantes, bien qu'elle ne puisse être complètement écartée. Également envisageable est l'idée selon laquelle Graslin aurait été présenté à Forbonnais par Montaudoin de la Touche, autre grand armateur nantais et collaborateur du Manceau au sein du cercle de Vincent de Gournay. Quoiqu'il en soit, c'est dans le sillage de Forbonnais que va s'engager le jeune Graslin, alors novice en économie politique. Avec une vigueur et un talent polémiste supérieurs encore à son maître, il mènera la bataille contre les économistes physiocrates avec un succès tel qu'il n'est pas inconcevable de penser qu'il fut, avec l'italien Galiani, leur principal fossoyeur.

***

De nos jours, Jean-Joseph-Louis Graslin est surtout connu en Bretagne comme architecte de Nantes. Il est vrai qu'il œuvra de façon grandiose dans cette fonction, et que l'usage de son nom pour nommer la place centrale de Nantes n'est pas un signe excessif de reconnaissance. Par ses constructions audacieuses, Graslin a changé la face de Nantes : il a embelli et grandement modernisé cette ville, pour la hisser à la hauteur de son prestige et de ses ambitions.

Ce ne fut pourtant pas l'œuvre de sa vie. Avant d'agir en architecte urbain, il avait œuvré en architecte économiste, détruisant l'instable bâtisse physiocratique pour construire les fondements de l'édifice classique, qu'il appartiendra à ses successeurs d'ériger.

La vie de J.-J.-L. Graslin fut d'abord toute dédiée à l'administration des finances de la France, suivant en cela une certaine tradition familiale. Son grand-père avait en effet été greffier en chef du bureau des finances de

---

[5] R.-M. Luminais, *Recherches sur la vie, les doctrines économiques et les travaux de Jean-Joseph-Louis Graslin* ; J. Desmars, *Essai d'une étude historique et critique sur un précurseur de l'économie politique classique en France*, Rennes, 1900, republié dans une version abrégée : Desmars, *Un précurseur d'Adam Smith en France : Jean-Louis Graslin*

Tours, une institution importante sous l'Ancien Régime, en charge notamment de la gestion de certains impôts, comme la taille et les aides. Son fils, le père de notre « soldat Graslin », reprit cette noble charge de greffier en chef du Bureau des finances de Tours.

Celui qui allait bientôt dépasser toutes les espérances de sa famille était né à Tours en 1727. Envoyé à Paris pour faire ses gammes, et se former aux postes éminents que sa famille imaginait le voir prétendre, il fit ses études au collège Dormans-Beauvais de Paris, situé à proximité du célèbre Louis-le-Grand. Il rejoignit en 1746 la Faculté de Droit de Paris. Élève peu sérieux, il interrompit rapidement son cursus universitaire pour une banale affaire de cœur : Graslin tomba amoureux d'une jeune fille, et mit de côté ses études. Il commença à vivre dans une certaine débauche et accumula de lourdes dettes.

Il ne tarda pourtant pas à se remettre dans le droit chemin, et en 1753, pour le plus grand plaisir de sa mère, laissée veuve depuis dix ans, il obtint sa licence. Il se mit alors en quête d'un poste dans l'administration des finances. Après des recherches infructueuses, il fut contraint d'accepter un poste de simple stagiaire au sein de la modeste Ferme générale de Saint-Quentin, en Picardie. C'est durant cette époque qu'il spécula sur les grains. En 1756, de mauvaises récoltes avaient fait monter le prix du blé : Graslin, ayant acheté bas, revendit haut dans le courant de l'année 1757, et amassa par ce moyen une petite fortune. Ce détail n'est pas sans importance quand on considère la controverse qui l'opposera plus tard aux Physiocrates, qui avaient fait de la libéralisation du commerce des grains l'un des points centraux de leur programme.

En 1759, après avoir été patient à Saint-Quentin, il obtint le poste de receveur général, à Nantes, en remplacement de M. de Marcenay, et partit immédiatement s'y établir. Il y fut en charge des droits sur le tabac et les produits de la traite négrière, avec, au-dessus de lui, un unique supérieur. Étant donné et ce haut niveau de responsabilité et la formidable richesse du Nantes de l'époque, inutile de cacher qu'il s'agissait là d'un poste très important. Sa carrière étant désormais sur de bons rails, Graslin pouvait consacrer ses talents à un autre domaine qui, à ce qu'il semble, lui tenait désormais à cœur : la théorie économique.

C'est en 1766 que Graslin se lança sur la scène des débats économiques, lors de la mise au concours d'une question fiscale par la Société Royale d'Agriculture de Limoges. Il fit parvenir son mémoire pour concourir.

Nous ignorons les circonstances dans lesquelles il s'initia à l'économie politique. Le seul renseignement dont nous disposons est le jugement qu'il porta lui-même sur les origines de son engagement : dans son premier ouvrage, il expliqua avoir étudié la science de l'économie politique « depuis longtemps » : ce qui est à la fois fort imprécis et très probablement incorrect. [6] Étant donné les nombreuses similitudes de ton et de doctrine

---

[6] J.-J.-L. Graslin, *Essai analytique sur la richesse et sur l'impôt*, Nantes, 1767, p.iii

entre lui et Forbonnais, il n'est pas inconcevable qu'il ait reçu de lui ses premières notions d'économie politique.

Si Graslin avait pris la peine de composer sur le sujet proposé par la Société d'Agriculture de Limoges, c'est que celui-ci était ostensiblement d'inspiration physiocratique. Selon les termes du programme, il s'agissait de « démontrer et apprécier l'effet de l'impôt indirect sur le revenu des propriétaires des biens-fonds », en somme, de répéter les idées de l'école de Quesnay, qui avait fait des méfaits de l'impôt indirect un point fameux de sa doctrine.

Cela s'expliquait aisément par la personnalité de l'homme qui conçut le projet de ce concours, un homme que nous avons déjà rencontré : Anne-Robert-Jacques Turgot. En 1761, deux ans après la disparition de son maître Gournay, Turgot avait été nommé intendant du Limousin. En cette qualité, il prépara les questions du concours de la Société Royale d'Agriculture établie dans sa généralité. Il s'agissait donc d'un prétexte pour faire une nouvelle publicité aux idées physiocratiques, et exposer les idées de l'école sur la question fiscale.

Afin d'être bien sûr qu'on ne s'écarterait pas de la saine doctrine physiocratique, Turgot avait même cru nécessaire de rédiger une notice explicative. Il y précisait d'emblée la supériorité de l'impôt direct sur l'impôt indirect, nécessairement nuisible et vicié : « Les personnes les plus éclairées dans la science de l'économie politique savent depuis longtemps que tous les impôts, sous quelque forme qu'ils soient perçus, retombent nécessairement à la charge des propriétaires des biens-fonds, et sont toujours en dernière analyse payés par eux seuls, ou directement, ou indirectement. » [7]

Cela sembla d'abord fonctionner à merveille : la plupart des participants, dont certains étaient officiellement des disciples de Quesnay, comme Jean-Nicolas de Saint-Péravy, ne firent que répéter les thèses physiocratiques. Il y avait cependant un contributeur qui s'appliquait avec grâce à prendre à revers ces thèses, et à en fournir une virulente critique : c'était Graslin.

L'économiste breton refusait vigoureusement les postulats de Turgot, et se missionna de prouver que contrairement à ce qu'il affirmait, l'impôt indirect n'était pas si mauvais. « J'ai pris le parti de résoudre moi-même la question proposée, écrira Graslin, sinon telle qu'elle a été présentée, du moins telle qu'elle aurait du l'être. [...] La question prise littéralement étaient insoluble ; et j'ai été obligé pour la ramener à son vrai sens, de faire à peu près comme un Astronome à qui on aurait proposé de démontrer le mouvement des corps célestes autour de notre globe qui après avoir prouvé que ce mouvement n'existe pas, expliquerait les phénomènes par

---

[7] Turgot, « Programme d'un concours sur l'impôt indirect », in *Œuvres de Turgot et documents le concernant*, t.2, p.430

les mouvements diurne et annuel de la terre et donnerait ainsi la seule solution possible de la question. »[8]

La démarche était une provocation audacieuse, mais les qualités de son mémoire étaient évidentes. Turgot en fut d'ailleurs frappé, et chercha alors une solution pour éviter d'attribuer le prix à Graslin, cet adversaire de la Physiocratie. Dans l'urgence, il demanda à son ami Dupont de Nemours, dont il savait le talent d'auteur et la parfaite connaissance de la doctrine physiocratique, de composer un mémoire sur la question. Pour lui donner du cœur à l'ouvrage, il lui affirma envisager de donner le prix à l'impétueux Graslin : « Nous avons ici un mémoire de 436 pages destiné à renverser toute la doctrine économique et j'ai bien envie, pour vous engager à travailler, de vous faire peur qu'il n'ait le prix. Cet ouvrage n'est pas à beaucoup près sans mérite ni même sans profondeur. »[9] Mais trop occupé par la gestion de son journal, les *Éphémérides du Citoyen*, Dupont de Nemours déclina l'invitation.

Turgot se retrouvait donc dans une situation embarrassante. Pour ne pas perdre la face, et promouvoir des idées à l'opposé des siennes, il était contraint de choisir parmi les quelques faibles mémoires de tendance physiocratique que la Société d'Agriculture de Limoges avait reçus. Le prix fut ainsi attribué à Saint-Péravy, lequel publia plus tard son texte, en 1768 : *Mémoire sur les effets de l'impôt indirect sur les revenus des propriétaires des biens-fonds*. Soucieux de récompenser tout de même la très audacieuse contribution de Graslin, Turgot lui accorda une « distinction particulière, en raison de la manière dont l'auteur a présenté ses principes, et les vues ingénieuses qu'il a répandues dans son ouvrage. »[10]

La formation de Turgot, pour autant, n'était pas tout à fait physiocratique. Il ne s'était rapproché des physiocrates qu'après la mort de Gournay et la fin de son cercle d'économistes, et même par la suite, il refusa toujours d'intégrer l'école de Quesnay, et même d'être assimilé à elle. Ainsi, quand il eut dans ses mains une critique des physiocrates, il fut d'abord mécontent, mais il ne put s'empêcher d'en apprécier l'impact sur la progression de la science économique, alors freinée par le dogmatisme et le sectarisme de ses amis. Turgot, ainsi, prévoyait la fureur des Physiocrates à l'annonce de la mention honorable donnée au mémoire de Graslin : « L'intolérance économique verra douloureusement un auteur, déjà flétri de l'anathème dans les *Éphémérides*, un ennemi déclaré de la science, loué pour un ouvrage rempli de sophismes qu'on ne trouvera qu'absurdes, et qui sont pourtant ingénieux et qui donneront de l'exercice aux esprits des maîtres et qui certainement contribueront à l'éclaircissement de la

---

[8] J.-J.-L. Graslin, *Essai analytique sur la richesse et sur l'impôt*, , Paris, 1911, p.iv
[9] Lettre de Turgot à Dupont de Nemours, 3 janvier 1767, cité dans G. Schelle, *Œuvres de Turgot*, t.II, p.665
[10] Philippe Le Pichon & Arnaud Orain, *Jean-Joseph-Louis Graslin (1727-1790) : le temps des lumières à Nantes*, Presses Universitaires de Rennes, 2008, p.91

vérité en forçant les économistes à s'expliquer. Ils en ont besoin, car ils sont bien loin d'avoir tout dit. » [11]

En novembre 1767, le texte du mémoire de Graslin fut imprimé à Nantes sous le titre *Essai analytique sur la richesse et sur l'impôt, où l'on réfute la nouvelle doctrine économique, qui a fourni à la Société Royale d'Agriculture de Limoges les principes d'un Programme qu'elle a publié sur l'effet des Impôts indirects.* Il fut accueilli avec un grand enthousiasme de la part des opposants parisiens aux physiocrates. Dans le *Journal d'agriculture, du commerce et des finances,* tenu par Forbonnais et transformé en foyer de l'anti-physiocratie, on pouvait lire la recension élogieuse suivante : « Un écrivain profondément versé dans les matières économiques vient d'attaquer la nouvelle doctrine avec des armes d'une trempe supérieure à toutes les subtilités que ses adversaires mettent en œuvre pour couvrir la faiblesse de leurs raisonnements. Sans jamais s'écarter des bornes de la modération que doit s'imposer le philosophe dans la recherche de la vérité, il relève avec force les paralogismes, les faux principes, les calculs idéaux, les vues sophistiques et toutes les erreurs qui servent de base au système qu'il réfute. À ce frivole étalage de sophismes et de déclamations, il oppose les vrais éléments de la Science économique, dont la découverte est le fruit de ses savantes et utiles méditations. » [12]

Cet écrit fut bien entendu relevé par les principaux intéressés, les Physiocrates, qui lui répondirent par de nombreuses critiques dans les *Éphémérides.* [13] Le ton de ces réponses n'était pas toujours amical, et les disciples de Quesnay sombrèrent souvent dans la facilité de moquer plutôt que de contredire. Citons un passage souvent relevé, écrit par Dupont de Nemours à propos du mémoire de Graslin : « Vous connaissez peut-être le trait d'un homme de beaucoup d'esprit, qui définissait deux sortes de galimatias, le *galimatias simple,* dans lequel l'auteur s'entend, mais ne peut se faire entendre aux autres, et le *galimatias double,* dans lequel l'auteur qui ne s'entend pas lui-même, peut encore moins se faire entendre. Je ne veux pas affirmer que le second quelquefois dans l'ouvrage de M., mais il y a vingt endroits de sa doctrine sur les richesses où vous rencontrerez au moins l'un des deux. » [14]

Ce n'était pas la seule controverse que Graslin avait engagée avec les Physiocrates. En 1767, déjà, il avait fait paraître dans la *Gazette du Commerce* une sévère critique de l'ouvrage structurant de Mercier de la Rivière, *L'Ordre Naturel et Essentiel des sociétés politiques,* paru cette année-là. Les Physiocrates répliquèrent immédiatement dans les colonnes des *Éphémérides.* La polémique continua et s'amplifia jusqu'à la fin de l'année 1768. De cette autre polémique, il est assez peu évident de donner le vain-

---

[11] Lettre de Turgot à Dupont de Nemours, 13 octobre 1767, dans *Œuvres de Turgot et documents,* t.2, p.672
[12] *Journal d'agriculture, du commerce et des finances,* décembre 1767, pp.121-122
[13] *Éphémérides,* 1768, t.2, pp.165-188 ; voir aussi *Ephémérides,* 1768, t,10, p,165-206
[14] *Éphémérides,* 1768, t.2, p.180

queur. Graslin, en tout cas, sentit qu'il avait emporté la partie, et fit publier cet échange critique sous le titre *Correspondance entre M. Graslin et M. l'abbé Baudeau sur un des principes fondamentaux de la doctrine des soit-disants philosophes économistes* (Paris, 1777). C'était là le premier ouvrage de correspondance critique jamais publié par un économiste.

Si les années 1767-1768 furent riches en débats et en activité littéraire, et si celle-ci apporta à Graslin une certaine célébrité et un certain prestige, dès le début des années 1770, il abandonna ce terrain pour se consacrer à des activités entrepreneuriales. Parmi celles-ci, il en est une qu'il nous faut mentionner. En 1775, Graslin s'associa avec un négociant nantais pour fonder une manufacture de toiles peintes. Là encore, le détail est significatif : c'est toujours notre vigoureux adversaire des Physiocrates qui, après avoir engrangé des gains considérables dans la spéculation sur les grains, libéralisés grâce aux efforts du cercle de Gournay puis des Physiocrates, se met à œuvrer dans la production de ces toiles peintes, aussi appelées « indiennes », que ces mêmes économistes ont fait libéraliser de par leurs efforts. Bien entendu, Graslin ne mentionnera jamais ce fait, et n'accordera jamais ce succès à ses contradicteurs.

Graslin ne consacrera pas plus de quelques années à ces activités industrielles : dès l'année 1781, on le voit se concentrer entièrement à la rénovation et à la transformation de la ville de Nantes. L'objectif des travaux qu'il préparait était de mettre en valeur les espaces du centre de la ville, en polarisant ce dernier autour d'une place rectangulaire qui aurait comme nom la « Place Graslin » et qui compterait une salle de spectacle. Dans un certain sens, il s'agissait ici aussi d'une activité entrepreneuriale. Les opérations de rénovation de Nantes furent même une source considérable de richesse pour Graslin. Il y investira beaucoup, engageant jusqu'à 1 million de livres pour l'ensemble des travaux, et gagna aussi beaucoup. À sa mort, en 1790, sa fortune fut évaluée à 1,2 million de livres. Lui-même, d'ailleurs, en détaillant ses motivations, ne cachait pas qu'il s'agissait là d'une spéculation destinée à l'enrichir. Dans des mots qui confirment d'ailleurs bien qu'il était en parfait accord avec Gournay et les Physiocrates sur les bienfaits de la liberté absolue du commerce des grains, il écrivit même : « Quand j'ai conçu mon projet, en 1775, il y avait déjà longtemps qu'on souffrait à Nantes de la rareté et de la cherté des logements ; on sait même que c'est ce qui a empêché un assez grand nombre de familles américaines de se fixer dans cette ville, et les a obligées d'aller s'établir à Angers et à Tours. J'ai donc du regarder, dans ce temps-là, ma spéculation comme une opération aussi patriotique que peut l'être celle d'un Armateur qui fait venir des grains dans un temps de disette. » [15]

---

[15] *Mémoire de M. Graslin au sujet de trois libelles anonymes qui ont été publiés successivement contre lui*, 1789, p.41

Bien que la carrière d'économiste de Graslin s'inscrivait dans le plus large mouvement anti-physiocratique, la notoriété de notre Nantais ne s'accrut que modérément avec le succès de cette réaction critique.

En 1770, la « mode physiocratique », expliquera Joseph Schumpeter, était déjà passée. Les disciples de Quesnay continuèrent bien à publier, mais l'enthousiasme du public pour leurs écrits avait disparu. Ce rejet de la physiocratie devait beaucoup à Graslin ; il devait aussi beaucoup à ceux qui, à la même époque, menèrent ce combat. Cette opposition commença par les invectives, avec Grimm, se poursuivit par la science, avec Malby et Graslin, et finit par le rire, avec Galiani et Voltaire.

L'opposition à l'école de Quesnay avait d'abord été une réaction à leur dogmatisme et leur libéralisme encore peu compris dans les cercles littéraires. Ce n'est qu'à partir de 1767 que le camp de l'anti-physiocratie eut véritablement recours à la théorie pour combattre. Véron de Forbonnais publia ses *Principes et observations économiques*, Malby suivit la publication du livre de Mercier de la Rivière par des *Doutes proposés aux philosophes économistes*, également attaqué par Graslin dans sa controverse avec l'abbé Baudeau, et le même Graslin attaqua toute la doctrine physiocratique dans son *Essai analytique sur la richesse et l'impôt*. La contre-attaque anti-physiocratique s'acheva en 1768, par le rire. Cette année là, Voltaire publia son *Homme aux quarante écus*, réplique au livre de Mercier de la Rivière, et le napolitain Galiani, avec l'aide de Diderot, publia de délicieux *Dialogues sur le commerce des grains*.

Parmi Malby, Galiani, et même Forbonnais, aucun ne semble avoir obtenu une meilleure attention de la postérité que Graslin. L'oubli généralisé de leurs œuvres est pourtant surtout dommageable dans son cas, car il fut le seul à accompagner sa critique de l'énonciation positive de ses principes, lesquels faisaient de lui un économiste bien en avance sur son temps.

Pendant tout le dix-neuvième siècle, et jusqu'à encore très récemment, c'est ce que, semble-t-il, personne n'a vu, ou n'a voulu voir. À la toute fin du XIXe siècle, Alexandre Théophile Vandermonde, premier titulaire d'une chaire d'économie politique en France, en 1795, considéra l'*Essai analytique* comme « l'un des meilleurs livres qui ait été écrit en France sur l'économie politique » mais son appréciation ne fut pas acceptée par ses succes-seurs. [16] Graslin ne fut pas mentionné une seule fois par Adolphe Blanqui dans son *Histoire de l'économie politique en Europe*. En 1843, Eugène Daire négligea l'*Essai analytique* de Graslin pour sa *Collection des Principaux Éco-nomistes*, bien qu'il conservât nombre d'auteurs plus dignes d'être oubliés, notamment Montyon, dont il inséra l'ouvrage intitulé *Quelle influence ont les divers espèces d'impôts sur la moralité, l'activité et l'industrie des peuples*. Peut-être qu'ayant choisi d'insérer les sulfureux *Dialogues* de Galiani, il ne

---

[16] *Séances, recueillies par des sténographes, et revues par les professeurs*, Paris, 1800, p.107

voulait pas porter un coup trop fort à la réputation des Physiocrates, qu'il présentait comme les fondateurs de l'économie politique.

À peu près à la même époque, Maurice Block consacrera un article à Graslin dans le *Dictionnaire de l'économie politique*. Dans ce *Dictionnaire*, l'*Essai analytique* était attribué à Graslin dans le premier volume, et au physiocrate Le Trosne dans le second. Dans son article sur Graslin, Block se trompait même de prénom, et au lieu de Jean-Joseph-Louis, écrivit Louis-François. Il est d'ailleurs à douter que ce dernier ait lu l'ouvrage de Graslin, car il écrit que « les principes y sont parfaitement orthodoxes » ! [17]

Edmond Renaudin sera chargé de rédiger l'article Graslin du *Nouveau Dictionnaire d'économie politique*, dirigé par Léon Say et Joseph Chailley. L'article est nettement plus sommaire que celui du précédent *Dictionnaire*. Dans les quinze lignes qu'il consacra à Graslin, Renaudin nota tout de même que l'économiste nantais « n'a pas la notoriété à laquelle il aurait droit », et acheva son article ici. Le lecteur pourra bien demander quelles sont ces réalisations qui auraient du lui valoir une certaine notoriété, Renaudin ne prend pas la peine de lui indiquer. Au milieu du XXe siècle, Schumpeter se rendit coupable du même travers : il nota avec justesse que Graslin n'est pas apprécié comme il devrait l'être, et qu'à côté de ses critiques sur les physiocrates, il avait des idées propres, en avance sur son temps ; mais, ayant écrit cela, il ne fournit ensuite aucun élément au lecteur pour comprendre ni ce qu'étaient véritablement ces idées propres, ni même surtout en quoi elles étaient en avance sur leur temps. [18] On en restait donc, avec lui également, à un avis élogieux dénué de preuves.

Afin de ne pas sombrer dans le même travers, nous allons nous appliquer dans la fin de ce chapitre à préciser les différentes idées innovantes de Graslin, et les raisons précises pour lesquelles nous le tenons pour l'un des très grands économistes de son siècle.

1. La méthode

La démarche de Graslin, déjà, est moderne, et nous en avons la preuve par la vue même de la page de couverture de son plus fameux ouvrage. Il ne s'agit pas d'un *Essai sur les richesses*, comme il y avait eu à la même époque des *Essai sur le commerce* : il s'agit d'un *Essai analytique sur les richesses*, ce qui est profondément différent. En outre, Graslin adopte une vision méthodologique aux antipodes de celle de ses contemporains, et considère la science économique comme fonctionnant de façon similaire à la science mathématique. Bien qu'il n'ait en aucune manière la prétention de tenter une mathématisation de la science économique, Graslin anticipe bien une évolution et, en tout cas, il a en lui une fibre différente. Il écrit à

---

[17] *Dictionnaire de l'économie politique*, Tome 1, p.844
[18] Joseph Schumpeter, *Histoire de l'analyse économique*, Paris, Gallimard, 1983, Tome 1

propos de la méthode en économie : « La Science Économique, ramenée à ses vrais éléments, est, par elle-même, susceptible d'exactitude et de démonstration, comme les Sciences Mathématiques. » [19]

Nombreux sont ceux qui ont remarqué la particularité de la méthode de Graslin. Le premier à le signaler fut Vandermonde, dans son cours déjà cité, où il affirmait : « J'ai cru remarquer quelquefois dans son livre qu'il ne faisait que traduire des formules d'algèbre qu'il s'était faites. » [20] L'économiste Auguste Dubois, dans sa préface à la réédition de l'*Essai analytique*, ira plus loin : « Graslin est un peu un ancêtre de l'Économie politique mathématique ; son *Essai analytique* est une géométrie économique mal ordonnée. » [21] Un de ses biographes affirmera de façon similaire que Graslin était doté d'un « esprit amoureux de la formule algébrique ». [22]

Comme je l'ai indiqué dans mon *Introduction à la méthodologie économique*, cette croyance en la similitude de la science économique et de la science mathématique, et en l'intérêt pour l'économiste du recours aux méthodes de la seconde pour résoudre les questions de la première, a été la source d'une des transformations les plus considérables de cette discipline elle-même. Si ce n'est qu'en 1848, avec Augustin Cournot, puis en 1870 avec la révolution marginaliste, que ce tournant majeur fut prit, il faut se souvenir que plusieurs économistes l'avaient anticipé, et que dans ce petit cercle de précurseurs, Graslin occupe une place enviable.

2. Théorie subjectiviste de la valeur

Un autre point à signaler dans les idées économiques de Graslin concerne la question très ancienne et très débattue de la valeur et des prix. En 1795, quand il eut à traiter de cette question majeure dans son cours d'économie politique, le professeur Vandermonde expliqua à ses élèves : « Je crois devoir vous renvoyer sur cet article aux livres de Steuart et de Smith, que je vous ai déjà cités, et particulièrement à un livre de Graslin. » [23] Il est vrai que Graslin avait sur la notion de valeur et sur la question de la formation des prix des idées tout à fait pénétrantes. Turgot créditera d'ailleurs Graslin d'avoir énoncé, bien que dans des termes obscurs et parfois incorrects, cette grande vérité, aussi entrevue par Galiani, que, selon ses mots, *la commune mesure de toutes les valeurs est l'homme.* [24] Que veut-il dire ? En somme, l'idée est la suivante : la valeur

---

[19] J.-J.-L. Graslin, *Essai analytique sur la richesse et sur l'impôt*, p.37
[20] *Séances, recueillies par des sténographes, et revues par les professeurs*, Paris, 1800, p.107
[21] J.-J.-L. Graslin, *Essai analytique sur la richesse et sur l'impôt*, p.ix
[22] J. Desmars, *Essai d'une étude historique et critique sur un précurseur de l'économie politique classique en France*, Rennes, 1900, p.80
[23] Cité dans Philippe Le Pichon & Arnaud Orain, *Jean-Joseph-Louis Graslin (1727-1790) : le temps des lumières à Nantes*, Presses Universitaires de Rennes, 2008, p.106
[24] Turgot, *Valeurs et monnaie*, in *Œuvres de Turgot et documents le concernant*, t.3, p.88

des choses dépend de l'utilité qu'en ont les hommes. Cette conception, qu'on peut nommer psychologique ou subjectiviste, et qui constitue désormais un pilier de l'économie scientifique, a été très clairement énoncée par Graslin : « L'attribut de valeur, écrivit-il, est étranger à la nature de la chose ; son principe est dans l'homme uniquement, il croît et décroît avec le besoin de l'homme et disparaît avec lui. »[25]

Graslin distingua en outre une « valeur absolue » qui est la valeur d'une seule chose par rapport au besoin, et une « valeur relative » ou « valeur vénale » qui est la valeur d'une chose par rapport à une autre.[26] C'est cette distinction qui sera reprise par Adam Smith et les économistes classiques, qui parlerons de valeur d'usage et de valeur d'échange, mais pour identifier la même distinction.

3. Productivité de toutes les activités économiques

Nous pouvons en venir à l'idée la plus fondamentale de toute l'œuvre de Graslin, celle sur laquelle il a tant été combattu par les physiocrates, et celle qui a fait dire à Schumpeter que l'*Essai* contenait « la meilleure critique des thèses des Physiocrates qui ait jamais été faite »[27] : la productivité de toutes les activités économiques.

Pour comprendre l'importance de la contribution de Graslin, il faut se remettre dans le contexte historique dans lequel il écrit. Les disciples de Quesnay professaient depuis une décennie déjà leur grand principe de la stérilité de l'industrie. Celle-ci, soutenaient-ils, ne peut jamais que transformer des richesses existantes, mais n'en produit pas. Seule l'agriculture, en faisant naître un *produit net*, participe à la création des richesses nouvelles. Graslin, contre ces théories, refusa de considérer la stérilité de l'industrie. Pour lui, toutes les activités économiques qui dégagent un profit sont productives de richesses. Il écrit : « Puisque ce n'est pas la chose elle-même qui est richesse dans la production, mais seulement le bénéfice du Propriétaire, tout bénéfice que procurera le travail, l'industrie, etc., sera donc richesse, ce bénéfice et celui du propriétaire du sol de pouvant qu'être de même nature. »[28]

Pour parvenir à cette théorie, Graslin n'avait fait qu'appliquer sa théorie de la valeur à la production économique de manière générale, une théorie de la valeur que pourtant les Physiocrates ne semblaient pas contester directement, mais qu'ils avaient semblé ignorer, considérera Graslin, quand ils développaient leur argumentaire sur la stérilité de l'industrie. Par son raisonnement analytique, Graslin s'était donc débarrassé, et avait

---

[25] Cité dans Simone Meysonnier, *La balance et l'horloge : la genèse de la pensée libérale en France au XVIIIe siècle*, Editions de la Passion, 1989, p.302
[26] J.-J.-L. Graslin, *Essai analytique sur la richesse et sur l'impôt*, p.xi
[27] Joseph A. Schumpeter, *Histoire de l'analyse économique*, vol. 1, p.250
[28] J.-J.-L. Graslin, *Essai analytique sur la richesse et sur l'impôt*, p.19

commencé à débarrasser la science économique toute entière, de cette « distinction des hommes en classe productive et en classe stérile, distinction très difficile à bien saisir, contredite par quelques Écrivains qui n'ont pas été au fond de la question ; et toujours défendue par ses partisans, avec une logique subtile, forte, et serrée, qui les a emportés d'autant plus loin de la vérité, qu'ils ont fait un chemin plus droit et plus suivi dans la fausse route dans laquelle ils étaient entrés. » [29]

4. La question fiscale

L'autre sujet de débat entre lui et les Physiocrates concernait l'impôt. Là encore, Graslin fut le premier à signaler l'erreur de la théorie physiocratique du « produit net », selon laquelle tout impôt doit être payé par le propriétaire, et a même construit une théorie fiscale pour la remplacer.

Pour critiquer la théorie physiocratique de l'impôt, selon laquelle seuls les propriétaires des terres doivent payer l'impôt, Graslin propose de considérer l'impôt comme le fruit d'un échange entre l'individu et l'État : l'État fournit des services de sécurité, l'individu paye en échange un impôt. Voici ses mots : « L'État échange sa protection, la sûreté extérieure, la police intérieure et la majesté de la Nation, qui reflue sur chaque citoyen, contre une portion de tous les autres objets de besoin, suffisante pour l'entretien de toutes les personnes qu'il employe dans l'administration ; et cet échange est l'impôt. » [30]

Les bases du raisonnement étant posées, qui doit, selon Graslin, payer l'impôt ? Cela est évident : tous les citoyens, attendu que tous les citoyens ont besoin des services de sécurité pris en charges par l'État. Tous doivent-ils contribuer uniformément ? Non, répond l'économiste nantais : ceux qui ont davantage besoin des services de protection de l'État, et qui perdraient *davantage* à l'absence d'État de Droit, doivent contribuer *davantage* que les autres. Ce sont donc, dans son esprit, les nantis qui doivent payer davantage que les autres, d'où sa proposition d'un impôt progressif sur le revenu : les plus riches doivent payer plus, non seulement en termes absolus, mais en proportion de leur revenu.

Ceux qui ont voulu faire passer Graslin pour un pré-socialiste ont toutefois jugé trop rapidement ses idées. Nulle part il n'indique que l'impôt doit être progressif pour niveler les conditions matérielles des individus, ni pour créer une redistribution des richesses. Il part simplement du principe que l'échange de service entre l'individu et l'État implique que les plus riches, ayant plus besoin de l'État, doivent participer davantage à son financement. C'est peut-être une remarque liminaire de Graslin à propos de Malby, qu'il qualifie de « l'un de nos plus estimables

---

[29] *Ibid.*, p.3
[30] *Ibid.*, p.25

écrivains », qui, tournée en épingle par des commentateurs ultérieurs, tels Weulersse, a transformé Graslin en précurseur des socialistes.[31] Si Graslin défend bien quelques mesures sociales, ainsi qu'un impôt progressif sur le revenu, il se démarque beaucoup des pré-socialistes de son époque, et émit par exemple peu d'objections au principe de la propriété privée ou au libre-échange. En vérité, c'est un économiste aussi peu socialiste que Véron de Forbonnais qui avait avant lui émit l'idée d'un impôt progressif : Graslin ne fit que reprendre ses idées. Il faut le dire clairement, Graslin est *pour* le libre-échange, il est *pour* la fixation des prix par le marché, il est *pour* la propriété privée. Faire de lui un précurseur des socialistes, pour la seule raison qu'il s'opposa à des économistes libéraux, serait un véritable non-sens.

Terminons en indiquant qu'en matière de fiscalité, Graslin proposa en outre la création d'un impôt sur la consommation, ne touchant pas les biens de première nécessité, et touchant plus fortement les produits de luxe : une logique étonnamment similaire à celle de notre TVA.

***

Il est impossible de conclure cet exposé de la vie et des œuvres de Graslin sans regretter qu'il n'ait passé que deux petites années à travailler à la résolution des questions économiques. Mais en vain pourrions-nous le déclarer apte à renverser la doctrine physiocratique et à refonder la science économique comme Adam Smith : lui ne s'en sentait pas capable. Dès son mémoire sur l'impôt, il avait en effet affirmé n'avoir pu « qu'ébaucher le plan d'un édifice immense, qui demanderait une main plus habile. »[32] Faut-il voir là un aveu d'impuissance, un dédain pour la controverse, ou un trop faible intérêt pour la théorie économique ? Nul ne peut le dire. Auguste Dubois, en rééditant l'*Essai analytique* de Graslin, plaidera le manque de temps.

> « La matière qu'embrasse l'*Essai analytique* est beaucoup plus vaste que celle du sujet mis au concours par la Société d'agriculture de Limoges. Elle contient autre chose qu'une théorie fiscale, autre chose même qu'une critique des principes fondamentaux de l'école physiocratique ; elle renferme l'ébauche d'une science entière que l'auteur avait l'ambition de substituer à la « science nouvelle » des écrivains économistes. Resserré comme il l'était dans un étroit espace il n'a pu en donner qu'une esquisse. Son intention était de la développer dans un autre ouvrage ; celui-ci n'a jamais paru. Abandonna-t-il son projet ? Plus probablement ses occupations professionnelles, les grands travaux fonciers et les grandes spéculations immobilières auxquels il se consacra ne lui laissèrent pas le temps de l'exécuter. »[33]

---

[31] Georges Weulersse. *Le mouvement physiocratique en France (1756-1770)*, Tome I, Paris, 1910
[32] J.-J.-L. Graslin, *Essai analytique sur la richesse et sur l'impôt*, p.8
[33] J.-J.-L. Graslin, *Essai analytique sur la richesse et sur l'impôt*, pp.ix-x

Cette noble tâche de développer une science entière sur la base de nouveaux principes, et selon une méthode soignée, Graslin la laissera à un professeur écossais, qui comme lui avait côtoyé Turgot et les Physiocrates : Adam Smith. Ce fut en 1776, avec les *Recherches sur la nature et les causes de la richesse des nations*.

CHAPITRE 6
LE PROCÈS DE LA LIBERTÉ

Si la question des grains a enflammé la France entière, l'Ancien Régime, bien entendu, ne s'effondra pas pour une simple question de farine. Depuis bien longtemps, des contradictions fondamentales, fruit de ses institutions mêmes, sapaient les bases sur lesquelles il s'était établi. Elles finirent par l'emporter et le faire disparaître dans le vaste ouragan révolutionnaire.

Dans ce bouleversement historique que constitua la Révolution française, la Bretagne, bien plus actrice que spectatrice, mérite la plus grande attention. Tâchant de resserrer notre étude aux seuls économistes bretons, nous sommes pourtant contraints d'aborder ces questions de façon détournée. L'histoire des économistes bretons nous en donne une parfaite occasion avec la célèbre « affaire de Bretagne », opposant le déjà mentionné La Chalotais, procureur général au parlement de Bretagne et par ailleurs économiste de renom, et le duc d'Aiguillon, représentant du Roi dans cette province. Cette affaire, qui eut un retentissement tel que la France n'en revu aucun exemple avant l'affaire Dreyfus, illustrera ici les alliances très fortes entre les économistes bretons de l'époque.

Cette affaire remua la France entière, mais surtout la Bretagne ; elle opposa des intellectuels, mais surtout des économistes. La fiscalité de la France d'Ancien Régime fut la principale cause du conflit : qui plus que les économistes se passionnaient pour cette question majeure ? Ce furent donc des économistes qui menèrent ce combat historique qui, plus que deux hommes fameux, opposa une Bretagne éprise de liberté à un pouvoir royal circonspect face à cette idée. La Chalotais, physiocrate convaincu, reçut l'aide de ses amis économistes, et vit s'opposer à lui les adversaires historiques de l'école de F. Quesnay, comme certains ministres, ou l'économiste Linguet. C'est ce dernier, à l'époque fameuse où des libelles inondèrent les presses bretonnes pour accuser l'un ou l'autre des protagonistes de l'affaire, qui écrivit la plus fameuse à l'encontre de La Chalotais. Celui qui lui répondit était autant économiste que lui : ce fut Pinczon du Sel des Monts, qui avait participé, avec La Chalotais, à la création de la Société d'Agriculture de Bretagne, et en était resté un proche collaborateur.

Des milliers de pages ont été écrites sur cette grande affaire, pour défendre le parti de La Chalotais ou celui de son contradicteur, ou pour en fournir une présentation objective et historique. [1] Malgré cette relative

---

[1] L'affaire de Bretagne a donné lieu à une littérature abondante, dont on retiendra les titres suivants : H. Carré, *La Chalotais et le duc d'Aiguillon* (Paris, 1893) ; B. Pocquet, *Le duc d' Aiguillon et La Chalotais* (Paris, 1900-1901, 3 vol.) ; A. Le Moy, *Le parlement de Bretagne et le pouvoir royal au XVIIIe siècle* (Angers, 1909) ; M. Marion, *La Bretagne et le duc d'Aiguillon* (Paris, 1898), et H. Fréville, *L'inten-*

abondance, il apparaît assez nettement que le flot de publication est allé en ralentissant depuis plus d'un siècle, et que, surtout, l'aspect économique des débats est souvent peu étudié et peu mis en valeur.

Au lieu d'être présenté comme le point culminant de l'activité intellectuelle de la Bretagne en matière d'économie politique, ce procès en vint à n'être considéré que comme un détail à peine important d'un point de vue historique. Très illustratif de cette tendance nouvelle, et, disons-le, perverse, fut le *Dictionnaire de l'économie politique*, dans son édition de 1854, qui mentionne bien La Chalotais, cite quelques-unes de ses œuvres d'économiste, mais n'insiste pas outre mesure sur son opposition face au duc d'Aiguillon ni sur sa fameuse condamnation ; il se contente simplement de faire remarquer que La Chalotais fut à l'origine de « la plus forte atteinte portée à l'autorité royale avant la révolution de 1789 », sans en préciser les raisons ni les conséquences. [2]

Si nous consacrons un chapitre à cet événement important dans l'histoire de la Bretagne, ce n'est certainement pas pour laver la mémoire de La Chalotais, mais pour illustrer la vigueur des débats économiques dans cette région unique de France.

Unique, la Bretagne l'était bien du point de vue de l'économie politique : le foisonnement incroyable d'économistes, que nous avons présenté dans ces derniers chapitres, en faisait une terre très réactive aux débats intellectuels. Une autre spécificité, néanmoins, allait jouer un plus grand rôle encore : une spécificité historique et institutionnelle.

Au XVIIIe siècle, la Bretagne était ce que l'on appelle un pays d'état : de nouveaux impôts ne pouvaient être levés qu'après délibération et accord des États de Bretagne, une assemblée constituée de membres du clergé, de la noblesse, et du tiers. Pire : l'unanimité des trois ordres était nécessaire pour qu'un nouvel impôt soit voté.

Cette spécificité, très rare dans une France alors dirigée de manière centralisée par les ministres de Versailles, provenait de l'histoire. Rattachée de manière définitive à la couronne de France en 1532, la Bretagne avait su poser habilement des conditions, et en obtenir la proclamation la plus solennelle possible. Dans deux édits, le roi François Ier précisa cet engagement et la portée de ces privilèges. « Nous confirmons, ratifions et approuvons tout et chacun desdits privilèges, exemptions, franchises et libertés à eux octroyés et concédés par nos prédécesseurs les ducs de Bretagne. » [3] Ces privilèges bretons étaient alors définis de la façon la plus claire possible : « aucune somme de deniers ne pourra leur être imposée, si préalablement n'a été demandée aux Etats d'icelui pays et par eux

---

dance de Bretagne (1689-1790), t. II (Rennes, 1953).
[2] *Dictionnaire de l'économie politique*, Volume 2, Paris, 1854, p.14
[3] Cité par Michel de Mauny, *1532-1790, les dessous de l'union de la Bretagne à la France*, éditions France-Empire, 1986, p.84

octroyée. » ⁴ Cet engagement fut définitivement scellé par Henri II, au cours l'année 1579.

C'est dans cet engagement fameux que l'incroyable passe d'armes entre le procureur général La Chalotais et le duc d'Aiguillon tire ses origines. Vicié dès ses origines, contradictoire avec les institutions en place et la pratique royale du pouvoir, cet engagement concédait la coexistence de deux logiques fondamentalement opposées et que rien n'aurait pu réconcilier. C'est un fait qu'a bien analysé l'historien B. Pocquet. Il écrit :

> « Cette convention, il faut le dire, cette chartre des libertés bretonnes reposait sur une contradiction, elle devait engendrer forcément des malentendus et des conflits. En effet, le pouvoir du roi était absolu, il ne souffrait aucune restriction, aucune contrainte, il n'admettait aucune discussion, aucune observation. Or, les États de Bretagne étaient un corps délibérant ; ils prétendaient, en donnant leur argent, donner leur avis. Les affaires qu'on leur soumettait étaient presque toujours des demandes de fonds, des créations d'impôts nouveaux. Or ils étaient armés de ce droit fondamental qui fait toute la force des assemblées politiques : celui d'accorder ou de refuser les crédits. Il était écrit en toutes lettres dans l'édit de 1532. On a dit qu'une Chambre qui est maîtresse du budget est maîtresse du pouvoir. C'est vrai. On ne peut nier que les États, quelle que fût leur composition, possédaient les garanties qui sont la base même des prérogatives des assemblées parlementaires : le vote préalable des impôts, le droit d'exiger que nul changement ne fût apporté dans les institutions, les coutumes et la justice sans leur consentement formel. Dès lors, la lutte était inévitable entre le pouvoir central et les États. L'un parlait d'obéissance et de soumission ; les autres, de droits, de contrôle et de libertés. » ⁵

Il n'est pas difficile d'anticiper le parti que prendront les économistes bretons. Encore pleinement influencés par les idées de Gournay, on les voit, en cette fin siècle, embrasser la cause de la liberté bretonne avec une passion vraiment touchante. Ils sont contre le centralisme bureaucratique, et c'est lui qui les attaque, en réclamant sans cesse à la Bretagne de nouveaux impôts. Ils sont contre l'oppression fiscale, et c'est elle qui se déploie sous leurs yeux atterrés. Ils sont, enfin, très réservés face à l'intervention de l'État dans l'économie et attachés à maintenir un faible niveau de dépense publique, et c'est pour financer cette même extravagance dépensière ainsi qu'une intervention étatique toujours plus nuisible qu'on les presse de payer. La réaction, on le voit, ne pouvait être différente : le camp des économistes ne pouvait se désintéresser de cette situation.

Des premières oppositions violentes s'étaient d'ailleurs déjà fait jour au cours des dernières décennies. En 1675, une révolte fiscale avait secoué la Bretagne et forcé le pouvoir royal à tempérer ses exigences. En 1720, une deuxième révolte illustra l'instabilité chronique de la situation, et la susceptibilité des Bretons face à leurs prérogatives. « Ces esprits ne tendent qu'à l'indépendance et à donner au roi ce qu'ils voudront, se mesurant

---

⁴ Jean Markale, *Les grandes heures de la Bretagne*, Pygmalion, 2008, p.440
⁵ B. Pocquet, *Le duc d'Aiguillon et La Chalotais*, volume 1, Paris, 1900, pp.xii-xiv

au temps de la duchesse Anne et de leurs privilèges, et c'est là leur idole » pestera le maréchal de Montesquiou, commandant en chef de la Bretagne de l'époque. [6]

C'est au sein de cet environnement miné que le duc d'Aiguillon eut à opérer. Sa mission, disons-le, n'était pas aisée. Pour affirmer et faire appliquer les volontés royales, il lui fallait détruire les libertés bretonnes, et obtenir pour cela l'accord des intéressés, à travers les États et le Parlement de Bretagne. En somme, il s'agissait de demander à des institutions populaires d'avoir la courtoisie de se saborder.

Nul besoin de dire que le duc n'y parviendra pas. Les intentions du pouvoir royal étaient trop évidentes, trop oppressantes aussi pour cette province en souffrance, pour que ses représentants, dont certains étaient des dignes héritiers de grandes familles bretonnes, consentent à ce sacrifice. L'État leur aurait-il parlé des besoins de la monarchie, ces fidèles sujets eurent très tôt fourni une nouvelle preuve de leur dévouement, mais le pouvoir n'avait qu'un mot à la bouche, qu'une exigence au fond de l'esprit : l'argent ! « Au fond, ce que le gouvernement voulait, c'était de l'argent, encore de l'argent et toujours de l'argent, écrira Pocquet. Si les États de Bretagne lui avaient accordé sans regimber vingtièmes, dixièmes, sols pour livre, taxes de toute forme et de toute espère, on les eût déclarés légitimes et parfaits. » [7] Le même historien indique aussi les prétentions des administrateurs parisiens comme cause de la crispation. Il écrit : « Les ministres, les courtisans, le souverain, n'admettaient qu'une chose : l'obéissance passive. La résistance des Bretons les irritait comme un outrage à la majesté royale et les choquait comme une inconvenance. » [8] Au fond, ce que ces gens n'admettaient pas, c'était que cette province, comme le dira Jean-Jacques Monnier, « s'administre elle-même. » [9]

En octobre 1754 s'ouvrit à Rennes les premiers États de Bretagne depuis l'arrivée du duc d'Aiguillon. L'épineuse question fiscale fit naître les premiers affrontements. La Bretagne s'était depuis plusieurs années déjà opposé à la levée du vingtième, un impôt de capitation établi par le Contrôleur général Machault en 1749. En 1754, la noblesse s'opposa à ce nouvel impôt. Le duc s'en étonna, peu habitué qu'il était à voir de simples citoyens discuter les volontés royales. Les États finirent par voter l'impôt, mais l'opposition frontale, qui conduira à l'affaire, et qui en porte déjà la nuée, était déjà formée.

En 1756, le pouvoir royal prit la décision de créer un second vingtième pour payer les dépenses de la guerre de sept ans. C'était un *bis repetita*. Les États devaient donner leur accord. Ils se réunirent au mois de décembre de l'année 1756. L'agitation fut supérieure encore à celle de la précédente

---

[6] Alphonse Du Bouëtiez de Kerorguen, *Recherches sur les états de Bretagne*, vol. 2, Paris, 1875, p.280
[7] B. Pocquet, *Le duc d'Aiguillon et La Chalotais*, volume 1, Paris, 1900, pp.xxi
[8] *Ibid.*, pp.xxii
[9] Jean-Jacques Monnier, *Toute l'histoire de la Bretagne, des origines à la fin du XXe siècle*, Paris, 2003, p.400

assemblée : dès les premiers jours, les États déclarèrent tout simplement qu'ils refusaient de payer ce nouvel impôt. Le duc d'Aiguillon se fâcha, et fit valoir que les dépenses étant ce qu'elles étaient, il devenait nécessaire de lever cet impôt, et la Bretagne devait contribuer au même titre que les autres provinces. Toujours la même astuce : *les dépenses étant ce qu'elles sont* signifie qu'on ne peut les contester, hors elles étaient justement contestées par les États de Bretagne. Après un nouveau rapport de force, les États acceptèrent de verser l'équivalent du nouveau vingtième, mais par abonnement, c'est-à-dire en procédant eux-mêmes à la collecte de l'impôt. Un accord fut donc encore trouvé, mais la tension entre les deux camps était désormais vive. Un rien pouvait tout embraser

Le duc d'Aiguillon assista impuissant à la structuration et au développement d'une opposition dont l'hostilité commençait à l'effrayer. « Tout ce qui s'est passé dans les États depuis quatre jours me fait frémir, écrivit-il. Il n'y a jamais eu une fermentation aussi grande, une déraison aussi inconcevable, une résistance aussi invincible. » [10] Mécontent contre une rébellion qu'il ne saurait comprendre, le duc décida d'employer la manière forte. Le 9 janvier 1757, dans la nuit, deux conseillers du parlement furent arrêtés et incarcérés, grâce à des lettres de cachet obtenus par le duc d'Aiguillon auprès du roi. Le duc voulait marquer les esprits, il ne fit que provoquer la crispation de la situation, et son propre enfermement dans une logique répressive. Il le concéda lui-même : cet exercice de fermeté devait être suivi pour produire ses effets. « Le coup d'autorité des deux conseillers a fait impression ; si cette légère lueur de fermeté est soutenue, j'espère que je parviendrai à conserver l'autorité du roi dans cette province. [...] Mais elle est totalement avilie, et de cet avilissement résultera le bouleversement général de la Bretagne, si le ministère témoigne la moindre faiblesse, la plus légère irrésolution. C'est un grand coup d'avoir paré l'esclandre qui serait résulté immanquablement des arrêts sur le vingtième. Un peu de fermeté fait grand bien, surtout dans un temps où le ministère n'est pas accusé d'en avoir trop. » [11]

On peut observer beaucoup de mauvaise foi, et dès le commencement, du côté du duc d'Aiguillon. Quand les États lui demandèrent d'agir pour libérer les deux conseillers du parlement, il répondit qu'il ne le pouvait, « ignorant absolument les raisons qui ont occasionné les ordres de Sa Majesté », alors qu'il les a réclamé lui-même, pour mater la révolte. Le duc n'eut pas mauvaise conscience, et pensa agir pour l'intérêt supérieur du Roi. Ce n'était pas la première fois, d'ailleurs, qu'on avait eu recours à ces pratiques. En 1752, le duc de Chaulnes avait lui aussi utilisé les lettres de cachet afin de punir les adversaires du vingtième, le nouvel impôt qu'il voulait introduire. Quelles qu'aient été ses raisons, le comportement du duc fut loin d'être irréprochable. On l'accusa d'être un administrateur

---

[10] B. Pocquet, *Le duc d'Aiguillon et La Chalotais*, volume 1, Paris, 1900, p.47
[11] Lettre du duc d'Aiguillon à Moras, 14 et 16 janvier 1757

calculateur et sournois. « Son caractère est enclin aux intrigues, aux petites ruses et aux manœuvres sourdes, écrit à l'époque le comte de Merey-Argenteau. Sans connaissance fondée des affaires d'État, il chemine dans les ténèbres. Il restera toujours un ministre très médiocre, difficultueux et faux. » [12] Quelques décennies plus tard, la *Revue critique d'histoire et de littérature* ajoutera : « L'ami de la Châteauroux et de la Pompadour, le conseiller le plus intime de la du Barry ne saurait être considéré comme un honnête homme. Il n'a pas été autre en Bretagne qu'il ne fut à Versailles : insolent quand il se croyait le plus fort, toujours imprévoyant pour l'avenir, peu scrupuleux sur les moyens employés pour vaincre, incertain souvent sur la conduite à tenir, non par conviction ni par conscience, mais par crainte de s'enferrer ou de se créer des ennuis. » [13]

En septembre 1758, nous trouvons déjà une passe d'arme discrète entre le duc d'Aiguillon et La Chalotais. C'était lors des combats de Saint-Cast. Une offensive anglaise avait pénétré en Bretagne. Elle fut repoussée par les troupes bretonnes dans la baie de Saint-Cast. Le rôle du duc, dans cette victoire française, fut beaucoup critiqué, souvent sans fondement : on l'accusa d'avoir fui le combat et de s'être réfugié dans un moulin. C'est La Chalotais qui tira la première brèche. On lui dit un jour « À Saint-Cast, les Bretons se sont couverts de gloire. Oui, répondit La Chalotais, nos soldats se sont couverts de gloire, et le petit duc... de farine ! » [14] : un bon mot qui déplut beaucoup au duc d'Aiguillon, et qui attisa encore l'invincible opposition qui allait finir par causer la perte du procureur général.

Cette opposition entre les deux hommes ira grandissant, à mesure que les besoins financiers de l'État firent davantage grommeler les éternels défenseurs de la liberté bretonne. Même s'il est vrai que « ce grand débat n'a point été une querelle de personnes, mais la continuation des luttes séculaires entreprises par la cour contre les libertés gênantes » [15], il nous faut tout de même évoquer l'histoire de ces deux hommes. D'un côté, Emmanuel-Armand Vignerot du Plessix-Richelieu, plus tard duc d'Aiguillon et pair de France, jouissait d'une situation confortable. Comme son nom le laisse entendre, il était l'arrière-petit-neveu du cardinal de Richelieu. D'abord officier, il entra dans l'administration de l'État grâce à ses rapports avec Mme de Pompadour et avec la famille royale. En 1753, il fut nommé en Bretagne. Son adversaire, Louis-René de Caradeuc de La Chalotais, quant à lui, était né le 6 mars 1701 à Rennes. Il fut d'abord avocat, en 1729, avant de devenir procureur général du Parlement de Bretagne en 1752.

En tant qu'économiste, La Chalotais avait pris des positions tranchées, qui lui avaient valu un début de célébrité, mais aussi de vives attaques. Commenté dans un précédent chapitre, son « Discours sur l'entrée et la

---

[12] *Correspondance secrète entre Marie-Thérèse et le comte de Merery-Argenteau*, publiée par d'Arneth et Geffroy, lettre du 19 décembre 1771
[13] *Revue critique d'histoire et de littérature*, 19 décembre 1808, p.461
[14] Cité dans B. Pocquet, *Le duc d'Aiguillon et La Chalotais*, volume 1, Paris, 1900, pp.77-78
[15] *Ibid.*, p.xxxv

sortie des grains dans le royaume » jouira plusieurs années d'une popularité qu'il méritait parfaitement, étant données la justesse des vues de l'économiste breton et la hardiesse avec laquelle elles étaient exprimées. La sphère littéraire parisienne reçut aussi son discours, qui fut imprimé en brochure, avec le plus grand enthousiasme. Melchior Grimm écrivit par exemple :

> « On a imprimé le réquisitoire de M. de la Chalotais, procureur-général du roi au parlement de Bretagne, pour l'enregistrement de l'édit concernant le libre commerce des grains. Ce magistrat est le seul du royaume qui ait les idées et le ton d'un homme d'État. […] M. de La Chalotais exhorte le parlement de Bretagne à supplier le roi d'ôter à ce commerce toute entrave, toute restriction, toute formalité, et de le permettre dans tous les ports indistinctement ; il en prouve la nécessité ; il démontre le danger des ordres contraires. M. de la Chalotais mériterait d'être le premier magistrat du royaume, ou plutôt la France mériterait d'avoir un tel homme à la tête de la magistrature. » [16]

En 1761, La Chalotais entreprit une lutte qui allait lui valoir beaucoup d'ennuis, mais qui n'était qu'un énième résultat de son combat contre l'absolutisme, dans toutes ses formes. Le Parlement de Paris ayant refusé de juger sur le sort à réserver à la mission des jésuites, il laissa les parlements régionaux gérer l'affaire. Le Parlement de Bretagne s'en saisit, et missionna La Chalotais de rédiger un compte-rendu pour guider la décision. Il se mit au travail, et reçut l'aide d'un de ses amis économistes : Louis-Paul Abeille. Le texte achevé, La Chalotais sentit le danger qu'il y avait de signer un tel réquisitoire contre un ordre religieux si puissant. Il écrivit au ministre Choiseul, pour lui demander conseil. Celui-ci lui répondit qu'il n'avait rien à craindre, et qu'il pouvait donner son mémoire à la publicité. Le Parlement de Bretagne, ayant à juger à partir de ce réquisitoire terrible contre les jésuites, décida la suppression de l'ordre.

Parus à Paris, les *Comptes rendus sur les Jésuites* eurent un succès considérable. Certains dirent que d'Alembert en était l'auteur, ce qui n'est certainement pas le moindre des compliments. En tout cas, il s'en vendit 12 000 exemplaires en moins d'un mois. [17] « Ce livre est entre les mains de tout le monde » écrira avec justesse le *Journal de Barbier*. [18] La réaction des milieux intellectuels fut également nettement positive. Voltaire, en particulier, était aux anges et envoya au procureur général une lettre de félicitations. Il faut dire que Voltaire avait toujours été un adversaire des jésuites, ou du moins de l'absolutisme religieux qu'ils représentaient. En plaisantant, il proposa un jour « d'envoyer chaque jésuite au fond de la mer avec un janséniste au cou, comme autrefois, dans certaines circonstances, on y jetait des singes et des chats liés ensemble dans un sac. » [19]

---

[16] Melchior Grimm, *Correspondance littéraire*, Volume 4, Paris, 1829, pp.114-115
[17] Revue *Bretons*, hors-série Histoire n°17, « La Bretagne contre la Révolution ? », octobre 2013, p.16
[18] *Journal de Barbier*, VIII, 14, 19
[19] Voltaire, *Œuvres complètes*, édition Garnier, t.42, p.101

Citons quelques passages des nombreuses lettres de Voltaire à La Chalotais, datant de cette période :

> « J'étais à la mort lorsque j'ai reçu la lettre dont vous m'avez honoré ; je souhaite de vivre pour voir les effets de votre excellent Compte rendu. Votre réquisitoire a été imprimé à Genève et répandu dans toute l'Europe, avec le succès que mérite le seul ouvrage philosophique qui soit jamais sorti du barreau. […]
> Je vous avoue, Monsieur, que c'est une grande consolation pour moi de voir mes sentiments justifiés par un magistrat tel que vous. Il faut que je me vante d'avoir le premier attaqué les Jésuites en France.
> Vous confondez les Jésuites et vous instruisez les historiens. La vraie éloquence n'est plus qu'en province. Les Comptes rendus en Bretagne et en Provence sont des chefs-d'œuvre ; Paris n'a rien à leur opposer, il s'en faut de beaucoup. […] Je remarque que la philosophie est presque toujours venue des contrées septentrionales ; en récompense, Paris leur a toujours envoyé des modes. » [20]

En 1763, après les premières passes d'armes entre lui et le duc d'Aiguillon et l'opposition courageuse aux jésuites, La Chalotais deviendra ainsi, selon l'expression de Joël Cornette, la « coqueluche des salons parisiens ». [21] Ses penchants philosophiques le poussaient également à entretenir de bons rapports avec la scène littéraire parisienne. À partir de 1763, il s'y inséra avec une extrême facilité. Dès lors, le procureur général breton fut « lié avec d'Alembert, Duclos, Mably, et beaucoup d'autres écrivains du XVIIIe siècle dont il partageait les opinions philosophiques. » [22]

Aux deux causes déjà citées s'en était ajoutée une troisième : La Chalotais venait de publier un livre sur l'éducation, intitulé *Essai d'éducation nationale* (1763). Il y critiquait le système de l'époque, et invitait à le réformer, pour que chaque enfant puisse obtenir, non le plaisir de savoir réciter des cantiques ou des vers de Plaute, mais une formation qui le prépare à son métier. Éternel admirateur, Voltaire lui fit parvenir des lettres très élogieuses :

> « Il n'y aura point de père de famille qui ne regarde votre livre comme le meuble le plus nécessaire de sa maison et il servira de règle à tous ceux qui se mêleront d'enseigner. Je suis bien faible, bien vieux, bien malade ; mais je défie qu'on soit plus sensible à votre mérite que moi. »
>
> « J'ai reçu enfin et dévoré votre excellent traité de l'Éducation. Autrefois, le triste emploi d'instruire la jeunesse était méprisé des honnêtes gens et abandonné aux pédants et, qui pis est, aux moines. Vous donnez envie d'être régent de physique et de rhétorique ; vous faites de l'institution des enfants un grand objet de gouvernement. Pourquoi ne tirerait-on pas du sein de nos Académies les meilleurs sujets qui voudraient se consacrer à des emplois devenus par vous si honorables ? Mais il faudrait Michel de l'Hospital ou M. de la Chalotais pour chancelier. »

---

[20] Voltaire, *Œuvres complètes*, édition Garnier, t.42, pp.260-282
[21] Revue *Bretons*, hors-série Histoire n°17, « La Bretagne contre la Révolution ? », octobre 2013, p.17
[22] *Mémoires de Brissot sur ses contemporains et sur la Révolution Française*, Paris, 1830, p.159

> « Il vient d'arriver à Genève des ballots de votre livre. Il est lu et admiré. Genève croira que je vaux quelque chose en voyant comme vous avez daigné parler de moi. C'est là tout ce qu'on pourra critiquer dans votre livre. »
>
> « Je ne veux vous parler que de vous-même, de votre éloquence, des excellentes méthodes que vous avez daigné donner pour élever des jeunes gens en citoyens et pour cultiver leur raison, qu'on a si longtemps pervertie dans les écoles. Vous me paraissez le procureur général de la France entière. » [23]

Enfin, rappelant les écrits d'économie et d'agronomie de la Chalotais, Voltaire écrit :

> « J'ai relu plusieurs fois tout ce que vous avez bien voulu rendre public et toujours avec un nouveau plaisir. Vous ne vous contentez pas d'éclairer les hommes, vous les secourez. J'ai vu dans les mémoires d'agriculture combien vous l'encouragez dans votre patrie. Je me suis mis au rang de vos disciples ; j'ai semé du fromental à votre exemple et j'ai forcé les terres les plus ingrates à tirer quelque chose. Encore quelques hommes comme vous et le genre humain en vaudra mieux. » [24]

Après quelques années de célébrité, ce fut la descente aux enfers — ce que la Chalotais avait semble-t-il parfaitement anticipé. En 1764, tandis qu'à Versailles Louis XV prenait enfin acte de la décision du parlement de Bretagne, qui avait été suivie par le parlement de Provence, et interdit la Société jésuite en France, au Parlement de Rennes, La Chalotais continuait à mener l'opposition aux nouvelles mesures fiscales introduites par le duc. Cette année-là, encore pressée par les sollicitations fiscales, le Parlement de Bretagne réagissait avec éclat, et fit parvenir des remontrances sévères au Roi. On y lisait :

> « Les commandants dans les provinces se croient tout permis, ils ne respectent plus rien, le propriétaire n'est pas sûr s'il jouira le lendemain de sa maison et de son champ. Votre province de Bretagne ne voit plus rien de sacré dans ses privilèges ; on attaque la loi fondamentale de ses États. »
>
> « Le despotisme personnel du commandant dans les provinces de votre royaume ose enfin se montrer à découvert : il porte une main hardie sur le dépôt sacré des lois, il avilit, il opprime les magistrats. »
>
> « Les corvées ruinent et écrasent les laboureurs. Ce genre de travail, toujours et onéreux, est devenu insupportable en Bretagne par la multitude des routes ouvertes en même temps, par la précipitation avec laquelle on veut les perfectionner, par les ordres violents qui arrachent le laboureur à la culture et à la récolte. »
>
> « Ainsi s'établit partout le despotisme loin des yeux de Votre Majesté. » [25]

La Chalotais et quelques autres parlementaires furent appelés à Versailles et fortement réprimandés. Mais le procureur général ne se décida pas à abandonner la lutte. Voici ce qui le perdit. Combattre contre des intérêts aussi forts, les jésuites et l'administration de l'État, et sans protection

---

[23] *Œuvres complètes de Voltaire*, édition Garnier, t. 42, p.404 ; *Ibid.*, p.493
[24] *Ibid.*
[25] cité par Georges Minois, *Nouvelle Histoire de la Bretagne*, Paris, Fayard, 1992, p.425

aucune, ne pouvait manquer d'attirer les dangers sur le procureur général. À la fin de l'année 1765, on l'accusa d'avoir fait parvenir des lettres anonymes au secrétaire d'État de la maison du Roi. Dans la nuit du 10 au 11 novembre, il fut arrêté, avec d'autres de ses collègues conseillers du Parlement. Il fut placé immédiatement en prison, sans aucune autre forme de procès.

La Chalotais se révolta alors une nouvelle fois contre l'arbitraire, combat qu'il avait mené inlassablement dans son métier. Emprisonné au château de Saint-Malo, il écrivit un vigoureux mémoire dans lequel il accusait le duc d'Aiguillon d'avoir causé son infortune. Ce mémoire fut accueillit dans un grand enthousiasme, et par l'héroïsme qu'illustrait la note d'introduction, il fit le tour de la France. Dans cette note, on lisait sur les conditions de rédaction du mémoire :

> « Fait au château de Saint-Malo, le 15 janvier 1766 ; écrit avec une plume faite d'un cure-dent et de l'encre faite avec de la suie de cheminée, du vinaigre et du sucre, sur des papiers d'enveloppe de sucre et de chocolat. » [26]

Voltaire fut profondément marqué par la lecture de ce mémoire. Il écrivit à d'Alembert : « Vous pensez bien, mon vrai philosophe, que mon sang a bouilli quand j'ai lu ce mémoire écrit avec un cure-dent ; ce cure-dent grave pour l'immortalité. Malheur à qui la lecture de cet écrit ne donne pas la fièvre ! » [27]

Pour réagir contre ces accusations, le duc organisa une véritable cabale contre l'odieux « Chalot », selon le surnom utilisé par ses adversaires. Pour se défendre, le duc d'Aiguillon eu recours aux services du journaliste et économiste Linguet, par ailleurs vigoureux adversaire des Physiocrates. [28] Ses efforts furent fortement contrés par ceux du camp adverse, duquel sortit un autre mémoire, intitulé « Réponse au grand mémoire du duc d'Aiguillon, où l'on examine son administration en Bretagne, depuis son entrée dans la province jusqu'à sa sortie – où l'on fait voir qu'il est l'auteur des troubles de cette province et du procès de Monsieur de la Chalotais et des autres magistrats – où il est prouvé qu'il a tout mis en usage à Rennes et à Saint-Malo pour faire périr les détenus et surtout M. de la Chalotais ». Son auteur était l'économiste Julien-Joseph Pinczon du Sel des Monts, ami et collègue de La Chalotais à la Société d'Agriculture.

Duclos, natif de Dinan, mit sa réputation en jeu pour aider son ami. Ses efforts furent vains et lui valurent même deux expulsions successives du territoire français.

---

[26] cité par Luc Daireaux, *« Le Feu de la rébellion » ? : Les imprimés de l'affaire de Bretagne (1764-1769)*, éditions Honoré Champion, 2011, p.287
[27] *Oeuvres complètes de Voltaire*, t.63, Paris, 1833, p.264
[28] Cf. Jean Airiau, *L'opposition aux physiocrates à la fin de l'Ancien Régime*, Librairie de droit et de jurisprudence, 1965, p.139 ; et surtout Yves Citton, *Portait de l'économiste en physiocrate*, L'Harmattan, 2001, p.142

Quesnay, médecin de la marquise de Pompadour à Versailles, intervint également en faveur de son disciple breton. [29] Il tâcha d'adoucir le roi, qui avait pris le comportement du procureur-général comme un affront. Ce fut un échec. Louis XV ne libéra pas La Chalotais. Il faudra attendre juin 1774 pour que Louis XVI, tout juste intronisé, abandonne définitivement les poursuites contre La Chalotais, lequel réintégra finalement le Parlement de Bretagne à Rennes. La Chalotais œuvra pour le Parlement de Bretagne, et pour la liberté bretonne pendant onze ans encore, jusqu'à ce que la mort ne vienne l'enlever aux siens. Ce fut le 12 juillet 1785. Il avait 85 ans.

La situation n'avait alors pas changé en Bretagne, et elle prépara la Révolution française. L'intendant Caze de la Bove, en 1778, se lamenta amèrement du pouvoir qu'avaient conservé les États et le Parlement de Bretagne : « Je n'ai en Bretagne aucune autorité : les parties les plus intéressantes de l'administration sont confiées aux États. Le parlement d'un côté, la commission intermédiaire de l'autre me tiennent les mains liées, de sorte qu'il m'est impossible d'y faire aucun bien. » [30] C'était là une manifestation enthousiasmante, mais inquiétante pour les ministres, de l'application des premiers principes républicains. Ainsi, si l'affaire de Bretagne avait représenté la lutte finale entre l'idée républicaine de liberté politique et le pouvoir absolu de la monarchie héréditaire, il faut dire que malgré son résultat immédiat — la condamnation de La Chalotais — elle fut une victoire à la Pyrrhus : le front défenseur des libertés bretonnes n'en fut que plus fort, et la contestation toucha le royaume entier.

La Révolution française était donc déjà écrite dans cette affaire de Bretagne. Ce que le duc d'Aiguillon avait vu, ce contre quoi il avait combattu avec les armes traditionnelles de l'absolutisme, c'était l'idéal de liberté politique qui allait emporter le système qu'il servait et qu'il défendait, dans une lutte durant laquelle ces armes seraient d'aucune aide. « Cette masse est travaillée par les idées républicaines, s'était-il déjà inquiété lors de l'affaire de Bretagne. Elle s'imagine que le souverain n'a pas les mêmes droits en Bretagne qu'en France. » [31] La condamnation de La Chalotais ne sut empêcher le progrès des idées républicaines en Bretagne et en France. Elle ne fit que lui fournir une nouvelle publicité, et signaler à la France entière les rigueurs de l'absolutisme.

Un observateur avisé comme Arthur Young, l'auteur des très fameux *Voyages en France pendant les années 1787, 1788, 1789*, remarqua parfaitement l'état d'esprit du peuple breton à la veille de la Révolution. C'est à Nantes, en 1788, qu'il fit sa prophétie grandiose : « Nantes est aussi enflammé pour la cause de la liberté qu'aucune ville de France ; les conversations dont je fus témoin m'ont fait voir l'incroyable changement qui s'est opéré

---

[29] Michel Antoine, « En marge ou au cœur de « l'affaire de Bretagne »? Intrigues et cabales de M. de La Chalotais », *Bibliothèque de l'École des chartes*, t. CXXVIII (1970), pp.369-408.
[30] Joël Cornette, *Histoire de la Bretagne*, Tome 2, Paris, 2008, p.42
[31] Le duc d'Aiguillon, cité dans la Revue *Bretons*, hors-série Histoire n°17, « La Bretagne contre la Révolution ? », octobre 2013, p.15

dans l'esprit des Français, et je ne crois pas possible pour le gouvernement actuel de durer un demi-siècle de plus, si les talents les plus éminents et les plus courageux ne tiennent le gouvernail. » [32]

Ces mots étaient évidemment prophétiques. Prononcés en Bretagne, ils n'étaient pourtant que la juste représentation de la réalité. La Bretagne, par ses penseurs, avait signalé les maux dont souffrait la société française ; l'idéal de liberté qu'elle avait porté, par le laissez faire de Gournay ou par les révoltes à l'impôt, allait pouvoir trouver une expression véritable et concrète. Les institutions françaises, qui étaient restées sourdes aux recommandations et aux appels des économistes bretons, allaient finalement plier sous le poids de leurs propres contradictions.

C'est d'ailleurs un Rennais, Isaac le Chapelier, qui présida la fameuse séance du 4 août 1789, et qui rédigea le décret d'abolition de la noblesse. C'est à un Breton que revenait ainsi le privilège, si l'on peut dire, d'achever le grand mouvement que les hommes de sa région avaient anticipé. Le Chapelier présenta au roi ces nouvelles lois par des mots d'une rare hauteur : « Les privilèges, les droits particuliers, les distinctions nuisibles au bien public ont disparu. Provinces, villes, ecclésiastiques, nobles, citoyens des communes, tous ont fait éclater, comme à l'envi, le dévouement le plus mémorable ; tous ont abandonné leurs antiques usages avec plus de joie que la vanité n'avait jamais mis d'ardeur à les réclamer. [...] Portez dans tous les âges le seul titre qui puisse ajouter à l'éclat de la Majesté royale, le titre que nos acclamations unanimes vous ont déféré, le titre de Restaurateur de la liberté française. » [33] Le 17 août, il abandonnait déjà le poste de président, et eut ces mots si bien sentis : « Mes espérances ont été surpassées. Vous avez fait dans un jour ce qui semblait exiger un siècle. L'égalité des droits est établie, les provinces sont unies, tous les intérêts n'ont plus qu'un même centre. Je suis trop heureux d'avoir été l'organe de ces audacieux décrets. » [34]

---

[32] Arthur Young, *Voyages en France pendant les années 1787, 1788, 1789*, Tome 1, Paris, Guillaumin, 1860, pp.160-161
[33] Charles F. Marchand du Breuil, *Journées mémorables de la Révolution Française*, vol. 1, p.189
[34] Revue *Bretons*, hors-série Histoire n°17, « La Bretagne contre la Révolution ? », octobre 2013, p.33

Partie 2

Le siècle de tous les débats

(1800-1900)

CHAPITRE 7
UNE SCIENCE EN SUCRE

Si le XVIIIe siècle fut, en matière d'économie politique, le siècle des fondateurs, le siècle qui le suivit fut celui de la science. Nul siècle n'a pourtant produit autant de passions, autant d'oppositions farouches de principes, ni autant de haine. Cette tendance malheureuse n'était qu'une étape du progrès scientifique : les sciences ne se développent jamais uniformément, et elles ne laissent certainement pas derrière leur passage l'unanimité qu'on suppose. À chaque pas en avant que fait la science, certains nostalgiques regrettent encore le pas précédent, ou accusent même tout ensemble la direction qui est prise.

Ce tiraillement historique, entre le progrès scientifique et la survivance des préjugés et des erreurs, n'est nulle part plus manifeste, nulle part plus éclatante, que dans l'économie politique du XIXe siècle. Au cours de ce siècle rare en intensité, cette science encore nouvelle va connaître bien des transformations, et essuyer bien des critiques : tandis que certains essaieront d'en faire une religion, une morale, voire même une sous-catégorie des mathématiques, d'autres iront jusqu'à nier son existence. Le siècle précédent, assurément, n'avait pas été pauvre en débats — Vincent de Gournay contre les partisans des réglementations, et J.-J.-L. Graslin contre les Physiocrates, n'en sont que deux exemples. C'est pourtant avec le XIXe siècle que s'ouvrit, à proprement parler, le « siècle de tous les débats ».

Du point de vue de l'économie politique française, ce grand siècle commença en 1803, avec la publication du *Traité d'économie politique* de Jean-Baptiste Say. Pour fournir une juste appréciation de cette œuvre majeure, et des critiques qui lui firent suite, il est nécessaire de rappeler le contexte dans lequel elle a pris naissance. En 1776, Adam Smith, un professeur écossais de philosophie morale, qui avait séjourné en France et rencontré les économistes de l'époque, avait publié des *Recherches sur la nature et les causes de la richesse des nations*. Traduit dans la plupart des langues d'Europe, et unanimement salué comme la référence en économie politique, cet ouvrage, qui allait avoir une influence considérable sur cette science, eut d'abord un impact limité en France. Cela fut provoqué en partie par la mauvaise qualité de la traduction française, qui, pour toutes les parties de théorie pure, rendait un texte à peu près incompréhensible. La France tarda donc longtemps à faire jaillir des contradicteurs de Smith, ou des disciples de Smith, pour la simple raison que les lecteurs de la *Richesse des Nations* n'avaient aucun moyen de l'apprécier à sa juste valeur.

Il aurait fallu attendre 1805, et la traduction rigoureuse et scientifique de la *Richesse des Nations* par l'économiste Germain Garnier, pour que commence ce dialogue critique entre les Français et cette œuvre, si l'ouvrage ne s'était pas diffusé dans sa version anglaise. Quand, en 1803, deux ouvrages économiques écrits en français analysèrent et continuèrent l'œuvre de Smith — *De la Richesse commerciale* par Sismondi, et le *Traité d'économie politique* de Jean-Baptiste Say —, cette traduction scientifique en français n'était pas encore disponible, mais les deux auteurs, dans des circonstances différentes, eurent l'occasion de lire Smith en version originale, et ainsi de comprendre et de poursuivre son œuvre.

Ces deux auteurs, par leurs parcours, nous prouvent à quel point était peu solide cette science économique qu'on croyait achevée et inébranlable après l'œuvre déjà classique de Smith. Sismondi, d'un côté, fut d'abord l'ardent disciple de l'économiste écossais, avant de se transformer, en 1819, en vigoureux critique. Il fut donc lui-même le destructeur de ce qu'il avait jadis bâti, et de ce qu'il avait célébré comme la science absolue. Le cas de Jean-Baptiste Say est plus intéressant encore. Nous avons là un économiste qui observe si bien les manquements de l'œuvre de Smith, qu'il construit toute son œuvre pour les combler, et qui, pour le reste, se contente de populariser les idées du maître en louant sa supériorité ; un économiste qui est attaqué, et très sévèrement, par David Ricardo et Thomas Malthus, qui lui contestent ses innovations à la théorie smithienne ; un économiste, surtout, qui se voit critiqué par un grand nombre d'économistes français, dont son propre frère, Louis Say, de Nantes, sur les aspects moraux et même théoriques de ses grands principes d'économie.

Nous avons donc là une science dans un état paradoxal de grande force et de grande faiblesse mêlée. De grande force, d'abord, parce que ses grands principes, longtemps l'objet de débats inlassables, en France notamment, sont désormais établis et forment un corps uni de doctrine. De grande faiblesse, pourtant, parce que ce corps de doctrine est abandonné par ses défenseurs et attaqué de toutes parts. Illustrative de cet état de la science économique en ce début de XIXe siècle est la dispute trop méconnue entre Jean-Baptiste Say, la référence de l'époque en économie politique, et son frère, Louis Say, établi à Nantes.

***

La famille Say, d'origine lyonnaise, est restée célèbre dans l'histoire de l'économie française pour au moins deux accomplissements. D'un côté, grâce à Jean-Baptiste Say, elle offrit à la France son plus glorieux économiste. De l'autre, de par Louis Say, frère cadet du précédent, et établi à Nantes, elle fut aux origines d'un grand nom de l'industrie alimentaire française : les sucreries Say, plus tard regroupées avec une autre entité pour former la marque Béghin-Say, qui existe encore aujourd'hui.

Si l'on insiste habituellement, dans les principaux manuels d'histoire de la pensée économique, sur les nobles réalisations de Jean-Baptiste Say, si l'on évoque son *Traité d'économie politique*, si l'on discute de sa célèbre « Loi des Débouchés » ou de son traitement du rôle de l'entrepreneur, on oublie souvent son frère nantais. Pourtant, comme son glorieux aîné, Louis Say s'était également frotté aux questions économiques, et avait poursuivi, non sans un certain talent, la frange critique de l'économie politique, qui commençait déjà à l'époque à déstabiliser les grands principes de cette science, et qui finira par en causer la perte. De par sa relation privilégiée avec le plus grand représentant français de l'école libérale d'économie, Louis Say était comme prédisposé à jouer dans cette réaction critique un rôle d'avant-garde. De part sa connaissance approfondie de l'entreprise, il en fut en tout cas un redoutable adversaire.

Malgré cette double qualité, si l'on peut dire, la postérité fut peu tendre avec Louis Say. Le *Dictionnaire de l'économie politique*, publié en 1852-53, contient bien un court article sur lui, lequel rappelle en trois paragraphes qu'il fut entrepreneur à Nantes et qu'il critiqua les théories de son frère Jean-Baptiste. Aucune mention des points qu'il essaya de mettre en défaut, ou des idées qu'il développa pour les amender. On pourrait pourtant considérer que Louis Say n'y était pas trop méprisé, car dans le *Nouveau Dictionnaire d'économie politique*, datant de la toute fin du XIXe siècle, il ne sera même pas mentionné du tout. Ce fait illustre bien l'oubli dans lequel il était déjà tombé. Il illustre aussi la survivance d'une vieille rancune de famille. La publication de ce *Nouveau Dictionnaire*, en effet, était sous la direction de l'économiste Léon Say, petit-fils de Jean-Baptiste. C'est d'ailleurs lui qui composa les articles sur son arrière-grand père, ainsi que sur son père, Horace Say, également économiste. Mais il se refusa à écrire une seule ligne sur Louis Say, son grand oncle ; signe que la controverse avait laissé des traces.

Cette controverse, d'ailleurs, n'avait eu que peu de raisons d'éclater. Au cours de leur existence, Louis et Jean-Baptiste Say avaient pris très tôt des chemins différents, ce qui se matérialisa d'ailleurs par un choix géographique : Jean-Baptiste quitta son lyonnais natal pour rejoindre Paris, et y travailler comme journaliste et économiste ; Louis préféra Nantes, pour exercer ses talents d'entrepreneur.

Né à Lyon en mars 1774, Louis Say était de sept ans le cadet de Jean-Baptiste. Comme lui, il fut élevé avec la passion de l'entrepreneuriat. Mais tandis que son frère aîné Jean-Baptiste exerça cette passion dans le secteur textile, à Auchy — actuelle Auchy-lès-Hesdin dans le Nord-Pas-de-Calais, à cinquante kilomètre à l'ouest d'Arras —, Louis Say préféra la ville de Nantes, où il partit s'établir en 1813 et se lança dans la production sucrière.

Avant d'arriver à Nantes, Louis Say avait beaucoup voyagé durant ses jeunes années, voguant selon les projets industriels. Il était d'abord passé par la capitale, pour exercer la profession de courtier de commerce. En

1806, une occasion se présenta et il fonda une manufacture de tissus de coton, à Abbeville, dans le nord de la France, à quarante kilomètres à peine de l'entreprise de son frère.

L'introduction de nouveaux procédés de blanchiment, innovation notable pour l'époque, permit à l'affaire de prospérer. Malheureusement, la sévère crise de 1812, et les difficultés croissantes d'approvisionnement qui s'ensuivirent, le forcèrent finalement à jeter l'éponge. Il put rebondir néanmoins assez vite, aidé en cela par l'industriel Benjamin Delessert, qui le mit en contact avec son cousin Armand Delessert, directeur d'une sucrerie à Nantes. Louis Say y arriva en 1813, et après avoir collaboré une année avec l'ancien directeur, il reprit finalement l'affaire en solitaire.

Ici encore, Louis Say agira en entrepreneur, et n'hésitera pas à innover. À Abbeville, il avait fait prospérer son établissement en introduisant une nouvelle technique de production ; à Nantes, il décida d'aller plus loin. Si l'ancienne fabrique usait du sucre de betterave, suivant en cela le modèle de Benjamin Delessert, pionnier de l'extraction du sucre à partir de cette plante, Louis Say décida de changer de logique. Sa nouvelle entreprise, *Louis Say et Cie*, se mit à importer du sucre de canne des Antilles. L'idée était bonne, et la sucrerie se développa rapidement.

De tous les membres de la grande famille Say, Louis fut sans conteste celui qui eut, en tant qu'entrepreneur, la réussite la plus éclatante. Dans la famille, il fut considéré comme un modèle. Jean-Baptiste Say, par exemple, cherchant une entreprise pour placer en apprentissage son fils Horace, le futur économiste, choisira la sucrerie de Nantes, et le laissera entre les mains expertes de son frère cadet. Les sucreries Say, bientôt présentes dans plusieurs régions françaises, ne tarderont pas à devenir l'une des belles aventures industrielles de notre pays. À l'inverse, l'entreprise textile de Jean-Baptiste ne se développa jamais comme espéré ; elle fut même, et aux yeux de l'intéressé, un véritable échec.

La raffinerie de sucre Béghin-Say, employant encore deux cent personnes à Nantes, illustre aujourd'hui la réussite de Louis Say. Mais l'activité d'économiste ne laisse pas de pareils bâtiments derrière elle. Si les historiens ne la mettent pas en valeur, elle s'efface et disparaît, comme si elle n'avait jamais existé. Il nous faut donc, pour sa mémoire et pour accorder aux génies les mérites qui leur sont dus, la présenter ici.

Dès ses premières années d'entrepreneur à Nantes, Louis Say avait manifesté un intérêt pour les questions théoriques de l'économie. Il n'était certainement pas ignorant du fait que son frère aîné avait embrassé la profession d'économiste ; Louis lu même avec avidité les écrits de son frère. Il intégra ensuite la Société académique de Loire-Atlantique, où il fut en contact avec nombre d'économistes. De par son nom, d'ailleurs, il avait accès à toute la scène intellectuelle en économie politique. C'est ainsi que pendant un court voyage en Angleterre, il fut invité par l'économiste anglais David Ricardo.

On peut légitimement se questionner sur les raisons qui poussèrent Louis Say à écrire sur les matières économiques. Il y eut d'abord son intérêt vif pour ce domaine, qui apparaît très nettement, notamment dans sa correspondance. Il y eut aussi, peut-être, une part de défi : Louis Say, après avoir prouvé qu'il était meilleur entrepreneur que son frère aîné, aurait souhaité montrer qu'il était aussi bon économiste que lui, voire supérieur. On ne peut assurer avec certitude que ce fut là un facteur majeur, mais à ne lire même que la préface de son premier ouvrage, il est certain que c'est une dimension à prendre en compte.

Ce premier ouvrage de théorie économique parut en 1818 et avait pour titre *Les principales causes de la richesse ou de la misère des peuples et des particuliers*. C'était essentiellement une critique des idées d'Adam Smith, critique d'une très grande intelligence, notamment sur la théorie de la valeur, comme nous l'analyserons ci-après. Cet ouvrage fut suivi, quatre ans plus tard, d'un livre plus directement critique encore, intitulé *Considérations sur l'industrie et la législation sous le rapport de leur influence sur la richesse des États et examen critique des principaux ouvrages qui ont paru sur l'économie politique*. La seconde partie du titre, disons-le, était plus justifiée que la première : l'ouvrage entier n'est en réalité qu'une critique des grands économistes du temps. Louis Say publiera encore deux autres ouvrages d'économie politique : un *Traité élémentaire de la richesse individuelle et de la richesse publique* (1827), et des *Études sur la richesse des nations et réfutations des principales erreurs en économie politique* (1836). Terminons par indiquer que Louis Say est mort à Paris en mai 1840, et nous aurons achevé cette introduction biobibliographique.

Les ouvrages économiques sont souvent jugés d'une lecture difficile et rebutante, en raison de leur niveau trop élevé d'abstraction. Si cela est certainement vrai pour David Ricardo, cela l'est déjà moins pour Jean-Baptiste Say, et cela ne l'est même pas du tout pour son jeune frère Louis. Chez lui, on ne lit pas la prose d'un économiste ou d'un homme de lettres. Arrivé à l'économie politique par hasard, il n'est ni fait à son style, ni à ses manières. Ses phrases sont courtes et précises ; son vocabulaire, simple et clair. Ses développements même ne quittent jamais le concret que pour y replonger plus profondément et s'y enraciner plus solidement. Plutôt que les abstractions, il préfère l'anecdote, le récit, l'illustration. Au fond, tous les moyens semblent bons pour clarifier l'exposé des idées économiques. Partout on le voit d'ailleurs médire sur les méthodes trop détachées de la réalité, qui ne font que complexifier ce qui est déjà suffisamment complexe, comme les mathématiques, dont il écrit : « La science économique n'a retiré aucun fruit de l'application que M. Canard a faite de la langue algébrique à l'économie politique. Il n'a fait qu'ajouter des abstractions à des abstractions et de l'obscurité à ce qui était déjà obscur. »[1]

---

[1] Louis Say, *Considérations sur l'industrie et la législation*, Nantes, 1822, p.116

Dans chacun de ses écrits, Louis Say tâchait de spécifier ses divergences de vues avec les économistes de son époque, comme Adam Smith, David Ricardo, ou son propre frère. Dès son premier livre, datant de 1817, il expliquait que ses idées « s'écartent presque entièrement de celles qui sont généralement reçues sur le sujet. » [2] Et pourtant Louis Say n'est ni un moraliste fâché, ni un religieux frustré, ni un communiste refoulé. Il n'attaque pas la science économique sur son manque de sentiment humain ou de préoccupation pour les pauvres ; il l'attaque parce qu'il l'a considère fondée sur des principes faux, et notamment un : la théorie de la valeur.

Venons-en donc maintenant à l'étude des idées économiques de Louis Say, et de la controverse qui ne tarda pas à naître entre lui et son frère.

1. Théorie de la valeur

Le point théorique le plus significatif de toute l'œuvre économique de Louis Say est de toute évidence son traitement de la valeur. Lecteur des économistes classiques, Louis Say avait cultivé des doutes profonds sur leur analyse de la valeur selon la quantité de travail employée. Son sens pratique lui en avait fourni l'intuition ; ses lectures confirmèrent ses critiques. C'est dans les écrits du philosophe Condillac, semble-t-il, qu'il trouva l'énonciation de ses propres idées sur la valeur, et c'est à partir de là qu'il construisit lui-même son explication de ce phénomène.

Condillac avait bien remarqué que plus un bien est considéré comme utile pour la satisfaction des besoins, plus il aura de la valeur pour les hommes. Cette vérité, déjà entrevue par Graslin et d'autres, n'était plus à l'ordre du jour en économie politique. Tant bien que mal, et en fait plutôt mal que bien, Smith avait remplacé l'intuition française sur la valeur-utilité ou valeur subjective, par la théorie rigide et peu explicative dite de la valeur-travail.

Jean-Baptiste Say, placé au confluent de l'ancienne tradition française et de la nouvelle orthodoxie anglaise, avait essayé d'opérer une synthèse et d'introduire l'utilité comme élément explicatif de la valeur. Son frère considéra l'explication comme insuffisante. Il essaya d'y substituer le fruit de ses propres réflexions, ce qui, ainsi que nous le verrons, ne fut pas un entier succès. Il considéra avec justesse que la valeur des biens provenait de leur utilité ; mais il ajouta : de l'utilité *objective*, et là était l'erreur. S'il avait mieux étudié les textes de Condillac, de Turgot, de Graslin ou de Galiani, il aurait compris à quel point il était futile et déraisonnable de partir à la recherche d'une mesure objective de l'utilité. Il aurait lu que ces économistes considéraient l'utilité comme *la qualité de ce qui sert à quelqu'un, ou qui satisfait le besoin de quelqu'un*. À l'inverse, Louis Say préféra cons-

---

[2] Louis Say, *Principales causes de la richesse ou de la misère des peuples et des particuliers*, 1817, p.viii

truire une typologie des produits, afin de ranger différents degrés « objectifs » d'utilité.

Cette erreur grave ne saurait suffire pour discréditer entièrement l'effort de Louis Say sur cette importante question. Avec raison, il pressentit l'erreur des économistes classiques ; avec raison encore, il chercha chez Condillac et chez son frère des alternatives. S'il eut l'intelligence de comprendre la nette supériorité de l'analyse en termes d'utilité sur l'analyse en termes de coût de production, il ne parvint pourtant pas à développer la première de façon satisfaisante. Plutôt qu'un précurseur oublié du marginalisme et des appréciations modernes de la valeur, nous avons donc un économiste de la transition, marqueur de cette évolution de la théorie de la valeur-travail à la théorie de la valeur-utilité.

Quoi qu'il en soit, Louis Say avait donc compris que la valeur des choses provenait de leur utilité en tant que marchandises, et il en tira un grand nombre de conséquences théoriques tout à fait novatrices et d'un extrême bon sens.

Il soutint par exemple que l'échange entre deux individus représente une opération économique nécessairement bénéfique pour chacun des deux coéchangeurs, puisque dans tout échange, l'objet acquis est plus utile que l'objet cédé – une vérité évidente trop souvent oubliée. « Toutes les fois que quelqu'un se détermine librement à acquérir un objet au moyen de la cession d'un autre, écrira notre auteur, cette détermination est une preuve évidente que celui qui fait ce marché trouve plus d'utilité dans l'objet acquis que dans l'objet cédé. L'objet acquis vaut réellement plus, pour son acquéreur, que celui qu'il cède pour faire cette acquisition ; c'est même cette seule différence en plus, qui le détermine à faire ce marché ; et s'il ne devait pas recevoir plus qu'il ne donne, il resterait avec ce qu'il a. » [3]

2. Entrepreneur

Un autre point de divergence entre Louis Say et les théories classiques, telles qu'exposées notamment par Adam Smith, est celui du rôle de l'entrepreneur dans l'économie. Là encore, l'influence de Jean-Baptiste Say est manifeste. Face à l'explication rigide des classiques et à leur cadre général d'analyse, dans lequel l'entrepreneur n'entre nulle part que comme un homme fictif, Louis Say développa une explication du progrès économique précisément fondée sur les actions entrepreneuriales. Ainsi, en indiquant quels sont les différents facteurs de production, il prend soin de préciser qu'aucun d'eux ne peut être mobilisé véritablement ni ne peut être utilisé de manière productive sans le concours des hommes, et sans les qualités entrepreneuriales. Ce capital humain, soutient Louis Say, explique davantage les progrès économiques des nations que toutes les dispositions na-

---
[3] *Ibid.*, p.81

turelles ou légales des peuples. Au fond, ce n'est que parce que certains individus parviennent à « nager à contre-courant » — pour reprendre la célèbre formule de Joseph A. Schumpeter, dont la théorie offre des ressemblances patentes avec celle de Louis Say — ce n'est que grâce à ces individus, donc, que des innovations peuvent se faire jour et transformer l'appareil productif.

Cette explication du progrès économique par Louis Say doit beaucoup aux écrits de son frère Jean-Baptiste, qui insistait aussi, à sa façon, sur le rôle de l'entrepreneur dans le développement économique. Louis Say la dut également à sa longue expérience d'entrepreneur, qui lui fit sans doute comprendre toute l'importance et toute la responsabilité de cette fonction majeure.

3. L'État

À la différence de son frère et des économistes classiques, Louis Say n'entendait pas laisser à l'État un rôle de veilleur de nuit. Il ne fut pas, sur ce point, un disciple de Gournay. Louis Say considéra plutôt que l'intervention de la puissance publique dans la vie économique pouvait avoir, dans certains cas, une justification et une légitimité.

Certes, il était beaucoup de domaines de la vie économique où Louis Say n'entendait pas faire intervenir la puissance publique. Il voulait que l'État, de manière générale, agisse peu, et surtout qu'il taxe peu. Il y était d'ailleurs bien sûr intéressé en tant que producteur, et n'eut de cesse de se plaindre de ce que l'État lui ponctionnait beaucoup en impôt.

Mais là où son intérêt le mène à souhaiter de faibles impôts, ce même intérêt l'incite également à voir dans la politique commerciale de possibles avantages. Ainsi mit-il debout toute une théorie pour soutenir les privilèges et monopoles institués pour promouvoir le développement des entreprises nationales.

***

Le développement de la pensée économique de Louis Say, tout le long des quelques deux décennies sur lesquelles roule son œuvre, a bien entendu produit de vives réactions de la part du frère de l'auteur. Cette réaction fut très critique, et pourtant il semblait bien, en étudiant même superficiellement l'œuvre de Louis Say, que son frère aurait eu bien des raisons de le soutenir et de l'applaudir. Comme lui, et contrairement aux économistes britanniques, il considérait que l'utilité des biens était le fondement de leur valeur ; comme lui, et contre eux, il faisait de l'entrepreneur la clé de l'évolution économique.

Pourquoi Jean-Baptiste Say accorda donc si peu d'estime aux écrits de son frère ? De nombreuses raisons pourraient être avancées pour fournir une explication à cette réaction. Parmi elles, deux semblent l'emporter : l'amateurisme de Louis Say, et le contexte de l'époque.

Louis Say, en publiant ses œuvres économiques, était tout sauf un économiste professionnel. Qu'il ait été membre de la Société académique de Loire-Atlantique ne change pas grand-chose à l'affaire, ou du moins elle n'en changea pas pour son frère. Celui-ci considéra toujours son cadet comme un entrepreneur, qui s'était aventuré à écrire dans le genre économique. Lui, l'étoile montante de la science de l'économie politique, lui, dont les ouvrages étaient traduits dans la plupart des langues d'Europe, lui, surtout, qui détenait la première chaire d'économie politique, et dispensait ses cours avec la fierté de l'homme de science, il voyait quelques-uns de ses principes réfutés ou corrigés par un modeste entrepreneur, novice en théorie économique.

Cependant, un tel fait ne suffit pas à comprendre le développement vif de cette inimité entre les deux frères. Pour la comprendre, il faut évoquer le contexte de l'époque, et revenir à 1818, l'année durant laquelle Louis Say fit paraître son premier ouvrage économique. À cette époque, Jean-Baptiste Say s'était déjà construit une réputation internationale après la publication très remarquée de son *Traité d'économie politique*. L'année précédente avait vu la publication des *Principes d'économie politique* de David Ricardo, un ouvrage que Say eut l'occasion de lire directement en anglais, et dans lequel il découvrit une forte opposition à ses propres idées.

Défenseur de la tradition française en économie politique, et protecteur autoproclamé de l'héritage de Smith, Jean-Baptiste Say se voyait donc, en cette année 1818, dans une position difficile. Sans doute chercha-t-il, dès cette époque, des soutiens pour l'aider dans son combat intellectuel. Quoi qu'il en soit, c'est dans cet environnement que Say apprit la publication par son frère d'un ouvrage sur l'économie politique. Il le considéra certainement comme une nouvelle missive du camp adverse, tandis qu'il aurait pu le lire, ainsi que nous l'avons lu nous-même, comme une confirmation et une tentative légère de dépassement de ses principes.

Jean-Baptiste resta aveugle devant ce fait. À la vue de la première publication par son frère, Jean-Baptiste Say essaya d'abord de garder son calme, et de ne pas réprimander son frère. Peut-être pensait-il à l'époque que l'implication de Louis dans ses sucreries l'empêcherait par la suite d'avoir du temps pour écrire, par distraction, sur l'économie politique.

Seulement, dès 1822, Louis Say fit paraître un nouvel ouvrage d'économie : les *Considérations sur l'industrie*, avec, peut-être pour flatter un frère parfois si malmené, une très élogieuse dédicace. Encore une fois, Jean-Baptiste, soucieux de ménager la susceptibilité de son cadet, tâchera d'afficher sa satisfaction et n'indiquera que des corrections de détail aux idées de son frère. Dans une lettre datée du 21 avril 1822, Jean-Baptiste écrivit à son frère nantais :

> Mon cher Louis,
>
> J'ai reçu tes *Considérations sur l'industrie*, et je te remercie de la belle dédicace qui précède cet ouvrage. Il faudrait que je fusse bien difficile pour n'être pas satisfait des expressions flatteuses qu'elle renferme.
>
> Je te dirai peu de choses sur les controverses que tu as élevées, parce qu'il y aurait trop à dire. Seulement, par rapport à la principale, je te montrerai, ce qui t'étonnera peut-être, que tu es complètement d'accord avec moi.
>
> J'ai dit et prouvé, liv. 1, chap. 15, que même lorsqu'on paie les produits en argent, on ne les achète qu'avec d'autres produits ; en d'autres mots, qu'on échange la chose que l'on vend contre celle que l'on achète. On sacrifie une utilité pour en acquérir une autre. Et comme il n'est pas à supposer que les hommes donnent ce qui pour eux a plus d'utilité, pour acquérir ce qui en a moins, j'en ai conclu que l'utilité qu'ils consentent à recevoir en échange d'un produit, est la mesure de l'utilité qu'ils trouvent à ce produit.
>
> De là le principe que la valeur échangeable qu'ont les choses (ou leur prix quand la monnaie est l'intermédiaire de l'échange) est la mesure de leur utilité.
>
> Il est évident, en effet, que lorsque je vends 10 hectolitres de froment 200 fr., afin d'acheter une montre de 200 fr., je regarde l'utilité de la montre comme égale à l'inconvénient d'être privé des 10 hectolitres de froment ; la montre, ou son prix en monnaie, peut donc passer pour la mesure de l'utilité de 10 hectolitres de froment et de l'inconvénient d'en être privé. Or, la grandeur de cet inconvénient est précisément la règle que toi-même établit page 164 et ailleurs, pour mesurer l'utilité des choses, en disant que « le degré d'utilité de chaque objet est mesuré par la grandeur de l'inconvénient qui viendrait à résulter de sa privation. » À quoi je ne fais qu'ajouter que la grandeur de l'inconvénient est mesurée par l'indemnité que l'on consent à recevoir pour en être dédommagé.
>
> Mais ce n'est pas implicitement que tu adoptes la nécessité de l'échange pour mesurer l'utilité (ou les richesses que nous convenons être la même chose) ; c'est explicitement, quand tu dis (page 256) : « On doit circonscrire l'application du mot richesses, aux seules choses non seulement qui sont utiles ou agréables, mais encore vénales. » Telle est, en effet, la sanction que j'ai cru devoir leur donner ; quand tu as critiqué mon sens, c'était aussi le tien que tu critiquais.
>
> Au reste, en rendant justice à la manière honnête dont tu t'es exprimé à mon égard, je persiste à regretter, dans ton intérêt comme dans le mien, que tu aies mis le public dans ta confidence. Tu te crois sans doute un meilleur juge de ton intérêt que je ne puis l'être ; cependant, comme il s'agit ici de la bonne réputation plutôt que de ton intérêt pécuniaire, et que ta réputation dépend de l'opinion des autres encore plus que de la tienne, ceux qui s'intéressent à toi s'affligeront que tu aies passé ton temps à chercher aux autres des torts douteux, plutôt qu'à répandre des vérités constatées ; ils s'affligeront pour toi que tu ne te sois pas un peu plus défié de ta façon de penser, quand tu t'es trouvé en opposition avec des écrivains qui ont fait preuve d'un jugement exquis, comme Adam Smith ; et surtout que tu aies dit, en parlant de ce grand homme, *qu'il a retardé extraordinairement l'Économie politique* (p.59).
>
> Cela est aussi fâcheux pour moi, parce qu'il y a entre nous une sorte de solidarité, quand ce ne serait que celle du nom. Cela est fâcheux pour la science que je cultive, non qu'il soit possible d'étouffer les vérités que des

> hommes de génie ont découvertes ou démontrées ; mais on retarde le moment où elles deviendront vraiment utiles, qui est celui où elles seront un peu généralement adoptées. Le vulgaire, absolument incapable de juger par lui-même dans les matières qui demandent une instruction préalable et de la capacité de réflexion, ne croit plus même aux vérités les plus incontestables, lorsqu'il voit ceux qui devraient s'y connaître ne pas s'accorder entre eux sur les bases. Il m'est arrivé de rencontrer des hommes qui se disaient instruits, et qui ne faisaient nul cas de la physique de Newton, parce que le Cartésien Fontenelle s'était moqué de l'attraction. Quand les savants seront d'accord, dit-on quelquefois, je commencerai à les croire. Les principes de Newton n'ont pas moins triomphé ; mais ce n'est qu'à la fin du XVIIIe siècle que la gravitation universelle a été enseignée dans nos écoles publiques. Or, ce retard des lumières est encore plus fâcheux dans les sciences morales et politiques, parce que le bonheur de l'humanité y tient de plus près. Que dirais-tu, mon cher ami, si tandis que tu traînes péniblement ta charrue, on venait s'accrocher aux roues pour augmenter tes labeurs et retarder les résultats qui doivent en être le prix ?
>
> Malgré tout, je ne t'en veux point et je t'embrasse très cordialement. [4]

Malheureusement pour Jean-Baptiste Say, il semble que Louis Say prit goût aux réflexions économiques, et en 1827 il publia un nouvel écrit sur l'économie politique. La réaction de Jean-Baptiste fut plus tranchante que les précédentes fois. Au lieu de lui signaler quelques-unes de ses erreurs de raisonnement, il le pria, au fond, de *changer de science*. Le propos n'a sans doute pas été du goût de Louis, mais il était justifié : par son expérience au sein des très prospères sucreries Say, il aurait eu beaucoup à apprendre aux apprentis entrepreneurs que comptait alors la France. En tant qu'économiste, son manque d'investissement sur ces matières le mettait hors d'état d'avancer véritablement dans la résolution des problèmes théoriques de la science, malgré ses intuitions parfois très pertinentes.

En 1827, une fois parue le troisième ouvrage de son cadet nantais, Jean-Baptiste Say écrivit à nouveau :

> J'ai reçu ton dernier ouvrage, et je te remercie de l'envoi. J'y ai trouvé beaucoup de bonnes choses, et toutes sont dictées par l'amour du bien et de l'humanité. Tu as donné souvent d'heureux développements à des passages de mon *Traité*, où je fais distinguer les profits qui sont dus à une production véritable, de ceux qui ne sont un gain pour un homme qu'aux dépens d'un autre ; et surtout à une considération importante de mon article dans l'*Encyclopédie*.
>
> Cependant je ne te cacherai pas que je suis fâché de cette nouvelle publication ; je crois que tu aurais recueilli plus d'honneur en t'exerçant sur d'autres sujets. Je suis fâché, par exemple, que tu aies écrit sur la nature et l'usage des monnaies, sans avoir lu les nombreux écrits que les Anglais ont fait paraître dans ces dernières années sur ce sujet, où ils se sont instruits à leurs dépens, notamment, outre les brochures de Ricardo, celles de Th. Tooke, de Parhell et de A. Mushet. Tu aurais pu y suppléer en lisant les chapitres XXIII et XXVI, liv. I, de la cinquième édition de mon *Traité*. Tu aurais vu en même temps combien je suis empressé de me corriger du moment que la vérité brille à mes yeux ; mais il ne suffit pas de lire en courant, et ensuite de

---

[4] *Œuvres diverses de Jean-Baptiste Say*, Paris, 1848, p.542-544

rouler sur ses propres idées. Il faut étudier profondément les bons auteurs, se pénétrer de leur sens, s'en rendre maître, et ne les combattre que lorsqu'on s'est convaincu, qu'on a vu la portée de leur sens, et qu'on a trouvé, comme disait l'abbé Galiani, le Gîte du Paralogisme. Autrement on se fait plus de tort qu'à eux.

Depuis trente-huit ans j'étudie l'économie politique, c'est-à-dire depuis le temps où j'étais secrétaire de Clavière, avant qu'il fût ministre : il avait un exemplaire de Smith qu'il étudiait fréquemment ; j'en lus quelques pages dont je fus frappé, et aussitôt que je le pus j'en fis venir un exemplaire que j'ai encore. Depuis ce temps, chaque fois que je me suis trouvé une opinion différente de celle des auteurs d'un grand jugement, j'ai frémi de me tromper ; j'ai remis mes essais sur le métier, et j'ai presque toujours trouvé que j'avais tort. Je crois que tu as lu trop légèrement, car c'est lire légèrement que de ne lire que pour trouver, non le sens intime d'un auteur et ses motifs, mais de lire seulement pour le critiquer, lorsqu'il s'éloigne de notre idée fixe. J'ai fait, pour mon usage, de nombreuses critiques marginales sur ton livre ; mais il n'est pas possible, dans une lettre, d'entrer en discussion sur des points multipliés de doctrine.

J'ai été affligé de la manière dont tu parles de Smith et du seul ouvrage de Malthus où il ait complètement raison : tu es dans ton tort ; la nature des choses te donne un démenti perpétuel. Ce n'est point ici le cas où un seul homme a raison contre un vulgaire ignorant. Tout le monde croyait la terre immobile au centre de l'univers ; mais ce monde n'était pas instruit. Quand les observations de Copernic, de Galilée, de Newton, eurent fourni des preuves que la terre tournait autour du soleil, ceux qui les ont combattus ont donné la mesure de leur instruction ; et ce qui pouvait leur arriver de plus heureux, c'est que leurs écrits fussent oubliés.

Tu t'imagines peut-être que je parle par prévention ou par jalousie ; dans ce cas, tu connaîtrais bien peu mon caractère. L'amour de la vérité l'a toujours emporté chez moi sur toute autre considération. Si l'attachement que j'ai pour ce qui est honnête et vrai avait été moins éclairé ou moins vif, je serais actuellement pair de France, comme plusieurs de mes anciens collègues qui ne me valent pas. Bien loin de t'en vouloir, j'aurais eu un plaisir extrême à trouver un prétexte pour te faire valoir. Je l'ai fait constamment pour notre frère tant qu'il a vécu. Je l'ai fait pour tous ceux dont je pouvais le plus redouter la concurrence dans la carrière de l'Économie politique.

Dans ma dernière lettre, je t'indiquais un travail littéraire où je pensais que tu pouvais rendre des services et te placer au premier rang. Tu ne m'as pas compris, je ne prétendais pas que tu publiasses une Technologie, ou description des arts et métiers, entreprise contre laquelle j'aurais élevé précisément les mêmes objections que toi. Mais comme je crois que tu as beaucoup d'expérience des arts industriels en général, et des vues très justes sur les qualités qui manquent à nos manufacturiers français pour réussir dans leurs entreprises, je crois que tu te serais rendu utile à l'industrie française en énonçant, avec clarté, les soins généraux (c'est-à-dire convenables pour toutes les entreprises industrielles), sans lesquelles on n'obtient des succès que par hasard, et dont l'absence entraîne, sous nos yeux, tant de culbutes. Cet écrit, enrichi de beaucoup de faits que tu pouvais mieux que personne recueillir, soit par toi-même, soit par les autres ; cet écrit, où tu n'aurais rien cité de ce qui pouvait compromettre tes intérêts, aurait été recherché de tous ceux qui veulent se jeter dans des entreprises utiles (et ils sont nombreux), et tu m'aurais fourni des occasions de te citer avec honneur dans l'impression que je vais faire l'année prochaine de mon grand *Cours*.

Voilà, mon cher ami, des observations qui sont dictées par l'amitié fraternelle ; si tu les apprécies mal, j'en gémirai, et tu ne t'en trouveras pas mieux. [5]

Cette dispute, qui d'ailleurs n'entama nullement les sentiments que les deux frères éprouvaient l'un pour l'autre, ne fut pas un cas isolé dans l'histoire de la pensée économique. Au milieu du XIXe siècle, les deux frères Blanqui, eux aussi, développèrent deux pensées économiques et politiques en complète opposition l'une avec l'autre : l'un, attaché au libéralisme économique, l'autre, adepte du socialisme révolutionnaire.

La cause en est toute perceptible : à cette époque, les vents de la controverse venaient balayer les traditions les mieux enracinée, et même la Bretagne, qui avait jadis été le vivier de la pensée économique libérale, tourna ses regards vers différents mouvements contestataires. Au milieu du XIXe siècle, après que des débats stériles, comme s'en plaignait Jean-Baptiste Say, aient retardé l'avancement de la science et l'enracinement de ses principes, les forces qui pouvaient faire tendre un esprit bien fait vers un camp hétérodoxe étaient désormais toutes déployées. Du libéralisme des précurseurs, les économistes bretons en vinrent alors à embrasser la cause réactionnaire, dans ses différentes formes, avec une ferveur rare.

---

[5] *Ibid.*, pp.544-546

CHAPITRE 8
ÉCONOMIE POLITIQUE CHRÉTIENNE

Encore cantonnée à des discussions abstraites sur des questions comme celle de la valeur, l'œuvre économique de Louis Say ébranlait certainement quelque peu les fondements et la crédibilité de la désormais dominante école anglaise d'économie, mais elle n'était pas ouvertement hostile à l'ensemble de ses grands principes, ni opposée à ses conclusions pratiques. À partir des années 1830, tout change : la tendance générale des économistes hétérodoxes de l'époque, qui était celle d'une opposition à la marge, évoluera en une opposition plus frontale et plus consciente d'elle-même.

L'économie politique, désormais débattue sur la place publique, vit s'ériger devant et contre elle plusieurs grands courants intellectuels qui regardaient cette science des richesses d'un assez mauvais œil. En France, le courant du « catholicisme social » fut le plus représentatif de cette posture critique. Il cultiva des thèmes opposés à l'économie politique, et fit front pour empêcher l'application en France de ce qu'il considérait, à tort, comme des théories anglaises.

Dans cette opposition sévère, un homme jouera un rôle majeur, bien que difficile à définir, et pour cela même souvent passé sous silence : Félicité de Lamennais. Partisan d'une alliance entre les libéraux et les catholiques conservateurs, il fut aussi un grand critique de la liberté économique, notamment sur la question du crédit. Par sa posture critique, il ouvrit même la voie à toute une école de pensée, l' « économie politique chrétienne », au sein de laquelle des futurs économistes comme Alban de Villeneuve-Bargemont ou Armand De Melun allaient bientôt s'illustrer.

Lamennais n'est pas usuellement présenté comme un économiste, et, en vérité, il n'en est pas un. Attaché aux doctrines religieuses, il consacra sa carrière d'intellectuel à la libéralisation de la chrétienté plutôt que du commerce. Il eut pourtant une influence économique, et s'avisa à de très nombreuses reprises de traiter les questions d'économie politique. Il fut le premier à critiquer *systématiquement* cette science du point de vue de la religion et de la morale, inspirant par son exemple l'économie politique chrétienne, qui déstabilisa durablement l'implantation et le succès des doctrines libérales dans notre pays, et prépara ou aida le développement du socialisme.

En Bretagne, cette tradition nouvelle de l'économie politique chrétienne s'inscrivait dans une démarche déjà ancienne. Avant F. de Lamennais, Chateaubriand s'était déjà fait le défenseur d'un retour au christianisme et avait exposé, notamment dans une lettre envoyée à la *Revue Européenne*, une critique de l'économie de marché d'un point de vue religieux. « Un temps viendra, y écrivait-il par exemple, où l'on ne concevra pas qu'il fût un ordre social dans lequel un homme comptait un million de revenu, tandis qu'un autre homme n'avait pas de quoi payer son dîner. » [1] Cette ambition, critique envers les économistes classiques, accusés de faire l'apologie d'un système injuste, fut largement saluée comme pionnière par les partisans de l'économie politique chrétienne. Alban de Villeneuve-Bargemont, dans sa brillante *Histoire de l'économie politique*, réserva ainsi des éloges nourris à ce précurseur de la démarche nouvelle qu'il continuerait après Lamennais. [2]

C'est à Saint-Malo, comme Gournay, et surtout comme Chateaubriand, que naquit le fondateur de ce courant si déstabilisateur pour l'économie politique que fut le christianisme social. En 1782, Hugues-Félicité Robert de Lamennais, plus tard nommé plus simplement Félicité de Lamennais, vit d'ailleurs le jour dans la même rue que l'éternel auteur des *Mémoires d'outre-tombe*, la rue des Juifs de Saint-Malo. Son nom fut initialement de la Mennais, car sa famille avait été anoblie et prit ce nom, en référence aux terres d'une métairie située aux alentours de Dinan. Son père était un commerçant et armateur malouin.

Son attachement à l'église catholique fut éclatant dès les années de sa jeunesse. Ses biographes nous racontent qu'il participait même, durant les années sombres de la Révolution, à des messes illégales, la nuit, rassemblant dans une bâtisse quelconque une petite troupe de croyants autour d'un prêtre non-assermenté. [3] Très noble est en effet le sentiment d'attirance vers la religion qui habita très tôt celui qu'on surnommait déjà « Féli » par affection. Sa sincérité est poignante, son engagement émouvant, bien que le témoignage de la révélation de ce devoir prit parfois des formes étonnantes. « Un jour, racontera Ricard, il se promenait, avec la bonne chargée de veiller sur lui, et il marchait lentement sur les remparts de Saint-Malo. La mer était furieuse. Soulevée par une violente tempête, elle venait déferler en rugissant aux pieds des murs de granit. "Je crois voir l'infini, dit Lamennais, et sentir Dieu !" Étonné de ce qui se passait dans son âme, une immense complaisance en lui-même s'empara de lui, il se retourna fièrement vers la foule des promeneurs vulgaires, et se dit : "Ils regardent ce que je regarde, mais ils ne voient pas ce que je vois !" Il avait huit ans. » [4]

C'est auprès de son oncle Robert de la Saudrais que Félicité de Lamennais fut éduqué dans l'adoration du Christ et dans la répulsion des révolutionnaires. Cet oncle, grand lettré, traducteur d'Horace, fit de Lamennais un penseur. Il opéra cette transformation sans en avoir le souhait, et, à ce

---

[1] Lettre de M. de Chateaubriand à MM. les Rédacteurs de la Revue Européenne, *Revue Européenne*, Tome 2, Paris 1831 ; cf. aussi Jean-Baptiste Duroselle, *Les débuts du catholicisme social en France (1822-1870)*, Presses Universitaires de France, 1951, p.154
[2] Alban de Villeneuve-Bargemont, *Histoire de l'économie politique*, Paris, 1839
[3] André Blaize, *Essai biographique sur M. de la Mennais*, Paris, 1858, p.17
[4] Antoine Ricard, *Lamennais et son école*, Paris, 1881, p.8

qu'il semble, sans s'en apercevoir. Pour punir les excès de Féli, Robert de la Saudrais avait eu un jour l'idée de l'enfermer dans sa grande bibliothèque. Le jeune Lamennais prit goût à cette prison, et œuvra alors ardemment pour s'y faire renvoyer à chaque nouvelle occasion. À 12 ans, il découvrit notamment Rousseau, qui restera pour lui un penseur fondamental, et contre lequel il s'efforça toujours de se positionner.

À 22 ans, au lieu de s'épancher dans ses passions, comme le font les hommes de son âge, il fit de son corps un réceptacle du message de Dieu. Dans un élan étonnant et admirable tout à la fois, il s'écria : « Oh ! J'ai trop aimé les joies amères du monde, les consolations du monde, les espérances du monde ! Maintenant, je ne veux que la croix, la croix seule, la croix de Jésus et encore la croix. Je vivrai sur le calvaire, en esprit d'amour, de renoncement et de sacrifice absolu. » [5] Voici comment il voyait alors sa destinée. Lamennais fut prompt à s'engager dans cette carrière. En 1809, il se fit prêtre. Lors de sa première messe, à Rennes, il prétendit entendre distinctement la voix de Dieu, prononçant ces quelques mots : « Je t'appelle à porter ma croix, rien que la croix, ne l'oublie pas. » [6]

À cette époque, Lamennais venait de se retirer avec son frère aîné à la Chesnaie, à quelques kilomètres de Dinan. Ils firent naître plusieurs ouvrages de leur retraite commune, dont le premier, intitulé *Réflexions sur l'état de l'Église en France pendant le XVIIIe siècle et sur sa situation actuelle*, parut en 1808. Les auteurs se déclaraient fermement en faveur de la monarchie et présentaient leurs premières idées pour réformer l'Église. L'année suivante parut un deuxième ouvrage issu des réflexions des deux frères, un *Guide spirituel* inspiré de l'œuvre de Louis de Blois, un bénédictin du XVIe siècle.

Écrit en 1811, mais diffusé seulement à partir de 1814, suivit ensuite un ouvrage sur la *Tradition de l'Église sur l'institution des Évêques*. Les deux frères y cherchaient l'avis des anciens sur les problèmes actuels de l'Église. Le Père Antoine Ricard nous a raconté cela dans son étude sur Lamennais : « Pendant leurs promenades, les deux frères s'entretenaient des maux de l'Église, des efforts que faisait Napoléon et ses évêques de cour pour affaiblir l'autorité du pape. Le plus jeune disait, comme d'inspiration : Telle ne peut pas être la tradition de l'Église, il faut chercher dans les conciles et dans les Pères. De retour à la maison, ils cherchaient dans les livres, et ils trouvaient qu'ils avaient bien deviné, et que, depuis deux siècles, les jansénistes et autres sectaires avaient prodigieusement altéré les faits et les doctrines. Et ils rédigeaient leurs découvertes. » [7]

Après des années de collaboration fructueuse, les deux frères se séparèrent pourtant, et c'est seul que Lamennais continua sa route, et obtint la célébrité. Cette célébrité, c'est l'*Essai sur l'indifférence en matière de religion*,

---

[5] Anatole Feugère, *Lamennais avant l'Essai sur l'Indifférence (1782-1817)*, Paris, 1906, p.108
[6] Yves Lefebvre, *Lamennais et la pensée bretonne*, 1993, p.40
[7] Antoine Ricard, *Lamennais et son école*, Paris, 1881, p.76

publié en 1818, qui la lui apporta. Le succès fut tout à fait retentissant. « Ce nom que nul ne savait la veille, note un biographe, devenait tout à coup le premier nom de l'Église de France. » [8] Celui qui sera plus tard son disciple, Lacordaire, écrira même emphatiquement : « Il y avait soixante-seize ans qu'aucun prêtre catholique n'avait obtenu en France le renom d'écrivain et d'homme supérieur, lorsque apparut M. de Lamennais, avec autant d'à-propos que le dix-huitième siècle avait tout récemment repris les armes. Son livre, destiné à le combattre, était une résurrection admirable des raisonnements antiques et éternels qui prouvent aux hommes la nécessité de la foi, raisonnements rendus nouveaux par leur application à des erreurs plus vastes qu'elles n'avaient été dans les siècles antérieurs. » [9] Montalembert, autre disciple, dira simplement, et sans inexactitude, que son ami Lamennais était alors devenu « le plus célèbre et le plus vénéré des prêtres français. » [10]

Lamennais y acceptait le culte de la raison hérité de Descartes, mais il entendait en faire un instrument de la reconnaissance de la supériorité de Dieu. « Depuis que la raison s'est déclarée souveraine, il faut aller droit à elle, la saisir sur son trône, et la forcer, sous peine de mort, de se prosterner devant la raison de Dieu. » [11] Dans l'*Essai sur l'indifférence*, Lamennais considérait également que la négation du principe d'autorité était le mal principal dont souffrait la société française de l'époque. Dans l'ordre économique, il s'exaspéra du recul du principe de charité.

Ce livre a un point commun avec un ouvrage que nous avons déjà cité dans le tout premier chapitre : l'*Ami des Hommes*, du marquis de Mirabeau. La raison en est qu'il s'agit dans les deux cas de livres dont il est difficile de rendre compte, et encore davantage d'en expliquer le succès. Il faut lire cet *Essai*, pour faire l'expérience de ce texte, et en comprendre la force intrinsèque, qui tient beaucoup à la vivacité du style, et à la chaleur des sentiments. Le succès, en tout cas, fut obtenu par l'*Essai sur l'indifférence*. Les ventes grimpèrent à 40 000 unités dès les premières semaines, et il fut traduit en peu de temps dans toutes les principales langues d'Europe. Lamennais fut même reçu par le pape Léon XII à Rome, qui l'embrassa, et l'invita pour discuter dans son bureau privé. Dans ce bureau, Lamennais fut surpris d'y voir pour seul ornement une image de Marie, une croix avec le Christ, et son propre portrait.

La Religion considérée dans ses rapports avec l'ordre politique et civil, un ouvrage audacieux paru en 1825, valut à Félicité de Lamennais de comparaître devant le tribunal correctionnel. Son avocat, le brillant orateur Berryer, aida tant à faire naître autour de la cause de son client un enthou-

---

[8] *Ibid.*, p.77
[9] Henri-Dominique Lacordaire, *Considérations sur le système philosophique de M. de La Mennais*, Paris, 1834, p.56
[10] *Œuvres polémiques et diverses de Montalembert*, Tome 3, Paris, 1868, p.403
[11] Louis Le Guillou, *L'évolution de la pensée religieuse de Félicité de Lamennais*, Armand Collin, 1966, p.74

siasme vif et durable, qu'on pouvait dire que « le pays entier l'accompagna à la barre du tribunal correctionnel. » [12] La sentence, 30 francs d'amende, fut accueillie dans les rires et les hourras.

Établissant un nouveau mouvement, impulsant une nouvelle démarche, Lamennais rassembla alors autour de lui quelques disciples, dont l'abbé Gerbet et l'abbé Salinis. L'école mennaisienne fut fondée. Nous étions en décembre de l'année 1826.

Absentes, les préoccupations économiques et sociales étaient effacées dans ce nouveau courant par l'exigence première de « courber le XIXe siècle sous le joug du catholicisme », selon les mots de Lamennais. À ses disciples et collègues, le nouveau leader expliqua la finalité de leur engagement mutuel : « Vous voulez prouver à notre siècle que le catholicisme est la seule religion rationnelle ; c'est bien, mais cela ne suffit pas. Il faut lui démontrer que s'il n'accepte pas le symbole catholique, il s'exile lui-même de la société des intelligences ; se met en dehors du sens commun à tous les siècles et à tous les peuples ; en un mot, qu'il est fou. » [13]

Comme chef de secte, comme homme de parti, Félicité de Lamennais n'avait ni la prestance naturelle d'un Quesnay, ni l'humilité impressionnante d'un Gournay. « Il est difficile de dire comment il obtint sur les autres une influence si grande, s'étonna plus tard le cardinal Wiseman. Il était d'un aspect et d'une mine peu propres à commander le respect, dépourvu de dignité dans le maintien, de supériorité dans le regard et n'ayant aucune grâce extérieure. » [14] Lacordaire, son fidèle disciple, n'eut pas des mots plus modérés pour décrire son maître à penser : « Le grand homme est petit, écrira-t-il, grêle, pâle, yeux gris, tête oblongue, gros nez et long, le front profondément sillonné de rides qui descendent entre les deux sourcils jusqu'à l'origine du nez ; tout habillé de gros drap gris, des pieds à la tête ; courant dans sa chambre à fatiguer mes jeunes jambes, et, quand nous sortons pour la promenade, marchant toujours en tête, coiffé d'un mauvais chapeau de paille, vieux et usé. » [15]

En 1829 parut *Des progrès de la Révolution et de la guerre contre l'Église*. Lamennais y apparaissait ostensiblement en libéral, bien qu'il négligeait avec prestance le traitement des questions économiques. Ses préoccupations étaient autres : « Nous demandons pour l'Église catholique la liberté promise par la Chartre à toutes les religions, la liberté dont jouissent les protestants, les juifs, dont jouiraient les sectateurs de Mahomet et de Bouddha s'il en existait en France. [...] Nous demandons la liberté de conscience, la liberté de la presse, la liberté de l'éducation. » [16]

---

[12] Antoine Ricard, *Lamennais et son école*, Paris, 1881, p.196
[13] Victor Mercier, *Lamennais, d'après sa correspondance et les travaux les plus récents*, Paris, 1895, p.108
[14] Nicholas Patrick Wiseman, *Souvenirs sur les quatre derniers papes et sur Rome pendant leur pontificat*, 1858, p.315
[15] Cité par Maxime Leroy, *Histoire des idées sociales en France*, Tome 2, Gallimard, 1946, p.441
[16] *Œuvres de Félicité de Lamennais*, Volume 2, Paris, 1830, p.115

Dans cet ouvrage, Lamennais ne demandait pas encore aux catholiques de se rapprocher des libéraux, comme il le fera plus tard ; pour l'heure, il se contentait de leur demander de se rapprocher de l'idée de liberté. Lui-même avait clairement impulsé le mouvement. Il insistait sur le fait que le libéralisme était la solution aux maux de l'époque. Sa solution n'était pas de l'embrasser, mais de le faire rentrer dans le cadre de la doctrine chrétienne. En janvier 1829, il eut ainsi ces mots très éclairants : « On tremble devant le libéralisme : catholicisez-le, et la société renaîtra ! » [17] S'il se mit à fonder des espérances sur la possibilité de catholiciser le libéralisme, il essaya également de « libéraliser » le catholicisme. « Quand les catholiques aussi crieront *liberté*, bien des choses changeront » affirmait-il avec conviction. [18]

On lui écrivit de Belgique pour le féliciter du livre *Des progrès de la révolution* : « Votre ouvrage a fait une sensation immense dans ce pays ; trois contrefaçons se sont épuisés ; nos vieilles entrailles flamandes ont tressailli en reconnaissant les principes qui ont guidé nos pères dans leur si longue résistance au Pouvoir. » [19] La Belgique, en 1830, s'engagerait dans une révolution très mennaisienne.

Cependant, il était un élément clairement manquant dans son programme : la liberté économique. Cet élément seul le mettait hors d'état de séduire les défenseurs classiques du libéralisme, et peut-être ne s'en doutait-il pas encore. Il faut dire que Lamennais n'avait pas encore pris conscience de l'importance du problème économique. On peut difficilement lui en vouloir : l'évolution de prêtre à économiste ne peut se réaliser en un jour.

Au fur et à mesure des années, les choses changeront. En 1830, afin de permettre le ralliement de nouveaux disciples à sa cause et de développer davantage sa démarche féconde, Lamennais fonda un journal, l'*Avenir*. Visuellement soignée, l'entête du journal étonnait aussi par la vitalité d'une audacieuse formule : à côté du titre, on pouvait lire trois mois qui résumaient bien le combat de Lamennais : « DIEU ET LA LIBERTÉ ! ». Dans ce journal, Lamennais continuait à se positionner face au libéralisme, mais négligeait encore tout à fait le problème économique. « Il existe deux libéralismes parmi nous, l'ancien et le nouveau, écrivit-il. Héritier des doctrines destructives de la philosophie du XVIIIᵉ siècle, et en particulier de sa haine contre le christianisme, le libéralisme ancien ne respire qu'intolérance et oppression. Mais le jeune libéralisme, qui grandit et qui finira par étouffer l'autre, se borne, en ce qui concerne la religion, à réclamer la séparation de l'Église et de l'État, séparation nécessaire pour la liberté de l'Église et que tous les catholiques éclairés désirent également. » [20] Pour

---

[17] Cité par Jean-René Derré, *Lamennais : ses amis et le mouvement des idées à l'époque romantique*, Paris, 1972, p.276
[18] Yves Lefebvre, *Lamennais et la pensée bretonne*, 1993, p.45
[19] Henri Haag, *Les origines du catholicisme libéral en Belgique. 1789-1839*, Louvain, 1950, p.131
[20] Félicité de Lamennais, *Articles de l'Avenir*, Volume 1, Paris, 1830, p.iii

comprendre cette réaction, il faut se rappeler que les libéraux, sous la Restauration, formaient un groupe hétérogène, avec certaines factions abusivement hostiles à l'Église catholique, parce qu'elle constituait la survivance d'un clergé vu comme tyrannique, et de dogmes vus comme surannés. [21]

Contre ce faux libéralisme, ou ce libéralisme inconséquent avec lui-même, Lamennais publiera, outre des articles dans l'*Avenir*, le livre *Des progrès de la Révolution et de la guerre contre l'Église*. Il reprochait alors au libéralisme de s'être désolidarisé de sa base chrétienne. « Éminemment social, en tant qu'il veut la liberté, le libéralisme présent est néanmoins, à cause des doctrines qui l'égarent, destructeur par son action. Il repousse le joug de l'homme, le pouvoir sans droit et sans règle ; il réclame une garantie contre l'arbitraire qui ôte à l'obéissance sa sécurité : rien de mieux jusque-là ; mais séparé de l'ordre spirituel, il est contraint de chercher cette garantie si désirée où elle n'est pas et ne peut pas être, dans des formes matérielles de gouvernement. » [22]

Le premier numéro de l'*Avenir* contenait cinq articles de Lamennais et deux de l'abbé Gerbet. L'*Avenir* comptait aussi dans ses rangs le jeune Charles de Montalembert, un nouvel adepte de l'école mennaisienne. Mais c'est Lacordaire, avec sept articles, qui était le principal contributeur. Dès ses premiers numéros, L'*Avenir* fut accueilli avec enthousiasme dans les milieux catholiques. « Nous nous en allions partout, racontera un prêtre, l'*Avenir* à la main, disant tout haut qu'il faudrait l'imprimer en lettres d'or ! » [23]

Les articles d'économie furent confiés à M. de Coux, qui sera plus tard l'un des fervents adeptes de l'économie politique chrétienne. Lamennais, de moins en moins désintéressé par ces questions d'économie, devint dès lors, aux côtés de son collaborateur, un autre défenseur de ce courant. Il s'éloigna de la liberté économique.

Les années suivantes illustrèrent cet éloignement. Lamennais n'agissait ainsi jamais pour défendre la liberté économique, pourtant si attaquée à son époque. Il continua néanmoins à défendre activement la liberté dans d'autres domaines : 1- *pour la liberté religieuse* : il créa une association, l'Agence générale pour la défense de la liberté religieuse ; 2- *pour la liberté d'enseignement* : il fit signer une pétition, et créa plus tard une école libre à Paris. Mais rien pour la liberté économique, qu'on lui avait fait haïr, à tort.

Très engagés sur la question de la liberté d'éducation, Lamennais et Montalembert créèrent ensemble une école libre, à Paris, en 1831. [24] Ce fut

---

[21] Cf. Paul Thureau-Dangin, *Le Parti Libéral sous la Restauration*, Paris, 1876 ; voir aussi Louis Girard, *Les libéraux en France, 1814-1875*, Paris, 1985
[22] *Œuvres complètes de Lamennais*, volume 6, Paris, 1844, p.37
[23] Cité dans Antoine Ricard, *Lamennais et son école*, Paris, 1881, p.231
[24] L'intervention de l'État dans l'éducation était, selon Lamennais, « un genre de tyrannie » et « une violation directe et permanente des droits les plus sacrés ». (*Œuvres complètes de Lamennais*, vol. 2, Paris, 1839, p.273)

une expérience glorieuse, mais courte. La police intervint et expulsa les enfants de la classe. Les fondateurs de cette école libre furent conduits devant les tribunaux. Lamennais accueillit cela avec confiance. Le jour de l'audience, après un discours bien senti de son collège Montalembert, il acheva d'emporter à sa cause tous les soutiens. Il termina un magnifique discours par ces mots : « Quand Socrate, dans cette première et fameuse cause de la liberté d'enseignement, était prêt à quitter ses juges, il leur dit : "Nous allons sortir, vous pour vivre, moi pour mourir. " Ce n'est pas ainsi, nobles juges, que nous vous quitterons. Quel que soit votre arrêt, nous sortirons d'ici pour vivre : car la liberté et la religion sont immortelles. » [25] La peine fut de cent francs d'amende.

Une telle impertinence et une telle réussite ne pouvaient éviter d'attirer de nombreux tracas à ces hommes audacieux. « Nous verrons qui arrêtera les pèlerins de Dieu et de la liberté ! » affirmait encore Lamennais en 1831. [26] On les arrêta tout de même.

Lamennais espérait beaucoup, en ces années 1830-1831, que le Pape donnerait à ses théories une approbation enthousiaste, qui finirait de convaincre les fidèles de l'Église en France : « Beaucoup de catholiques commencent à comprendre la grande question de la liberté en ce qui les concerne, écrivit-il. Les plus arriérés, ce sont les évêques, mais les masses les entraîneront ; il faudra bien qu'ils suivent. Tout sera fini, sitôt que l'impulsion partira de Rome, et cela viendra, car il n'y a de salut que dans les voies que j'ai indiquées. » [27]

Et pourtant, l'Église communiqua sa condamnation. En 1831, le Pape Grégoire XVI accepta une entrevue avec Lamennais. Ce dernier arriva au Vatican pour chercher l'acceptation de sa démarche : il ne reçut que l'indifférence. Il notera plus tard sa très profonde déception : « Je me suis souvent étonné que le Pape, au lieu de déployer envers nous cette sévérité silencieuse dont il ne résultait qu'une vague et pénible incertitude ne nous eut pas dit simplement : "Vous avez cru bien faire, mais vous vous êtes trompés. Placé à la tête de l'Église, je connais mieux que vous les besoins, les intérêts et seul j'en suis juge. En désapprouvant la direction que vous avez donnée à vos efforts, je rends justice à vos intentions. Allez, et désormais, avant d'intervenir en des affaires aussi délicates, prenez conseil de ceux dont l'autorité doit être votre guide." Ce peu de paroles aurait tout fini. Jamais aucun de nous n'aurait songé à continuer l'action déjà suspendue. Pourquoi, au contraire, s'obstina-t-on à nous refuser même un mot ? » [28] Le Pape condamna leur démarche, et Lamennais eut ces paroles : « Le Pape est un bon religieux, qui ne sait rien des choses de ce monde et n'a nulle idée de l'état de l'Église. » [29]

---

[25] Cité par Antoine Ricard, *Lamennais et son école*, Paris, 1881, p.251
[26] *Ibid.*
[27] Lettre de Lamennais à Benoît d'Azy, 9 août 1829, cité dans Charles Boutard, *Lamennais : le catholicisme libéral, 1828-1834*, Paris, 1908, p.66
[28] *Œuvres complètes de Lamennais*, volume 8, Paris, 1844, p.35

Après réflexion, Lamennais fut disposé à se soumettre, et quand le 30 août 1832, il eut vent de l'avis critique de l'Église, sa réaction fut immédiate : « Je viens de recevoir une Encyclique du Pape contre nous. Nous ne devons pas hésiter à nous soumettre ! » [30] Il s'agissait de l'encyclique *Mirari Vos*, qui les présentait comme de dangereux déviants.

Lamennais et ses amis en tirèrent tout de suite les conséquences : « Les soussignés, rédacteurs de l'*Avenir*, membres du conseil de l'Agence pour la défense religieuse : Convaincu, d'après la lettre encyclique du souverain pontife Grégoire XVI, en date du 15 août 1832, qu'ils ne pourraient continuer leurs travaux, sans se mettre en opposition avec la volonté formelle de celui que Dieu a chargé de gouverner son Église, croient de leur devoir, comme catholiques, de déclarer que, respectueusement soumis à l'autorité suprême du Vicaire de Jésus-Christ, ils sortent de la lice où ils ont loyalement combattu pendant deux années. Ils engagent instamment leurs amis à donner le même exemple de soumission chrétienne. En conséquence : 1° L'*Avenir*, provisoirement suspendu depuis le 15 novembre 1831, ne reparaîtra plus ; 2° L'Agence générale pour la défense de la liberté religieuse est dissoute à dater de ce jour. Toutes les affaires entamées seront terminées, et les comptes liquidés, dans le plus bref délai possible. » [31]

Lamennais mit plusieurs années avant de rebondir. Ce n'est qu'en 1837, une fois l'orage passé, qu'il sortit de son silence et fonda un nouveau journal : le *Monde*.

À cette époque, tout disposé qu'il était à refonder un nouveau mouvement de christianisme libéral — ou de libéralisme chrétien, comme on voudra —, Lamennais commença à nouer des liens avec les membres de la scène économique parisienne de l'époque, et fit évoluer ses doctrines économiques, qui formèrent bientôt un aspect majeur de sa pensée et de son engagement. Le premier à croiser sa route, et paradoxalement celui qui eut l'influence la plus imperceptible sur lui, est le spécialiste des questions bancaires Charles Coquelin. Né à Dunkerque, dans le Nord, en 1802, Coquelin était encore nouveau à Paris quand il collabora avec Félicité de Lamennais. Déjà très savant et fin connaisseur des questions économiques, Coquelin était un partisan du laissez-faire. Face à l'intervention de l'État dans l'économie, qui ne pouvait être que désastreuse selon lui, il réclamait la liberté économique absolue. Ainsi qu'il l'écrira quelques années plus tard : « Il ne s'agit point de voter des subventions, qui ne font que couvrir les plaies et envenimer le mal au lieu de le guérir ; encore moins de proclamer le droit au travail ou le droit à l'assistance, erreurs déplorables, contre-sens funestes, qui ne tendent à rien moins qu'à faire de la France un vaste dépôt de mendicité ; il s'agit de réformer les abus dont notre ordre

---

[29] Cité par Marie-Joseph Le Guillou & Louis Le Guillou, *La Condamnation de Lamennais*, Paris, 1982, p.139
[30] Cité par Antoine Ricard, *Lamennais et son école*, Paris, 1881, pp.298-299
[31] Cité par Marie-Joseph Le Guillou & Louis Le Guillou, *La Condamnation de Lamennais*, Paris, 1982, p.262

social est dévoré, d'affranchir le travail, encore esclave, quoi qu'on en dise, et de sauver l'industrie en lui permettant de se sauver elle-même. » [32]

Ce n'était pas là, nous le savons, des idées économiques que Lamennais pouvait faire aisément siennes à l'époque. Coquelin pour autant impressionna beaucoup notre penseur breton. Celui-ci lui demanda d'écrire les articles économiques de sa nouvelle publication, le *Monde*.

Coquelin, ce partisan de la liberté et de la responsabilité des banques, promoteur du laissez-faire en économie, était somme toute arrivé trop tard. Lamennais était déjà acquis à la cause interventionniste, mais de façon modérée. Déjà marqué par la lecture de Sismondi, et bientôt de Proudhon, Lamennais s'était déjà éloigné du libéralisme économique.

Coquelin eut tout de même une influence sur les idées économiques de Lamennais, et il est à croire que l'économie politique chrétienne aurait été nettement plus antilibérale sans son intervention. Gustave de Molinari, écrivant à propos de la vie de Coquelin dans le *Journal des Économistes*, affirmera l'influence de son ancien ami sur Lamennais. Il écrivit :

> « C'est en 1832 que Coquelin retourna à Paris, avec l'intention de demander à sa plume ses moyens d'existence, et que, fortifié par ses études d'économie politique, il chercha à s'engager dans l'arène de la presse. Il travailla au journal *le Temps*, il passa au *Monde*, fondé en 1837 par M. Lamennais, mais qui n'eut qu'une existence éphémère. Coquelin eut, avec l'illustre directeur du *Monde*, plusieurs discussions sur les questions économiques. Comme la plupart de ses coreligionnaires politiques, M. de Lamennais se méfiait de la liberté du travail, et il était assez disposé à voir dans la concurrence un moyen "d'exploitation de l'homme par l'homme". Mais, d'un autre côté, M. de Lamennais se laissait influencer aisément par une conviction énergique et chaleureusement exprimée. Les plaidoyers de son jeune collaborateur en faveur de la liberté économique firent une vive impression sur lui, et l'on pourrait retrouver la trace de cette influence salutaire dans les admonestations véhémentes que l'ancien directeur du *Monde* adressait plus tard aux socialistes. » [33]

Seulement Charles Coquelin n'était pas spécifiquement *chrétien*. Le libéralisme lui-même ne l'était pas non plus. Or c'était là pour Lamennais un critère fondamental, au point qu'il écrira dans une lettre au baron de Vitrolles : « La société ne peut être sauvée que par la liberté. Si le libéralisme était chrétien, je serais libéral demain. » [34]

Lui qui avait prôné l'alliance des libéraux, des conservateurs et des chrétiens, finissait ainsi par rejeter le libéralisme, signe que sa démarche était exigeante et peut-être impropre à une époque si passionnée. Malgré les efforts de Lamennais, libéraux et conservateurs refusèrent de s'entendre, et continuèrent à s'affronter. Si le conservatisme perdit une occasion de fonder sa démarche sur une doctrine économique scientifique, le

---

[32] Charles Coquelin, *Du Crédit et des Banques*, Paris, 1859, p.46
[33] Gustave de Molinari, « Notice biographique sur Charles Coquelin », *Journal des économistes*, septembre-octobre 1852, p. 137-138
[34] cité dans Charles Boutard, *Lamennais : le catholicisme libéral, 1828-1834*, Paris, 1908, p.38

libéralisme perdit davantage : il perdit le dynamisme encore bien réel du soubassement religieux de la société, qu'il abandonna, bien malgré lui, dans les mains de ses adversaires.

Lamennais lui-même se rendit coupable de cette dérive. Autant les articles économiques de L'*Avenir* et du *Monde* témoignent d'une vraie préoccupation pour la liberté économique, autant les articles du *Peuple Constituant*, la revue mennaisienne datant de 1848, s'inspirent davantage des doctrines économiques de Sismondi ou de Proudhon, toutes deux alors très en faveur.

Tournant définitivement le dos à l'enseignement de son ancien collègue Charles Coquelin, selon lequel le crédit devait être libre de toute réglementation, Lamennais se fit le porte-voix des idées de « crédit social » que Proudhon, dans une forme légèrement différente, avait mis au goût du jour, et qu'un autre breton, Charles Beslay, soutiendrait à ses côtés. En 1848, tandis que Coquelin publiait *Du crédit et des banques*, une œuvre pionnière sur les questions bancaires, et réclamait la liberté des banques, Lamennais écrivait un « projet de constitution du crédit social », dont les premiers paragraphes sont les suivants :

> « Jusqu'ici le crédit, abandonné sans direction et sans règle à lui-même, n'est pas sorti du domaine privé, et conséquemment son action a eu pour but exclusif la satisfaction de l'intérêt privé ; en d'autres termes, le crédit, aux mains de ceux qui en disposaient, n'a été qu'un moyen d'exploiter à leur profit les individus et l'État même, par tous les genres de primes, portées souvent jusqu'à l'usure la plus effrénée ; c'est-à-dire, que toujours empreint d'un caractère ineffaçable d'égoïsme, il a été, par sa nature même, anti-social. Cela se voit clairement aux époques de crise, époques de plus en plus rapprochées à mesure que le crédit lui-même se développe en de plus grandes proportions : à chacune de ces crises la fortune publique, ou l'existence matérielle de la société même est remise en question.
>
> Le système de crédit privé qui, par son essence indépendante de la volonté des hommes, ne peut être qu'un système d'exploitation de tous par quelques-uns, est, en outre, anarchique comme les intérêts privés, nécessairement opposés entre eux. De là, sous l'influence d'une cupidité que rien n'assouvit, qui croît toujours, quelque chose de fiévreux, de mobile et de désordonné, qui, échappant à toute action modératrice, à toute règle, rend impossible toute vraie garantie, et aboutit fatalement à la ruine.
>
> De là encore, dans un autre ordre, les funestes effets d'un système qui se résolvant dans l'égoïsme, tente de mille manières les plus viles passions du cœur humain, fait, de ce que l'un perd, le gain de l'autre, et, habituant ainsi à chercher, sans hésitation, sans remords, son bien dans le mal d'autrui, altère profondément les mœurs, corrompt la morale dans sa source même.
>
> Quel moyen de remédier à ces maux ? Transformer le crédit, de privé le rendre social. »[35]

Comme Proudhon, que la science économique réfuta par l'intermédiaire de Frédéric Bastiat, dans une controverse célèbre, Lamennais négligeait

---

[35] Félicité de Lamennais, « Projet de constitution du crédit social », 22 juin 1848, in Lamennais, *Le Peuple Constituant*, Numéro spécial (3-4) des *Cahiers Mennaisiens*, 1974, p.151

donc également l'évidence de l'*utilité sociale du crédit* et sa nécessaire *production privée*, deux principes que l'analyse la plus élémentaire des faits économiques faisait accepter à Bastiat, et avant lui à Jean-Baptiste Say. Au lieu de considérer les services immenses que fournit le crédit, Lamennais ne voyait que les profits des banquiers. Et pourtant, sans crédit privé, comment les lignes de chemin de fer auraient-elles été construites ? Sans crédit privé, les manufactures modernes, la grande industrie, les développements technologiques, toute cette base mouvante et la deuxième révolution industrielle qu'elle était sur le point de déclencher, comment auraient-ils pu naître ? Au fond, rendre le crédit « social », et missionner l'État de le distribuer, cela aurait signifié la paralysie de l'initiative individuelle. Inconscient de ce fait, et des développements théoriques des économistes, Lamennais préférait les bons mots, l'euphorie moralisatrice, et le lieu commun en délire.

Au lieu de tendre vers le libéralisme de Gournay et de Smith, le courant du catholicisme libéral initié par Lamennais se transforma ainsi rapidement en catholicisme social, presque socialiste. L'évolution suivit deux grandes phases : celle de l'économie politique chrétienne, puis celle de la doctrine sociale de l'Église.

Au sein de l'école mennaisienne, les rôles avaient été, dès le début, parfaitement définis. Si Lamennais lui-même s'intéresserai peu aux questions économiques, elles devraient néanmoins être traitées avec soin par l'abbé Gerbert. Celui-ci donna plusieurs conférences d'économie politique à Paris. Suivant son impulsion, un autre collaborateur de Lamennais, Charles de Coux, ouvrit en 1832 le premier cours d'économie catholique. Il s'agissait d'étudier l'économie dans le cadre de la foi chrétienne, et avec les outils d'analyse, si l'on peut utiliser ce terme, fournis par l'Église.

Dès 1834, cette nouvelle démarche économique fit des émules. Un économiste chrétien, préfet du Nord, fit paraître un ouvrage intitulé *Du Paupérisme, ou Économie politique chrétienne*. Dans cette œuvre vaste et haletante, où il s'élevait à des degrés admirables de compréhension et de réflexion économique, Villeneuve-Bargemont systématisait la démarche de l'école mennaisienne. Le paupérisme serait résolu, écrivait-il, par la charité et par la transformation de la société en un tout véritablement chrétien. Vingt ans plus tard, Armand De Melun, un disciple d'Alban de Villeneuve-Bargemont, fondera même une « Société d'économie charitable », ainsi qu'une *Revue d'économie chrétienne* (1860). Il sera également député sous la IIe République, et l'instigateur de nombreuses lois sociales.

C'est pourtant en 1891 que l'influence de ce nouveau courant se fit surtout sentir. Cette année là, le Pape Léon XIII prononça l'encyclique *Rerum Novarum*, matérialisation des efforts des catholiques sociaux, et notamment des mennaisiens français et de leurs disciples économistes. « Entre les idées de l'*Avenir* et les doctrines de l'encyclique *Rerum novarum*, interprétées loyalement par la démocratie chrétienne, les analogies abondent » fera bien remarquer l'historien des idées Albert Schatz. [36] Tel fut, au fond, l'héritage éternel de Lamennais. En méritait-il un plus grand, un plus libéral aussi ? Il semble difficile de répondre par la négative.

---

[36] Albert Schatz, *L'individualisme économique et social*, Institut Coppet, Paris, 2012, p.227

CHAPITRE 9
LE LIBÉRALISME AU PIED DU MUR

L'illustre tradition économique bretonne, celle de la liberté économique et du laissez-faire, ne cessait plus de voir s'élancer contre elle des troupes contestataires. Restée encore intacte après les coups portés par le camp de l'anti-physiocratie, elle était déjà chancelante après l'émergence du catholicisme social ; elle se rapprocha définitivement du précipice lorsque le protectionnisme et le socialisme reprirent tous deux en vigueur.

C'est la première de ces deux doctrines économiques qui nous intéressera ici. Ce chapitre montrera comment le protectionnisme, l'idée de la désirabilité de l'étanchéité des frontières, en emportant une victoire en 1857, prit un avantage décisif contre la tradition économique héritée de Gournay, qui allait bientôt succomber sous les attaques prochaines des socialistes.

Cette victoire du protectionnisme dans notre pays est fréquemment portée au crédit seul d'un Allemand, l'économiste Friedrich List, auteur en 1841 du *Système national d'économie politique*, œuvre essayant de démontrer le bien-fondé des mesures protectionnistes. Or c'est aussi à un Français, et plus encore à un Breton, que nous devons le développement de cette idée dans notre pays, à partir des années 1850. Cet homme, cet économiste, est Henri Richelot : traducteur du *Système national* de List, et propagandiste infatigable des idées protectionnistes.

Bien que les idées protectionnistes l'aient, à la longue, emporté dans notre pays, la personnalité de Friedrich List est de nos jours assez méconnue. On présente bien cet économiste dans les classes de sciences économiques et sociales, mais l'œuvre de cet Allemand n'ayant pas l'importance de celle de Smith, de Ricardo, de Say, ou de ses compatriotes Karl Marx et Max Weber, on passe souvent assez rapidement sur sa contribution et sur son influence. C'est à tort, comme nous le verrons.

Né à Reutlinger en Allemagne en août 1789, Friedrich List s'était intéressé très tôt aux questions économiques, et avec un certain talent. D'abord partisan du libre-échange et disciple des grands économistes anglais, il enseigna l'économie politique à Tubingen. Il avait alors vingt-sept ans. En 1820, il fut élu aux États de Wurtemberg, assemblée devant laquelle il proposa des projets de libéralisation du commerce. Membre très enthousiaste de l'opposition, il compromit sa situation en signant un pamphlet critique, ce qui lui valut une expulsion et des recherches. Réfugié en Allemagne, il commença la traduction du *Traité d'économie politique* de Jean-Baptiste Say, qu'il n'acheva pas. Toujours recherché, il partit s'établir aux États-Unis. À partir de cette époque, il n'eut plus pour le libre-échange qu'un dédain marqué, et pour l'école française d'économie, attachée à ce principe, la plus grande des antipathies. En tant qu'économiste, le principal fait d'arme de List est l'ouvrage intitulé *Système national d'économie politique*, qui parut en Allemagne en 1841. C'est ce livre qui allait réunir cet économiste allemand et notre Breton, Henri Richelot. Lui était né à Nantes en 1811. Après avoir été professeur d'histoire et de géographie dans cette même ville, ses intérêts le portèrent vers la discussion des questions économiques. Il s'intéressa alors aux débats éclos en Allemagne entre le libre-échange et la protection commerciale. Nettement partisan de la seconde option, Richelot découvrit l'œuvre de Friedrich List, le maître à penser de ces protectionnistes allemands. Il se mit à le traduire.

Avant sa traduction de List, Richelot livra d'abord au public *L'association douanière allemande* (1845), une histoire du mouvement protectionniste en Allemagne. C'est finalement en 1851 que parut la traduction du *Système national d'économie politique*. Richelot l'accompagna d'une longue préface, dans laquelle il attaquait vivement les économistes français partisans du libre-échange, et vantait la supériorité de la doctrine protectionniste de Friedrich List. Comme nous le verrons dans ce chapitre, ce livre et cette préface firent naître de très vives réactions critiques de la part des économistes de l'époque, critiques tout à fait justifiées étant donnés le ton de la polémique initiée par Richelot, et les termes mêmes du débat. Cette publication fut un évènement majeur dans l'histoire de l'économie politique dans notre pays en ce qu'elle renvoya dos à dos deux camps qui s'étaient longtemps négligés, et qui allaient tous deux s'épuiser en de stériles controverses.

Nous avons présenté ce livre comme révolutionnaire et comme décisif, et nous l'avons fait sans preuves. Pour faire bien sentir la portée du *Système national*, citons le témoignage de Richelot, qui l'a bien notifiée dans la longue préface du traducteur qu'il ajouta au début de son édition :

> « Le *Système national* a fait de la théorie d'Adam Smith, théorie qui n'est autre chose que la négation de la protection douanière, une réfutation péremptoire et définitive. Il établit sur des bases rationnelles le système protecteur, que la force des choses et le bon sens public avaient soutenu, mais auquel avait manqué jusque là une suffisante élaboration scientifique. » [1]

Le *Système national* de List était donc considéré comme une réfutation des principes des économistes classiques, disciples d'Adam Smith ; mais, au regard du contenu du livre, était-ce bien un avis justifié ?

Après tout, l'ouvrage de List ne faisait que des amendements à la marge, et ajoutait de légères restrictions à la théorie de Smith. Mais aux yeux des économistes libéraux comme aux yeux des lecteurs, c'était déjà

---

[1] Friedrich List, *Système national d'économie politique*, Paris, 1857, p.x

trop : la liberté du commerce avait été posé comme un principe absolu : ou il était vrai, et il était vrai partout, ou il ne pouvait s'appliquer partout et toujours, et alors il convenait de le rejeter. Telle fut la réflexion du public qui accueillit le livre de List qu'offrait Richelot à la France. Il ne s'intéressa pas, semble-t-il, à la conclusion de List, selon laquelle la protection n'est qu'une étape passagère et d'ampleur limitée, et que le libre-échange doit prévaloir dans tous les autres cas. « La protection n'est qu'un moyen, disait encore Richelot ; c'est la liberté qui est le but. » [2] Cela, le public français n'y prêta pas attention, trop heureux qu'il était d'ajouter à ses préjugés cette « élaboration scientifique » dont parle notre Breton.

La méthode historique

L'ouvrage de List était tout de même très clairement révolutionnaire sur au moins un point : sur la méthode. Dans ce livre, List suivait ce qui sera défini, après lui, comme la méthode de l'École Historique Allemande, et refusait donc de croire à des lois naturelles. Ce faisant, il renversait la méthodologie traditionnelle en économie politique.

Pour ne pas faire peur au lecteur, Richelot préféra laisser entendre que l'*historicisme*, dont il était aussi le promoteur, avait été de tout temps la méthode en usage en économie politique :

> « Permis à ceux qui soutiennent que la liberté illimitée est toujours excellente de même que deux et deux font quatre, que la liberté illimitée suffit à tout, de n'y voir qu'un grossier empirisme. En appréciant convenablement la diversité et la mobilité des situations, en traçant les conditions générales dans lesquelles la liberté des échanges extérieurs peut être utilement restreinte, et celles dans lesquelles il convient de lui laisser ou de lui rendre tout son essor, List n'a pas procédé autrement qu'on ne procède dans les sciences sociales et qu'on a l'habitude de le faire notamment en économie politique. » [3]

Et pourtant, combien différente était la méthode historique de List. Il est tout à fait déplacé de résumer cette méthode à un tel fractionnement, mais l'organisation du *Système national*, faisait bien comprendre l'essence de la méthode historique. L'ouvrage commençait par un premier livre, « L'Histoire », contenant la description historique de différentes « économies nationales » d'Europe, de Russie, et d'Amérique. Le second livre, intitulé « La Théorie » formulait des conclusions sur la base des études du premier livre. En outre, l'ouvrage était rempli des formules « L'histoire enseigne que... » ou « Partout l'histoire nous montre que... ». [4] Les inter-

---

[2] *Ibid.*, p.8
[3] *Ibid.*, p.9
[4] Voir notamment, Livre I, Chapitre X, « Les leçons de l'histoire », in Friedrich List, *Système national d'économie politique*, Paris, 1857, p.214

prétations théoriques suivaient les développements historiques. Au fond, telle était la méthode de cette nouvelle école.

Impulsant cette démarche, Friedrich List eut plus que de simples disciples : il apporta le fondement intellectuel de toute une école. L'un des membres de cette École Historique Allemande reviendra sur cette intuition « majeure » de List : « Friedrich List a eu le grand mérite d'avoir mis en évidence, imparfaitement il est vrai, le point de vue national de l'économie politique, en opposition avec l'école anglaise qui lui donnait un caractère cosmopolite. En tenant compte de l'histoire, il place la nature, le pays et l'État entre l'individu et le monde, l'économie nationale entre l'économie individuelle et l'économie universelle, et met en évidence les conditions générales et historiques de l'évolution de cette économie nationale. »[5]

Quoi qu'en disent les List, Richelot, Wagner, Sombart, les lois de l'économie politique s'appliquent partout où il y a des hommes. L'intention commune de ces économistes avait été de fournir à la doctrine du libre-échange une réfutation définitive. Incapables de la fournir par la théorie pure, ils furent amenés à en affirmer unilatéralement l'inapplicabilité. Ce qui est bon pour l'Angleterre, expliquèrent-ils avec assurance, n'est peut-être pas bon pour la France ou pour l'Allemagne. En cela ils avaient raison, car l'économie anglaise était ordonnée autour de secteurs différents, opérait de façon différente, et était parvenue à un stade de développement différent. Mais refuser l'applicabilité des lois de l'échange, refuser d'admettre que la loi de l'offre et de la demande s'impose aux hommes comme la gravitation s'impose également à eux, c'était déraisonner ouvertement dans le seul but de soutenir des visées politiques.

Une attaque inédite contre les économistes

Néanmoins, l'attaque de List et de Richelot, et surtout du second, ne concernait pas seulement la liberté du commerce, contrairement à ce que l'on pourrait croire de prime abord. Richelot, s'il s'est attaqué à la traduction de l'ouvrage de List, c'est qu'il y voit une réfutation de tout le libéralisme économique défendu par Smith et par ses prédécesseurs. Et c'est eux qu'il attaque. Il le souligne dans son introduction, et affirme que l'ouvrage de List amène à reconsidérer entièrement l'idée des économistes libéraux, selon laquelle l'État doit se contenter de *laisser faire et de laisser passer*, comme l'avait soutenu Gournay.

> « On conçoit que les économistes qui, avec Adam Smith, n'attribuent à peu près au gouvernement d'autres fonctions que celles d'un commissaire de police et qui dénient toute compétence dans les matières de commerce et d'industrie, lui interdisent absolument de toucher à la liberté commerciale. Ce système de la liberté individuelle absolue ressemble beaucoup à celui du

---

[5] Adolf Wagner, *Les fondements de l'économie politique*, Tome I, Paris, 1904, p.63

destin rigide qui règle tout, à cette doctrine qui, chez les Musulmans, fait du magistrat, comme parle Montesquieu, un spectateur tranquille, et elle produirait des effets tout aussi tristes. C'est une opinion entièrement dénuée de preuves, une simple vue de l'esprit. » [6]

Et plus acerbe :

« Les économistes, et c'est le plus grand nombre, qui se font une idée juste des fonctions du gouvernement, et pour qui la liberté individuelle n'est pas une recette unique, pas plus qu'en médecine la saignée du docteur Sangrado, ne me semblent pas fondés à réprouver la protection douanière autant que la petite église qui décline la compétence du gouvernement en matière de travail. » [7]

Révolutionnaire, l'œuvre de List et sa défense par Richelot l'était donc aussi en tant que défense prétendument scientifique du protectionnisme. Avant eux, les économistes français du XVIIIe siècle, de Gournay aux Physiocrates, avaient su convaincre leurs contemporains des grands avantages d'un commerce absolument libre, notamment en ce qui concerne le commerce des grains. Adam Smith et les économistes anglais abondèrent dans leur sens, en fournissant encore de nouveaux raisonnements théoriques — comme les avantages comparatifs de David Ricardo — pour en assurer la scientificité. À la suite des combats de Richard Cobden, les économistes français, dont Frédéric Bastiat, se mirent à ajouter à leur défense des vertus du libre-échange des accusations précises et étayées sur les méfaits de la soi-disant « protection commerciale ». Bastiat présenta le protectionnisme comme une « spoliation légale », car il forçait le consommateur à payer plus cher pour une même marchandise, au seul bénéfice d'un marchand ou industriel national privilégié.

Signe de la ferveur avec laquelle on défendait alors la liberté de circulation des marchandises, en Allemagne on entendait même à cette époque le slogan *Die Handelsfreiheit ist ein elftes Gebot* : « Le libre-échange est un onzième commandement de Dieu ». C'est contre cela que souhaitait lutter List, et Richelot avec lui.

Une controverse violente

L'entièreté de la sphère parisienne dévouée à l'étude de l'économie politique accueillit avec grande réserve, pour ne pas dire avec une franche hostilité, cet essai de déboulonnage des théories dominantes sur la supériorité du libre échange sur la protection douanière. Parmi ces économistes, Adolphe Jérôme Blanqui fut de tous le plus prompt, et le plus vindicatif dans sa réponse à l'écrit de List. Frère du communiste révolutionnaire

---

[6] Friedrich List, *Système national d'économie politique*, Paris, 1857, p.9
[7] *Ibid.*, pp.10-11

Auguste Blanqui, cet économiste avait fini par cultiver une certaine intolérance vis-à-vis de ceux qui, par négligence ou par erreur délibérée, s'éloignaient des principes reconnus de l'économie politique. Attaqué personnellement dans ce livre, il ne put s'empêcher de réagir. Après avoir jeté des critiques acerbes sur ce livre, il s'engagea dans une longue polémique avec Richelot.

C'est en 1851, tandis que Blanqui mettait la dernière main à un ouvrage consacré à l'Exposition universelle de Londres, que Richelot publia sa traduction du *Système national*. Il profita de cette occasion pour laver une première partie de l'affront, en attendant de pouvoir, dans une étude à part, réfuter dans toute leur longueur les erreurs et les contre-vérités de Friedrich List. Dans sa présentation élogieuse de l'Exposition universelle de Londres, Blanqui avait indiqué, à propos de l'Allemagne, qu'elle semblait en bonne voie pour une libéralisation prochaine de son économie. Quelques semaines avant l'envoi à l'imprimeur, il ajouta cette note :

> « L'un des hommes qui ont le plus contribué dans ces derniers temps à arrêter ce mouvement est l'économiste allemand Frédéric List, qui, après avoir puissamment coopéré à la formation du Zollverein, s'est fait depuis, par une inconséquence étrange, le champion le plus intraitable du système restrictif en publiant, sous le titre de *Système national d'économie politique*, un volumineux pamphlet d'une violence extrême, et tout à fait digne des énormités que publient chaque jour en France les défenseurs de certains intérêts manufacturiers privilégiés, qui s'appellent modestement le *Travail national*. Après avoir ainsi promené ses palinodies de livre en livre et de contrée en contrée, List a fini par proposer à l'Angleterre une alliance commerciale avec l'Allemagne, et par se brûler la cervelle sur un grand chemin. C'était un homme d'une imagination ardente, faisant de l'économie politique au jour le jour, comme de la politique ou de la littérature, au gré de ses passions et peut-être de ses besoins. Il avait une haine maladive contre la France et contre les écrivains français, et il n'admirait en France que le blocus continental. » [8]

La vigueur de cette première charge ne faisait que préparer la prochaine. En 1852, Blanqui publia dans le très réputé *Journal des Economistes* un compte-rendu d'une extrême sévérité sur le livre de List. Dans sa notice, il s'avisa également de critiquer le traducteur, Henri Richelot, le présentant tour à tour comme un traître et comme un ignorant. Voici quels sont ses mots :

> « J'éprouve quelque embarras à parler de ce livre : l'auteur est mort, et il a été injuste envers tous les économistes de mon pays. Mais sa rudesse, aussi, me met fort à l'aise, et sa haine du nom français, le fiel qui découle de sa plume maladive, ses bizarreries tout allemandes, ses attaques aussi violentes que peu fondées contre la science économique, qu'il affiche la prétention de refaire, ne permettent pas de passer sous silence ce singulier ouvrage qui semble avoir été traduit avec amour par un complice.
> Nous savons tous, en France, ce qu'était ce bon homme de List : un véritable transfuge, un renégat de la liberté commerciale, comme nous en avons tant vu

---

[8] Adolphe Jérôme Blanqui, *Lettres sur l'exposition universelle de Londres*, Paris, 1851, pp.210-211

depuis quelques années. Quand de tels hommes changent de religion, ils se croient obligés, à l'instar de tous les apostats, de renier violemment leurs anciens dieux.

Nous connaissons bien ces hommes-là aujourd'hui ; nous les trouvons partout, et, pour ma part, je ne perdrai pas une occasion de les démasquer. On les reconnaît toujours à la prétention qu'ils annoncent de refaire la science, en prenant un peu de ceci, un peu de cela ; tout le monde a du bon et du mauvais : cet éclectisme donne un grand air de savoir et d'impartialité. On dîne de l'autel, on soupe au théâtre. Et puis, la vérité n'est-elle pas toujours, selon eux, entre les extrêmes, et le crépuscule n'est-il pas le jour réel de ces régions polaires, où nulle plante utile, nulle fleur parfumée ne saurait arrêter les regards du voyageur !

Frédéric List a trouvé dans M. Henri Richelot un traducteur à la hauteur de ses principes. Tant vaut la préface de l'un, tant vaut celle de l'autre. C'est la même incertitude de doctrine, le même trouble de la conscience : ils sentent bien tous deux qu'ils ne sont pas dans la bonne voie ; pourtant, si j'avais à décider quel est celui des deux qui me paraît le plus sincère, je préférerais l'Allemand, et je crains bien que le traducteur n'ait publié sa traduction qu'en vue de plaire aux astres qui brillaient naguère sur l'horizon républicain, filateurs, maîtres de forges et autres coryphées de cette brillante Assemblée législative qui se pâmait d'admiration devant les discours prohibitionnistes de M. Thiers.

[...] Ce livre fantastique n'est que le produit d'une imagination malade et le fruit amer des rancunes de l'auteur contre l'administration de son pays et contre les économistes du nôtre.

Est-ce assez d'absurdités pareilles ? N'en finirons-nous jamais avec ces invasions, ces inondations, ces ventes à vil prix pour nous ruiner, et toutes ces impertinences que l'école protectionniste fait réimprimer à grand frais, pour défendre les restes d'un système qui meurt et d'un monopole qui s'éteint. Quoi ! Ni cette mémorable Exposition universelle que vous osez citer, ni la télégraphie électrique, ni les chemins de fer, ni les bateaux à vapeur, ni l'industrie imposant la paix aux peuples et aux rois victorieux et battus tour à tour, ni ces émigrations gigantesques, rien ne vous annonce que de nouveaux temps sont passés ! Vous voulez ressusciter M. de Saint-Cricq et M. Syrieys de Mayrinbac ! Vous voulez toujours qu'on nous visite, qu'on nous fouille, qu'on ouvre nos valises, qu'on enfonce nos colis, qu'on fasse payer des droits aux cornes de cerf et aux langues de vipère ! La protection du travail national consistera donc toujours à nous forcer d'acheter nos soupières chez M. le sénateur Lebeuf et nos cotonnades chez M. le sénateur Mimerel ? La patrie serait perdue si nous prenions notre café dans de la faïence anglaise et si nos imprimeurs sur étoffes pouvaient couvrir de leurs gracieux dessins des calicots venus d'Angleterre !

Allons, allons, cet absurde régime va disparaître. Quand on n'a plus, pour le défendre, que de pareils livres et de pareils traducteurs, on peut dire que la comédie est jouée, et que le système touche à sa fin. » [9]

Récemment décédé, Friedrich List se voyait incapable de répondre. Mais Richelot, qui se trouvait doublement attaqué, et sur la doctrine du livre, et sur sa traduction, eut le courage bien breton de réagir. Lui, le débutant en théorie économique, allait répondre avec le même ton dédaigneux et la même hargne, à l'une des gloires contemporaines en économie

---

[9] Adolphe Jérôme Blanqui, « Système national d'économie politique », *Journal des Economistes*, Tome 32, 1852, pp.78-81

politique. Faisant valoir son droit de se défendre, Richelot fit parvenir une lettre au *Journal des Économistes*. Qu'il soit permis de la citer dans sa longueur :

> Monsieur,
>
> Le dernier numéro du *Journal des Économistes* publie sur le *Système national* de Frédéric List et sur son traducteur un article de M. Blanqui, dont j'ai sujet de me plaindre. On peut porter sur le mérite de mes travaux le jugement qu'on voudra ; mais il n'est permis à personne d'en contester la sincérité. Réclamer contre une odieuse accusation, c'est un devoir envers moi-même, et c'est mon droit. Je pourrais me prévaloir de ce droit légal ; mais votre loyauté m'accordera sans doute d'elle-même la faculté de répondre dans le même Recueil où j'ai été attaqué.
>
> Voici les faits : List a écrit dans la préface de son *Système national* que M. Blanqui avait borné son ambition *à délayer J.-B. Say qui lui-même avait délayé Adam Smith*. Cette épigramme a justement blessé votre collaborateur, qui l'exagère du reste en la qualifiant d'*injure brutale* ; et il m'a fait l'honneur de m'adresser à ce sujet, en octobre dernier, une lettre vive. Je me suis empressé de lui répondre poliment. Mes explications, apparemment, ne l'ont pas satisfait ; car, dans ses *Lettres sur l'Exposition de Londres*, qui ont paru peu après, on lit sur Frédéric List une note regrettable et qui dépare le volume. M. Blanqui avait annoncé en outre qu'il publierait un article terrible. Le foudre vengeur était depuis si longtemps suspendu sur ma tête que je n'y pensais plus : il est tombé enfin ; mais, heureusement pour moi, il a raté ; cette fois, quelque maligne influence avait paralysé le bras du Jupiter économique. L'article du *Journal des Économistes* n'est guère qu'une répétition de la lettre et une amplification de la note ; il se distingue néanmoins de l'une et de l'autre par une amertume particulière contre le traducteur.
>
> J'admets le grief de M. Blanqui contre List, bien que je trouve notre pauvre compatriote bien acharné dans sa rancune ; mais je ne puis m'expliquer sa malveillance à mon égard.
>
> M. Blanqui trouve mauvais que j'aie traduit le *Système national*. Étrange reproche en vérité ! singulier libéralisme ! Vous voulez ouvrir notre marché aux laines et aux bestiaux d'Allemagne, et le fermer aux produits de la pensée allemande ! Vous réclamez la concurrence étrangère pour les éleveurs français, et vous n'en voulez pas pour vous-même, économiste français ! Que toutes les barrières tombent ; mais qu'on en élève une nouvelle à votre profit contre la science d'outre-Rhin ; vous suffisez si pleinement, en effet, aux besoins de la consommation française.
>
> M. Blanqui aurait désiré qu'un certain passage de la préface de l'auteur fût omis dans la traduction. « Ce n'est pas ainsi qu'on traduit quand on est Français », m'a-t-il fait l'honneur de m'écrire en octobre dernier. Je ne savais pas que la qualité de Français dispensât un traducteur de l'exactitude et de la fidélité. Le passage dont il s'agit, je l'ai traduit littéralement comme tous les autres ; mais j'en ai décliné la responsabilité par la note suivante : « Mon rôle de traducteur m'impose ici, quoiqu'il m'en coûte, une fidélité scrupuleuse. Le bon sens des lecteurs reconnaîtra aisément ce qu'il y a d'injuste et de passionné dans ces jugements et dans quelques autres. » Ce correctif suffisait, certes ; l'idée ne m'était pas venue un instant qu'un homme d'esprit pût attacher de l'importance à de pareilles misères ; mais il y a des amours-propres maladifs que rien ne satisfait.
>
> Cet ouvrage, dit M. Blanqui, « semble avoir été traduit avec amour par un complice. » Complice de quel crime, s'il vous plaît ? Ce crime, c'est celui de la modération ; on avait inventé sous la Terreur le crime de modérantisme ;

M. Blanqui le ressuscite, et, Fouquier-Tinville du libre échange, il s'engage à le poursuivre de ses réquisitoires impitoyables ; il aura, nous le craignons, comme son prédécesseur, de nombreux procès à instruire.

Mais voici quelque chose de plus fort : « M. Frédéric List, dit M. Blanqui, a trouvé dans M. Henri Richelot un traducteur à la hauteur de ses principes. Tant vaut la préface de l'un, tant vaut la préface de l'autre. C'est la même incertitude de doctrine, le même trouble de la conscience ; ils sentent bien tous deux qu'ils ne sont pas dans la bonne voie ; pourtant, si j'avais à décider quel est celui des deux qui me paraît le plus sincère, je préférerais l'Allemand ; et je crains bien que le traducteur n'ait publié sa traduction qu'en vue de plaire aux astres qui brillaient naguère sur l'horizon républicain, filateurs, maîtres de forge et autres coryphées de cette brillante Assemblée législative qui se pâmait d'admiration devant les discours prohibitionnistes de M. Thiers. »

À de telles insinuations, ma réponse sera facile. N'ayant jamais soutenu d'autres doctrines commerciales que celles que je professe dans ma préface, et ce sont les doctrines qui prévalent dans les grandes administrations du continent, je crois pouvoir être cru quand j'affirme que j'ai fait une œuvre de bonne foi, que ma conscience est parfaitement tranquille, et que j'ai l'intime conviction d'être dans la bonne voie.

Dès 1845, avant que le libre-échange eût arboré son drapeau en France, j'avais eu occasion d'exprimer le cas que je faisais du *Système national*. En mettant ce beau livre à la portée des lecteurs français, j'ai suivi ma propre inspiration ; je n'ai reçu commission de personne : absolument de personne : dans l'accomplissement de cette tâche laborieuse et d'un mince profit, je n'ai été mû, je n'ai été soutenu que par un sentiment élevé d'intérêt public ; et je repousse avec mépris une calomnieuse accusation.

Si M. Blanqui en veut aux morts, à List pour ce que nous savons, à la défunte Assemblée législative pour n'avoir pas goûté ses statistiques, il en veut bien davantage aux vivants, et je suis le préféré de sa colère : « On peut pardonner bien des choses, dit-il, à un esprit aigri par la souffrance et par le malheur ; mais qu'ont donc fait à M. Richelot, heureusement bien portant, les économistes de son pays pour qu'il se soit associé, dans sa préface de traducteur, aux haines et aux bizarreries de cet Allemand nébuleux et atrabilaire? »

Je remercie M. Blanqui de l'intérêt qu'il veut bien prendre à ma santé, et j'aime à croire, de mon côté, que l'émotion que lui a causée la publication du *Système national* n'aura pas altéré la sienne. Quoi qu'il en soit, je n'hésite pas à le reconnaître, les économistes de mon pays, tant les économistes dignes de ce nom, suivant M. Blanqui, c'est-à-dire les libre-échangistes, que les économistes indignes, ne m'ont jamais fait aucun mal ; mais je suis tout aussi innocent à leur égard qu'ils sont irréprochables envers moi, M. Blanqui excepté, bien entendu. Est-ce qu'on nuit aux gens pour n'être pas de leur avis en tout point ? Est-ce qu'on est l'ennemi de ceux dont on combat les doctrines avec courtoisie ? Tous ceux qui liront ma préface la trouveront calme et polie [10] ; tous ceux qui liront mes notes, témoigneront du soin que j'ai mis à rectifier quelques jugements erronés de l'auteur allemand, de mon culte pieux pour la mémoire des fondateurs d'une science que je cultive, quoique indigne. Dans deux de ces notes, j'ai cité M. Blanqui, l'ingrat !

C'est moi qui ai le droit de dire à mon adversaire : Qu'est-ce que je vous ai donc fait pour être en butte aux traits de votre haine ? Qu'est-ce que je vous ai fait pour que vous cherchiez par tous les moyens à dénigrer un honnête

---

[10] Voici qui est un peu fort.

homme ? Ou plutôt comment êtes-vous ennemi de vous-même à ce point de descendre par un tel langage des hauteurs de l'Institut ?

En terminant cette réponse, je ne puis assez m'étonner de la légèreté avec laquelle un professeur parle d'un livre sérieux qu'il ne paraît pas même avoir lu. Que trouve-t-on dans ce compte-rendu ? L'éternelle plaisanterie sur les cornes de cerf et les langues de vipères, qui constitue le fond de la polémique de M. Blanqui depuis vingt-cinq ans ; des invectives contre l'auteur et contre le traducteur : voilà tout, absolument tout. M. Blanqui déclare List prohibitionniste, lorsqu'il n'y a pas dans tout l'ouvrage un seul argument en faveur de la prohibition. À l'en croire, l'auteur du *Système national* serait un homme obscur ; de bonne foi, M. Blanqui aurait-il été piqué au vif par la boutade d'un homme obscur, et conterait-il sa peine à tous les échos, comme ces maris trompés qui font du scandale afin d'apprendre leur mésaventure à tout l'univers ?

Je vous serai obligé, monsieur le Directeur, de vouloir bien insérer la présente lettre dans votre plus prochain numéro, et de recevoir l'assurance de ma parfaite considération.

H. Richelot. [11]

Souhaitant ne plus alimenter cette controverse bien stérile, Blanqui fit paraître une lettre de réponse dans le *Journal des Économistes,* dans laquelle il se disait désolé d'avoir fourni à ce traducteur une célébrité qu'il ne méritait pas, en l'évoquant dans le compte-rendu, et affirma qu'il était de toute évidence impossible de discuter avec des gens qui ne connaissent pas la science dont il est question. Ce fut là une réponse malhonnête, qui n'enlève pas les torts de l'argumentation protectionniste de List et Richelot, mais qui explique, ou plus encore qui justifie et légitimise le relatif silence dans lequel les écrits des économistes libéraux allaient devoir rester, pour quelques décennies encore.

Michel Chevalier, professeur d'économie politique, essaya à la même époque de réfuter la doctrine de List et Richelot en publiant un *Examen du système commercial connu sous le nom de système protecteur,* mais il ne parvint pas, semble-t-il, à empêcher le déferlement de la vague protectionniste. Promoteurs et adversaires du libre-échange paraissaient désormais condamnés à s'ignorer, ne sachant plus s'entendre, ni se comprendre, ni se parler, ni débattre. Ils semblaient désormais faire partie de deux mondes à part.

---

[11] *Journal des Économistes*, Tome 32, 1852, pp.381-383

CHAPITRE 10
« DEUX MONDES À PART »

S'il est une morale de ce livre, déjà toute perceptible avant même l'abord de ce nouveau chapitre, c'est que l'histoire bretonne abonde voire surabonde de ces génies de la pensée désormais oubliés. Coupables d'une injustice, nous avons tous fini par mieux rétribuer Quesnay que Gournay ou que Graslin, et par célébrer davantage Marx ou Proudhon, que le grand homme de bien dont nous parlerons dans ce chapitre.

Cet homme, Charles Beslay, natif de Dinan, mériterait pourtant à bien des égards qu'on considère son parcours avec attention. Par sa vie, déjà, il apporte un témoignage d'une valeur inestimable pour comprendre les grands événements ayant secoué XIXe siècle, ce siècle qui a vu naître et mourir tant de belles espérances, dont nous sommes encore aujourd'hui les esclaves. « Depuis le jour où j'ai été élu député en 1830, écrira notre homme dans ses *Mémoires*, et jusqu'au jour où j'ai prononcé, comme doyen d'âge, le discours d'inauguration de la Commune de Paris en 1871, j'ai toujours pris une part petite ou grande à tous les grands actes de notre histoire. » [1]

En outre, son parcours, en lui-même, est digne du plus grand d'intérêt, car Beslay suivit parfaitement l'évolution même de la France. Étudiant libéral sous la Restauration, proudhonien en 1848, il fut plus tard l'un des premiers membres de la section française de l'Internationale et le doyen d'âge de la Commune de Paris. Ces trois phases, Beslay disait pouvoir les « résumer en trois dates et en trois mots : 1830 – Liberté ; 1848 – République ; 1870 – Socialisme. » [2] Ami personnel de Proudhon, collaborateur de Marx, et figure centrale de la Commune de Paris, Beslay a également joué, dans la partie « socialiste » de sa vie, un rôle d'une rare importance, qui mériterait déjà, à lui seul, cette étude.

Charles Victor Beslay était né à Dinan le 1er juillet 1795. Il appartenait par ses origines à l'une des grandes familles commerçantes dinannaises, et en garda toujours une grande fierté. « Je suis de la Bretagne, lit-on dans ses *Mémoires* ; ma famille est l'une des plus anciennes de Dinan, dans le département des Côtes-du-Nord. » [3] Son père, Charles Hélène Bernardin Beslay, né dans la même ville en 1768, était étudiant à Rennes lorsque se déclencha la Révolution. Négociant à Dinan, il fut également membre des assemblées parlementaires, et légua à son fils un double goût pour la politique et pour le commerce, ainsi que sa propre affaire. Comme homme

---

[1] Charles Beslay, *Mes Souvenirs, 1830-1848-1870*, Slatkine Reprints, 1979, p.5
[2] *Ibid.*, p.11
[3] *Ibid.*, pp.25-26

politique, il s'était fait remarqué pour ses grandes qualités et son dévouement pour le bien public. Un jour, il soumit un rapport sur l'approvisionnement en subsistances de la France ; Benjamin Constant lui écrivit : « Votre rapport est l'un des meilleurs, des plus lumineux, des plus admirables rapports qui aient été présentés à la Chambre », avant d'appeler cet homme « son étoile polaire en fait de finances. » [4]

En tant que commerçant, le père de Charles Beslay tenait une affaire d'envergure. « La maison de mon père, dira Charles Beslay, l'une des plus importantes des Côtes-du-Nord, faisait à Dinan des affaires considérables ; c'était un de ces établissements comme il y en avait dans le gros négoce d'autrefois, où venait se centraliser l'activité commerciale de la ville et du pays environnant. On y faisait à peu près tout ce qui pouvait intéresser le commerce et le crédit : les affaires de Banque, l'exportation des produits du pays, l'importation des marchandises étrangères, les entreprises de travaux publics ; et au milieu de ce courant d'opérations variées, deux entreprises spéciales, une manufacture de cuirs et un commerce de vins de gros. » [5] Ces deux activités, néanmoins, furent arrêtées, lorsque ceux qu'on appelait les *rats de cave*, c'est-à-dire les fonctionnaires chargés de la réglementation et des contrôles, se firent si intrusifs qu'ils empêchaient les producteurs d'exercer leur profession dignement, c'est-à-dire librement. Le père de Charles Beslay préféra stopper ces activités plutôt que de subir cet affront.

Après ses études, le fils, Charles Beslay, commença naturellement dans le commerce, et auprès de son père. Il avait effectué ses premières études à Dinan, sa ville natale, et partit s'établir à Paris en 1810 pour entrer au Lycée Napoléon. Charles voulut y être sérieux, mais il s'aperçut bien vite que les études lui apportaient peu, et qu'un lycée n'était pas ou n'était plus un lieu de savoir. Commentant ainsi la fin de sa période d'études, il écrira cette phrase lumineuse : « Le temps de l'instruction était passé, celui de la vie sérieuse allait commencer. » [6] Les affaires sérieuses, pour Charles Beslay, c'étaient les affaires commerciales. Il travailla dans la maison de commerce de son père, qui, de par ses activités politiques, abandonnait fréquemment son affaire ; son fils la gérait alors lui-même.

Il y prit goût immédiatement. « Le commerce attire par des séductions puissantes, et quand une fois il a récompensé vos calculs par un gain rémunérateur, il finit par vous enchaîner par des liens invisibles » notera-t-il dans ses *Mémoires*. [7] Il écrira en outre, racontant cette expérience de jeune homme : « Je m'appliquais avec une ardeur extrême aux affaires qui m'étaient recommandées par mon père, et je recevais d'ailleurs de lui tous les encouragements que je pouvais désirer. À cette époque plus encore qu'aujourd'hui, l'Angleterre passait pour être la grande école du com-

---

[4] *Ibid.*, p.31 ; *Ibid.*, p.32
[5] *Ibid.*, p.39
[6] *Ibid.*
[7] *Ibid.*, p.2

merce. Mon père, pour me former à cet enseignement, reconnu comme indispensable, me fit faire un long voyage à Jersey, Guernesey, et dans toutes les provinces d'Angleterre, en m'appliquant surtout à bien observer les besoins commerciaux du littoral, qui avait pour notre maison un intérêt tout particulier. Mon père se montra satisfait de mon zèle, et pour me témoigner son contentement, il me donna une part dans ses bénéfices. Cet encouragement doubla mon ardeur, et bientôt la maison fut laissée à ma direction pleine et entière. » [8]

Ce fut une formation très stimulante, qui aura une importance considérable pour la suite de sa carrière, et qui explique notamment ses prises de position ultérieures vis-à-vis de Proudhon ou de Marx. Cette formation lui fera aussi mieux connaître et mieux aimer les grandes passions de sa vie : les questions économiques et la Bretagne.

Les affaires commerciales de son père, en plus de le former en tant que futur économiste, le firent en effet voyager à travers toute la Bretagne, et l'attachèrent de manière inaltérable à sa région. « Depuis 1814, notera-t-il, tout en suivant les affaires de mon père, j'avais observé et analysé une à une toutes les conditions du travail ; j'avais de plus, depuis sept à huit ans, parcouru tous les marchés, toutes les régions de mon pays breton, j'en connaissais les ressources et les produits : matières premières, main-d'œuvre et transports ; ces trois éléments de toute entreprise de travaux publics avaient été approfondis par moi sur tous les points des cinq départements de la Bretagne. » [9]

Ce fut, selon ses dires, une jeunesse heureuse. « C'était pour moi un beau début dans la vie, écrira-t-il. Je me trouvais à vingt-cinq ans à la tête d'une des premières maisons des Côtes-du-Nord, avec un chiffre d'affaires qui allait croissant d'année en année, et avec la renommée que mon père avait su lui conquérir par sa vie privée et sa vie publique. » [10]

C'est dans la vie publique, aussi, que Beslay se jeta. Intéressé par la politique, il eut l'idée, comme son père avant lui, de se présenter aux élections pour la Chambre. À l'époque, il était encore loin des idées socialistes qu'il défendra avec ardeur dans la seconde moitié de sa vie. Pour sa candidature à Pontrieux, Beslay se présentait encore comme un libéral. « J'ai appartenu dès ma première jeunesse à la cause de la liberté » confessera-t-il clairement dans ses *Mémoires*. [11] Comme pour excuser les premières inclinaisons politiques de sa carrière, il fera remarquer à quel point la Bretagne était acquise à cette époque aux idées de liberté — liberté politique, liberté religieuse, liberté économique. « Sur certains points de notre vieille Armorique, le libéralisme avait un caractère très accentué, et notamment à Pontrieux. [...] La Bretagne est d'ailleurs l'ennemie née des pouvoirs violents ;

---

[8] *Ibid.*, p.75
[9] *Ibid.*, pp.77-78
[10] *Ibid.*, p.76
[11] *Ibid.*, p.11

il n'est pas un pays où la haine de l'oppression soit plus vigoureusement sentie. » [12]

Très en phase avec les idées bretonnes en matière de politique et d'économie, Beslay ne pouvait donc que l'emporter, d'autant que son adversaire, un royaliste, ne soutenait avec force que de vieilles chimères rejetées par le peuple. Cet adversaire était le vicomte de Saisy. « Il parlait du roi, se souviendra Beslay, de la religion, de la noblesse, de tout ce qui constituait alors l'édifice de la politique, telle que la comprenaient les royalistes. Moi je parlais de liberté, d'impôts, de travaux publics, d'instruction. » [13] Il fut élu en 1831 et resta à la Chambre des députés jusqu'en 1837.

Il arriva donc à Paris au tout début de cette décennie 1830 qui fut si révolutionnaire pour la France. « À peine arrivé à Paris, je vis s'ouvrir devant moi de plus larges perspectives. Cette période de 1830 est vraiment intéressante à étudier. On y trouve tous les fermes de toutes les grandes choses qui se sont accomplies dès lors. C'était le moment où l'on commençait à se passionner pour les chemins de fer. L'initiative privée se montrait sur ce point capital plus intelligente et plus hardie que le gouvernement, qui affectait, par l'organe de M. Thiers, d'être hostile à l'établissement des grandes lignes. C'était également l'origine de la mécanique industrielle, et les machines à vapeur, encore rudimentaires, étaient l'objet d'études et de perfectionnement nombreux. » [14]

Ses idées économiques évolueront beaucoup au cours de ces six années de députation, le faisant passer du libéralisme au socialisme, ce qui n'est pas une démarche habituelle, et préparant ses affiliations futures. Se souvenant de cette période, Beslay n'admettra lui aucune évolution. « J'étais en 1834 ce que je fus en 1848 et ce que je suis aujourd'hui, l'homme tout rempli d'une sympathie ardente pour le travailleur et tout pénétré du désir d'améliorer son sort. » [15] Nous verrons pourtant que dans le Beslay proudhonien de 1848, ou dans le Beslay communard de 1871, il n'y aura plus beaucoup de ressemblance avec le jeune député libéral.

S'il est une chose qui ne changea pas, néanmoins, c'est son affection pour sa Bretagne natale. « À toutes les périodes de ma vie, écrivit-il, le souvenir de la Bretagne se lie intimement aux miens. Comme citoyen, c'est au milieu de ses populations loyales que j'ai commencé ma longue et laborieuse carrière ; comme électeur, c'est chez elle, en luttant contre l'influence de la noblesse et du clergé, que j'ai appris les devoirs de la vie politique ; comme conseiller général, ce sont ses intérêts que j'ai défendus dans le conseil général du Morbihan ; comme député et comme représentant en 1848, c'est elle qui m'a élu sous Louis-Philippe et sous la République, pour soutenir la cause impérissable de la liberté. » [16]

---

[12] *Ibid.*, p.101 ; *Ibid.*, p.17
[13] *Ibid.*, p.102
[14] *Ibid.*, p.140
[15] *Ibid.*, p.142
[16] *Ibid.*, p.15

En 1848, en effet, Charles Beslay fut élu à l'Assemblée Constituante. Il siégea à gauche, mais s'avisa fréquemment de voter avec le bord adverse. Ainsi votera-t-il contre l'impôt progressif, proposé par les socialistes, contre le « droit au travail », autre proposition socialiste, et pour l'abolition des impôts sur le sel et sur les boissons, proposition venue de parlementaires de droite. Ce drôle de comportement électoral pour un socialiste a fait dire au général Cavaignac que Beslay était un « républicain modéré, et d'opinion incertaine sur la plupart des questions, qui vota plus souvent avec la droite qu'avec la gauche ». [17] À l'époque, Beslay était en réalité loin du socialisme. « Jusqu'aux journées de juin 1848, écrira Eric Cavaterra, le parcours de Beslay est d'un grand classicisme : celui d'un bourgeois libéral, républicain "tiède", plus que jamais attaché au maintien de l'ordre et de la propriété. » [18]

Ce comportement d'aversion face au socialisme radical, qui se développait alors, s'illustre parfaitement dans le récit de sa rencontre avec Proudhon. C'est à partir de cet événement, aussi, que ce comportement ira déclinant. Cette histoire est intéressante à connaître, et plus encore à raconter. Charles Beslay y consacre une belle page de ses *Mémoires*.

> « En sortant un jour du ministère des finances, par une pluie battante, j'aperçois M. Proudhon qui attendait à la porte la fin de l'averse. Il n'avait pas de parapluie et j'avais le mien. C'était l'heure de l'ouverture de la Chambre. »

Cette situation cocasse fut la cause de plus que d'un échange d'amabilité entre les deux hommes. Beslay offrit son parapluie, ainsi qu'un sourire. Proudhon demanda :

> « Vous ne vous occupez probablement pas de questions de banques et de crédit ? Ces questions-là sont si négligées chez nous.
> — Au contraire, ce sont celles qui m'intéressent le plus. J'ai passé ma vie dans les affaires, et les questions de finance, de crédit et de banque m'ont toujours sérieusement préoccupé.
> — Eh bien, que pensez-vous de ma Banque du peuple ?
> — Vous me permettez, mon cher collègue, d'être sincère ? Je suis breton, et je ne dis que ce que je pense. J'ai lu très attentivement les statuts de votre Banque du peuple, et pour moi, elle n'est pas née viable. » [19]

Attaqué dans son for intérieur, Proudhon se missionna de convaincre Beslay de son erreur, et ils dînèrent ensemble dès le lendemain. Sans que le Breton se soit rangé à toutes les positions de Proudhon, il montra à ce dernier qu'il était un homme compétent et un socialiste sincère. Ce fut le début d'une amitié qui ne s'acheva qu'avec la mort de Proudhon.

---

[17] Cité par Eric Cavaterra, *La Banque de France et la Commune de Paris (1871)*, Paris, L'Harmattan, 1998, p.77
[18] *Ibid.*, p.78
[19] Charles Beslay, *Mes Souvenirs, 1830-1848-1870*, Slatkine Reprints, 1979, pp.202-204

La correspondance entre les deux hommes fut particulièrement abondante. « Notre correspondance a été des plus suivies, affirmera Beslay. J'ai plus de deux cents lettres de lui sur tous les sujets. » [20] Cette correspondance permet de mesurer correctement le rôle joué par Beslay à ses côtés, et c'est elle qu'il nous faut mobiliser pour le décrire.

La relation Proudhon-Beslay fut d'abord une relation de travail. Dans la *Correspondance* de Proudhon, innombrables sont les occurrences de propositions de recherches : Proudhon demande constamment à Beslay des rapports sur certains faits économiques, pour compléter ses propres livres. Ce dernier s'exécuta toujours avec un grand dévouement, abattant un travail considérable pour servir son ami. Mais cette relation fut aussi, elle fut presque surtout amicale. « Lorsque je me rencontre avec vous, avouera même Proudhon, nous causons de tant de choses que j'oublie toujours les affaires sérieuses. » [21]

Au fur et à mesure des années, les deux hommes se lièrent d'une profonde amitié, et unirent leur destin sur le plan de la tactique politique et des théories économiques. Au cours des années 1850, Beslay devint le principal correspondant de Proudhon. Leur échange de lettres couvre la majorité des volumes de la *Correspondance* de Proudhon de cette période (voir surtout le 8e volume, de la *Correspondance* parue à Paris, chez Lacroix, en 1875). « Aujourd'hui, je respire un instant ; c'est pour vous écrire » dira Proudhon en 1851. [22] Avant de lâcher cette phrase illustratrice de leur volonté de collaborer, mais aussi de leurs divergences encore sensibles d'idées économiques et politiques : « Ne faites rien sans mon avis. » [23] Proudhon ne faisait-il donc pas confiance à cet ancien libéral convaincu ?

Dans les dernières années de la vie de Proudhon, la relation avec Beslay dépassa le simple cadre de l'affectif et de l'amitié. L'un et l'autre s'étendirent alors dans leurs lettres sur leurs problèmes de famille, sur leurs tracas quotidiens. Le vieux Proudhon y prouvera aussi sa grande intelligence, quand il s'attardera longuement à signaler les mérites du fils de Beslay, qu'il côtoyait. « Votre fils est né pour commander aux autres », écrivit-il à ce père fier et ambitieux pour les siens qu'était Charles Beslay. [24] Et il ajouta même : « Vous pouvez compter que votre fils a désormais en moi un admirateur sincère, dévoué à sa personne et à son avenir, et qui à l'occasion le lui prouvera. » [25]

De par sa rencontre avec Proudhon, Beslay consolida en tout cas dans son esprit ses idées économiques socialistes, sur les questions bancaires, sur la propriété, ou sur les rapports entre le capital et le travail. En ce qui concerne cette dernière question, il aura cette formule qui résume parfai-

---

[20] *Ibid.*, p.213
[21] *Correspondance de P.-J. Proudhon*, Volume 7, p.161
[22] *Ibid.*, Volume 14, p.83
[23] *Ibid.*, p.88
[24] *Ibid.*, Volume 10, p.311
[25] *Ibid.*, p.312

tement son opinion : « Les travailleurs et les capitalistes paraissent appartenir à deux mondes à part. » [26] Si nous l'avons utilisé pour intituler ce chapitre, c'est qu'elle donne la juste mesure de l'engagement de cette frange de socialistes dont Beslay faisait partie, et qui eut une grande influence sur la politique française du XIXe siècle, et jusqu'à aujourd'hui. Floués par l'apparence des phénomènes, Beslay et les autres faisaient remonter à du « paraître » (le « *paraissent appartenir* » est typique) la justification de leurs théories. Or, s'ils *paraissaient appartenir* à deux mondes à part, travailleurs et capitalistes avaient pourtant un intérêt commun au progrès économique de la société. En produisant en plus grande quantité, en meilleure qualité, et à meilleur marché, capitalistes et travailleurs gagnaient également : le prix des subsistances diminuait, de nouveaux produits anciennement réservés à une élite remplissaient les tables ouvrières ; bref, les capitalistes ne pouvaient s'enrichir sans contribuer, même involontairement, au bien-être des masses laborieuses, et celles-ci ne pouvaient voir leur sort s'améliorer sans contribuer à l'enrichissement des capitalistes. Liées par leurs intérêts, les deux classes devaient voir le progrès économique comme la solution, et se convaincre que, véritablement, le capitalisme enrichit chacun, tout comme la marée, dans les ports bretons, soulève tous les bateaux. Mais Beslay était convaincu de cette opposition fondamentale, et il n'en changea jamais.

Autre conviction majeure chez Beslay était la supériorité des réformes sur les projets de révolution. Cette idée s'enracina sans doute encore davantage dans son esprit après sa rencontre avec Proudhon et son affiliation à sa cause. Proudhon avait été le grand adversaire du socialisme révolutionnaire, et s'était montré très clair sur les dangers de cette démarche, dont le marxisme, et Marx lui-même, feront un point central.

C'est dans une lettre de Proudhon à Marx qu'on retrouve l'énonciation de cette opposition à l'idée de révolution. Cette lettre résume tellement ce que furent les arguments de Proudhon, et de Beslay après lui, contre Marx et les marxistes ; elle aussi tellement prophétique des abus et des déboires du marxisme-léninisme, qu'il est à espérer qu'on nous pardonnera de vouloir la citer longuement. Cette lettre fait suite à une lettre de Marx à Proudhon, invitant ce dernier à se joindre à un projet de correspondance à travers les différents grands socialistes européens de l'époque.

> À M. Marx,
> Mon cher Monsieur Marx, je consens volontiers à devenir l'un des aboutissants de votre correspondance, dont le but et l'organisation me semblent devoir être très utiles. Je ne vous promets pas pourtant de vous écrire ni beaucoup ni souvent ; mes occupations de toute nature, jointes à une paresse naturelle, ne me permettent pas ces efforts épistolaires. Je prendrai aussi la liberté de faire quelques réserves, qui me sont suggérées par divers passages de votre lettre.

---

[26] Charles Beslay, *Mes Souvenirs, 1830-1848-1870*, Slatkine Reprints, 1979, p.12

> D'abord, quoique mes idées en fait d'organisation et de réalisation soient en ce moment tout à fait arrêtées, au moins pour ce qui regarde les principes, je crois qu'il est de mon devoir, qu'il est du devoir de tout socialiste, de conserver pour quelque temps encore la forme antique ou dubitative ; en un mot, je fais profession avec le public, d'un anti-dogmatisme économique, presque absolu.
>
> Cherchons ensemble, si vous voulez, les lois de la société, le mode dont ces lois se réalisent, le progrès suivant lequel nous parvenons à les découvrir ; mais, pour Dieu ! après avoir démoli tous les dogmatismes *a priori*, ne songeons point à notre tour, à endoctriner le peuple ; ne tombons pas dans la contradiction de votre compatriote Martin Luther, qui, après avoir renversé la théologie catholique, se mit aussitôt à grands renforts d'excommunications et d'anathèmes, à fonder une théologie protestante. Depuis trois siècles, l'Allemagne n'est occupée que de détruire le replâtrage de M. Luther ; ne taillons pas au genre humain une nouvelle besogne par de nouveaux gâchis. J'applaudis de tout mon cœur à votre pensée de produire un jour toutes les opinions ; faisons-nous une bonne et loyale polémique ; donnons au monde l'exemple d'une tolérance savante et prévoyante, mais, parce que nous sommes à la tête du mouvement, ne nous faisons pas les chefs d'une nouvelle intolérance, ne nous posons pas en apôtres d'une nouvelle religion ; cette religion fût-elle la religion de la logique, la religion de la raison. Accueillons, encourageons toutes les protestations ; flétrissons toutes les exclusions, tous les mysticismes ; ne regardons jamais une question comme épuisée, et quand nous aurons usé jusqu'à notre dernier argument, recommençons s'il faut, avec l'éloquence et l'ironie. À cette condition, j'entrerai avec plaisir dans votre association, sinon, non !
>
> J'ai aussi à vous faire quelque observation sur ce mot de votre lettre : *Au moment de l'action*. Peut-être conservez-vous encore l'opinion qu'aucune réforme n'est actuellement possible sans un coup de main, sans ce qu'on appelait jadis une révolution, et qui n'est tout bonnement qu'une secousse. Cette opinion, que je conçois, que j'excuse, que je discuterais volontiers, l'ayant moi-même longuement partagée, je vous avoue que mes dernières études m'en ont fait complètement revenir. Je crois que nous n'avons pas besoin de cela pour réussir ; et qu'en conséquence, nous ne devons point poser l'action révolutionnaire comme moyen de réforme sociale, parce que ce prétendu moyen serait tout simplement un appel à la force, à l'arbitraire, bref, une contradiction. Je me pose ainsi le problème : faire rentrer dans la société, par une combinaison économique, les richesses qui sont sorties de la société par une autre combinaison économique. En autres termes, tourner en Économie politique, la théorie de la Propriété, contre la Propriété, de manière à engendrer ce que vous autres socialistes allemands appelez communauté, et que je me bornerai pour le moment à appeler liberté, égalité. Or, je crois savoir le moyen de résoudre, à court délai, ce problème : je préfère donc faire brûler la Propriété à petit feu, plutôt que de lui donner une nouvelle force, en faisant une Saint-Barthélemy des propriétaires. » [27]

Les avertissements de Proudhon furent en effet prophétiques, et il n'est pas besoin de tourner les regards aussi loin que la Révolution russe pour l'observer. Dès les années 1860, Beslay eut l'occasion de sentir toute la justesse des propos de son maître et ami, qui allait bientôt lui transmettre la charge de défendre ses idées. « Remplaçons les révolutions par des réformes » entonnait à son tour Beslay. [28] La suite des évènements allait lui

---

[27] *Correspondance de P.-J. Proudhon*, Volume 2, pp.198-200

donner de nombreuses occasions de défendre cette position tempérée, contre la fougue dangereuse des « saint-barthélémistes ».

En septembre 1864, à Londres, fut fondée l'Association Internationale des Travailleurs, réunissant les différents courants socialistes européens. Karl Marx en rédigea les statuts. Proudhon, dont la santé était déclinante (il allait mourir l'année suivante), ne put participer à cette « Première Internationale », mais il fut représenté par de nombreux disciples dévoués, dont Beslay, qui fut un des fondateurs. Les proudhoniens, même majoritaires parmi les membres français, ne le furent jamais dans l'association entière. Les anarchistes, derrière Bakounine, et les marxistes, derrière Marx, tenaient la dragée haute aux proudhoniens. [29]

Sceptiques face au marxisme, Beslay et les proudhoniens étaient surtout adversaires des socialistes étatistes, qui, comme Louis Blanc en son temps, voulaient qu'un État omnipotent et centralisateur soit chargé d'administrer toute l'économie. Le marxisme, parce qu'il prenait parfois ces formes étatistes, les inquiétait aussi. Au cours des différentes réunions de cette Première Internationale, Beslay tâcha de faire pencher les débats dans le sens du mutualisme prôné par son ami, et contre l'étatisme et le collectivisme. Sans doute n'avait-il pas tout à fait oublié son ancien combat pour la liberté.

Au sein de cette Première Internationale, Beslay eut régulièrement voix au chapitre, mais au bout de quelques années, c'est la lutte entre Bakounine et Marx qui finira par faire exploser ce premier essai de mouvement ouvrier européen. L'animosité était très palpable dans la correspondance des deux. Marx écrivit à Engels : « Ce russe, cela est clair, veut devenir le dictateur du mouvement ouvrier européen. Qu'il prenne garde à lui, sinon il sera excommunié. » [30] Trois mois plus tard, Bakounine avait des mots encore plus durs : « Il pourrait arriver et même dans un très bref délai, que j'engageasse une lutte avec Marx. Alors, ce sera une lutte à mort. » [31] La Première Internationale explosa.

En 1870, à 75 ans, Beslay voulut s'engager pour la guerre franco-prussienne. Il fut refusé, à cause de son âge. Qu'à cela ne tienne, c'est en France qu'il mènera le combat, lors de l'avènement de la Commune de Paris. Dès le 5 septembre 1870, le lendemain de la proclamation de la République après la défaite de Sedan, il se joint à plusieurs socialistes pour préparer une insurrection. [32] Le 26 mars 1871, il fut élu au Conseil général de la Commune de Paris. Le 1er avril s'ouvrit la première séance du nouveau Conseil municipal. Les élus arrivèrent à l'Hôtel de Ville de Paris. Personne

---

[28] Charles Beslay, *Mes Souvenirs, 1830-1848-1870*, Slatkine Reprints, 1979, p.23
[29] Jacques Julliard, *Les Gauches françaises : 1762-2012. Histoire et Politique*, Flammarion, 2012, p.204
[30] Lettre du 27 juillet 1869 de Marx à Friedrich Engels
[31] Lettre du 28 octobre 1869 de Bakounine à Herzen
[32] Michel Gordillot, *Aux origines du socialisme moderne : la Première Internationale, la Commune de Paris, l'Exil*, éditions de l'Atelier, 2010, p.93

n'ayant préparé leur arrivée, la salle qu'ils imaginaient investir pour conduire leur première grande réunion était fermée à clé. On fit venir un serrurier, dans un grand désordre. La salle fut ouverte. Charles Beslay, le doyen d'âge des élus, ouvrit les discussions en tant que président. On le nomma en outre administrateur de la Banque de France.

Ce dernier fait est celui qu'il faut retenir. C'est en tant qu'administrateur de la Banque de France qu'il méritera le respect. Pendant les agitations de la Commune, cette institution importante qu'était la Banque de France resta intacte, et d'ailleurs inattaquée. Elle aurait pu être pillée, ou nationalisée ; ce ne fut pas le cas. Dans cette affaire, Charles Beslay joua un rôle de premier plan, et empêcha la Commune de devenir un mouvement décidément spoliateur. Cette action, Beslay l'avoua dans une lettre publiée dans le *Figaro* du 13 mars 1873 : « Je suis allé à la Banque avec l'intention de la mettre à l'abri de toute violence du parti exagéré de la Commune ». [33]

C'était d'ailleurs sur ce terrain qu'il essaya de faire porter sa voix : la Commune n'était pas, elle ne devait pas être un instrument de la spoliation. Tandis que certains de ses collègues réclamaient, comme diraient Marx, « l'expropriation des expropriateurs », c'est-à-dire la spoliation par la loi, Beslay resta attaché au respect de la propriété. « Le système de la Commune et le mien se traduisent par ce mot sacré : respect de la propriété, jusqu'à sa transformation. Le système du citoyen Lissagaray aboutit à ce mot répulsif : spoliation. » [34]

Pour servir cet objectif de protection de la propriété, Beslay agit ainsi, d'abord en cachette puis au grand jour, pour éviter que la Banque de France ne soit perquisitionnée et pillée. Il combattit pour qu'elle puisse rester une institution à part, indépendante et stable ; il refusa d'en faire un instrument politique. Il arrivera d'ailleurs, petit à petit, à convaincre ses collègues, et rien ne sera fait à la Banque de France.

Les pertes pour les déposants, il faut le dire, auraient été considérables, et un document de l'époque, intitulé *Hypothèse de l'envahissement, pillage ou incendie de la Banque de France par la Commune révolutionnaire*, précisa bien les différents motifs d'inquiétude. Beslay essaya de convaincre ses amis en leur expliquant qu'une attaque contre la Banque de France minerait toute la confiance, et que c'est justement la confiance qui maintient le système debout. « Une banque doit être envisagée sous un double aspect, expliquera-t-il sereinement. Si elle se présente à nous sous son côté matériel par ses espèces et ses billets, elle s'impose aussi par un côté moral qui est la confiance. Enlevez la confiance, et le billet de banque n'est plus qu'un assignat. » [35]

Beslay parvint à convaincre ses camarades : ils ne firent rien à la Banque de France. Elle n'imprima pas abusivement du papier monnaie comme les

---

[33] André Németh, *La Commune de Paris*, L'Harmattan, 2011, p.118
[34] Charles Beslay, *La vérité sur la Commune*, Bruxelles, Kistemaeckers, 1877, p.107
[35] *Ibid.*, p. 83

Assignats sous la Révolution française, et ne spolia pas davantage les épargnants. Mais après coup, ses accompagnants d'armes lui firent porter la responsabilité de leurs échecs.

Karl Marx, qui avait d'abord refusé de soutenir la Commune de Paris, mouvement qui ne répondait pas à ses exigences, profita pour accuser Beslay d'avoir été myope devant les nécessités du mouvement. « Outre qu'elle fut simplement le soulèvement d'une ville dans des circonstances exceptionnelles, écrira Marx, la majorité de la Commune n'était nullement socialiste et ne pouvait l'être. Avec un tout petit peu de bon sens, elle eût cependant pu obtenir de Versailles un compromis favorable à toute la masse du peuple — seul objectif réalisable à l'époque. À elle seule, la réquisition de la Banque de France eût mis un terme aux rodomontades versaillaises. » [36] Voilà Beslay clairement accusé.

Marx ne fut pas le seul à avoir peu de considérations pour Beslay : tous les socialistes lui reprochèrent son inaction. Lissagaray exprima la critique la plus acerbe, et fit valoir notamment que Beslay avait servi les intérêts de l'adversaire, et que « la forteresse capitaliste n'avait pas à Versailles de défenseurs plus acharnés ». [37] Jacques Rougerie le décrira comme un traître ; Bruhat, Dautry et Tresen le présenteront comme un « vieillard hésitant, empêtré de scrupules juridiques » [38] et Georges Bourgin dira aussi de lui qu'il était « obsédé par un complexe de probité, figé, en quelque sorte, dans un respect de petites gens à l'égard de la Banque. » [39]

S'il fut accusé d'être un traître, ce n'est pas seulement parce qu'il protégea la Banque de France : après l'échec de la Commune, il s'était enfui en Suisse, avec l'aide du gouvernement français. Avant de mourir à Neuchatel le 30 mars 1878, Beslay avait écrit vivement : « Ma foi ne changera jamais : je suis et je mourrai socialiste » [40], mais ses anciens camarades ne l'entendirent pas ainsi.

Quel que soit leur jugement, il reste devant nous un homme dont les convictions guidèrent toujours les pas, et qui refusa la folie de la collectivisation, de la spoliation, et de l'étatisme. Breton et commerçant tout à la fois, il vit toujours d'un œil sceptique les idéaux de ses camarades, bien qu'il embrassa vivement la cause socialiste.

Grâce à Beslay, la Commune fut plus proudhonienne que marxiste et plus réformiste que révolutionnaire, n'en déplaise à quelques blanquistes qui y furent mêlés. Grâce à lui, surtout, la France évita un nouvel épisode de spoliation généralisée, de folie monétaire, telle que la Révolution française avait en son temps, et en partant de nobles principes également, très rapidement abouti. Par leurs origines et leur tempérament, Beslay et les

---

[36] Karl Marx, lettre à Nieuwenhuis, 22 février 1881
[37] Cité par P. Richer, *Charles Beslay : le bourgeois de la Commune, 1795-1878*, Dittmar, 2004, p.312
[38] J. Bruhat, J. Dautry & E. Tresen, *La Commune de 1871*, Paris, Éditions Sociales, 1970, p.223
[39] Cité dans « La Commune de Paris face à la Banque de France », *Le Monde Libertaire*, n°1705, 9-15 mai 2013
[40] Charles Beslay, *Mes Souvenirs, 1830-1848-1870*, Slatkine Reprints, 1979, p.19

socialistes qui conduisirent la Commune de Paris au désastre, comme plus tard le communisme au désastre, et le socialisme au désastre, faisaient partie de deux mondes à part. Par ses origines, Beslay était différent d'eux ; il évita leurs erreurs, il les anticipa même. Il ne fut jamais pardonné d'avoir été clairvoyant.

CHAPITRE 11
LA DERNIÈRE CHANCE

En s'enfonçant dans le cœur historique de la ville de Dinan, le visiteur attentif peut observer, au vingtième numéro de la grande rue, une plaque discrète sur laquelle on lit : « Ici est né Yves Guyot, 1843-1928, Économiste, journaliste, ministre des travaux publics. » Devant cette plaque, les passants curieux ne s'arrêtent plus, et si vous interpelez l'un d'eux, en demandant s'il connaît M. Yves Guyot, il y a toutes les chances pour que, même arrêté en face de la maison natale du grand économiste breton, il vous réponde, un peu désemparé : « Yves comment ? »

Cet inconnu est né le 6 septembre 1843 à Dinan dans les Côtes-du-Nord. Son père, Prosper Guyot, était avocat au barreau de Rennes. Son grand-père, père de Prosper Guyot, également avocat, était entré au barreau de Rennes l'année même où éclata la Révolution française, et fut le secrétaire de Le Chapelier, l'homme qui présida, comme on l'a rappelé, la célèbre séance du 4 août. Son autre grand-père, Yves-Julien Guyot, était un homme très au courant des développements littéraires de son temps, y compris dans la jeune science de l'économie politique. Dans sa vaste bibliothèque, dans laquelle le jeune Guyot puisa abondamment, on pouvait trouver, au milieu des volumes des philosophes comme Voltaire, Montesquieu, Diderot, ou d'Alembert, les écrits économiques du marquis de Mirabeau, de François Quesnay, d'Adam Smith, et de Jean-Baptiste Say.

Yves Guyot fit son éducation au lycée de Rennes. À treize ans, il affirmait vouloir devenir marin. Il abandonna néanmoins vite ce souhait, et continua ses études, jusqu'au baccalauréat. Sa famille lui recommanda de se préparer au métier d'avocat, à Rennes, pour continuer ainsi la vieille tradition familiale. Guyot avait d'autres goûts. Il préféra le journalisme, et partit s'établir à Paris. « Va donc et fais ce que tu veux, lui dira son père ; mais ce que tu auras décidé, poursuis-le en vrai Breton ! » [1] Arrivé à Paris, Guyot n'entra pas d'abord comme journaliste, mais intégra la Société de Navigation aérienne, d'abord comme simple membre, puis comme secrétaire. En 1865, il acheva l'écriture de son premier livre, sur Denis Diderot, livre qui restera inédit. Un de ses amis ayant écrit un ouvrage sur le même sujet, Guyot ne souhaita pas lui faire concurrence.

L'Inventeur fut sa première publication, et elle est glorieuse. Ce gros volume de cinq cents pages est au premier abord un livre des plus curieux. Guyot y évoque l'inventeur et son activité, et étudie les différentes barrières qui s'élèvent devant lui, et les aides qu'il reçoit. Il cherche à répondre

---
[1] *Journal des économistes*, 87e année, 15 mars 1928, p.295

à de nombreuses questions, certaines tout à fait économiques, certaines en revanche plus curieuses. Citons-en quelques-unes : De quelle utilité est l'inventeur pour la société ? Quelles sont les caractéristiques psychologiques de l'inventeur ? Quelle influence a sa famille, et en particulier sa femme, pour son activité ? Les religions sont-elles des barrières à l'invention ? Faut-il avoir voyagé en Angleterre pour devenir un inventeur ? Faut-il être jeune ou vieux pour inventer ? D'autres sont très économiques : La propriété intellectuelle aide-t-elle ou limite-t-elle les inventions ? Les fruits d'une invention doivent-ils être taxés ? L'État doit-il aider les inventeurs à appliquer leurs inventions ? Faut-il se constituer en sociétés pour exploiter une invention ? Les inventions améliorent-elles le sort des masses ?

Pour appuyer ses raisonnements, qui sont plus d'une fois tout à fait lumineux, Guyot citait dans son livre plusieurs économistes. Le plus mobilisé était Frédéric Bastiat. Comme Bastiat et comme Molinari, Guyot concluait par une belle défense de la liberté du travail, et du rôle de l'entrepreneur-innovateur dans une économie de marché.

> « Pour l'homme qui est la cause de pareils effets, nous ne demandons ni privilèges, ni protection ; nous demandons pour lui le droit commun, nous demandons la propriété de son œuvre, sa liberté d'action ; et pour que quiconque a du génie puisse arriver à doter le monde des résultats qu'il est capable de produire, nous combattons toutes les entraves que mettent au développement individuel et la routine, et les préjugés du public et des gouvernements. » [2]

Guyot avait raison. Les historiens nous rebattent toujours les oreilles en disant que l'économie française reçut une impulsion fondamentale sous un homme qui s'appelait Louis, et qui ornait son nom d'un numéro, douze, treize, ou quatorze ; ils prétendent aussi qu'elle continua à croître grâce aux efforts d'un homme du même nom, et avec un autre numéro à deux chiffres, quinze ou seize. En vérité l'histoire nous ment : les vrais rois de l'économie sont les James Watt, les Karl Benz, les William R. Grove et les Nicola Tesla ; et ils règnent encore. Et pourtant, dans notre siècle encore, nous continuons à oublier les inventeurs, et à ne raconter l'histoire que des présidents et des ministres, qui obstruent habituellement le développement économique.

Ce livre sur les inventeurs fut vivement apprécié par la scène littéraire parisienne. Challemel-Lacour en publia un compte-rendu très élogieux dans la *Revue des Deux Mondes*. Le livre fut remarqué par Gambetta, et par le ministre Noël Lefebvre-Duruflé, qui le cita dans un discours prononcé devant l'Assemblée nationale. Quand celui-ci rencontra Guyot, venu pour le remercier, il fut surpris de voir un jeune homme quand il aurait cru rencontrer un écrivain aguerri, et lui dit : si j'avais su que vous étiez si jeune, je ne vous aurais pas lu, et certainement pas cité.

---

[2] Yves Guyot, *L'inventeur*, Paris, 1867, p.466

Fort de ce succès, Yves Guyot se mit à fréquenter les quelques personnes en vue dans cette science de l'économie politique. En 1867, il côtoya notamment Paul Leroy-Beaulieu au sein de la Conférence La Bruyère, à laquelle il participait régulièrement.

Convaincu que le succès des sains principes économiques passerait par leur popularisation, Guyot se lança en 1868 dans sa longue et fructueuse carrière de journaliste. Il fonda d'abord *L'indépendant du Midi*, à Nîmes, puis, s'étant fâché avec ses directeurs, il partit. Au cours de sa très longue carrière de publiciste et de journaliste, carrière qui, en 1868, commençait à peine, Guyot fut successivement rédacteur en chef de différents journaux ; citons : *Le Rappel* (entre 1869 et 1871) ; *Le Radical* (1871-1873) ; *La Municipalité* (1871-1873) ; *Les droits de l'homme* (1876-1877) ; *La Réforme économique* (1876-1879) ; *Le Bien Public* (1876-1878) ; *La Lanterne* (1878-1889) ; et surtout : le *Journal des Économistes* (1909-1928)

Un de ses collaborateurs vantera son caractère et sa hauteur de vue dans toutes les activités journalistiques :

> « Indulgent aux petites erreurs, d'une charmante humeur toujours égale, bienveillant aux humbles, il était chez nous le "patriarche". [...] C'était le maître, le maître que l'on admire, que l'on aime, pour tant de raisons chaque jour multipliées, et aussi parce que sa sérénité, son affabilité, le merveilleux exemple d'amour du travail qu'il ne cessait de donner, venaient nous apporter, chaque fois qu'il était nécessaire, le salutaire coup de fouet, le précieux encouragement qui finit par avoir raison même de la dépression physique. » [3]

Dans toutes ses publications journalistiques, Guyot faisait preuve d'une vraie connaissance des faits économiques, alliée à une remarquable capacité à anticiper le cours des évènements. L'historien de la pensée économique Joseph A. Schumpeter, bien qu'il ne consente pas à attribuer à Yves Guyot tous les mérites de théoricien que nous lui reconnaîtrons ici, signale tout de même la grande qualité du journaliste, fin connaisseur des faits économiques. Il écrit :

> « Si j'avais été un homme d'affaires ou un homme politique, j'aurais préféré demander à Guyot — qui avait un don de divination en matière d'économie appliquée — plutôt qu'à Pareto son avis sur les perspectives de l'emploi, ou sur l'évolution du prix des métaux dans les six mois. » [4]

Lors du déclenchement de la Commune de Paris, Guyot ne cessa ni ses activités journalistiques, ni son engagement militant. Plus déterminé que jamais, il œuvra pour défendre les idées républicaines, et tâcha de protéger l'Hôtel de Ville et différentes institutions mises à mal par le mouvement révolutionnaire. Il avait de quoi s'entendre avec Charles Beslay, natif com-

---

[3] Discours d'Henri Coulon à l'occasion des obsèques d'Yves Guyot, *Journal des économistes*, 87e année, 15 mars 1928, pp.340-341

[4] Joseph Schumpeter, *Histoire de l'analyse économique*, Paris, Gallimard, 1983, Tome 2

me lui de la ville de Dinan. On ignore cependant s'ils eurent l'occasion de se rencontrer.

Revigoré par le péril prochain que semblait annoncer la Commune, Yves Guyot déploya une ardeur nouvelle pour convaincre ses contemporains d'abandonner les sophismes économiques sur lesquels ils fondaient leurs idées politiques. De cet effort naquit deux ouvrages : *Nos préjugés politiques* (1872) et *Les lieux communs* (1873). Ce sont là deux livres qui méritent la plus grande attention, tant les préjugés et les lieux communs de l'époque où écrit Guyot ont perduré jusqu'à aujourd'hui. Qui n'a pas succombé, par exemple, au vingt-et-unième préjugé politique énuméré par Guyot, celui du « pouvoir fort » ? Dans l'exposé de ce préjugé, il s'étonne de ce que l'on puisse souhaiter l'établissement d'un pouvoir fort. Il note, avec la plume légère qui le caractérise :

> « Vous figurez-vous un mouton demandant que le chien de son berger ait les dents plus longues et la morsure plus fréquente et plus violente ? Vous figurez-vous le bœuf demandant un joug plus étroit et un aiguillon plus acéré ? Vous figurez-vous un galérien demandant que sa chaîne soit plus lourde, que le bâton de l'argousin soit plus dur, que le bagne soit plus sombre ? Eh bien ! badaud, niais, triple niais, quand tu répètes cette phrase : — il faut un pouvoir fort ! tu es ce galérien, ce mouton, ce bœuf ! et tu mérites, pour ta sottise, toute les étrivières qu'il lui plaira de te donner. » [5]

En 1873, il continua la charge avec *Les lieux communs*. Cette même année, il fit d'ailleurs paraître deux autres ouvrages : d'abord une émouvante *Histoire des prolétaires*, puis une collection d'*Études sur les doctrines sociales du christianisme*.

L'année suivante, bien qu'ayant déjà à assumer de front des postes de rédacteur en chef dans plusieurs journaux et une très productive activité littéraire, Guyot se décida à entrer en politique. Il se présenta et fut élu au conseil municipal du IIIe arrondissement de Paris. Au sein du conseil municipal, il défendra en même temps la liberté des mœurs, une imposition sur le capital — plutôt que l'imposition sur le revenu, qu'il trouvait tyrannique —, l'école laïque, et la libéralisation de l'économie : quatre positions que peu d'autres hommes politiques, avant ou après lui, ont su défendre conjointement.

Dans les années qui suivirent, Guyot consacra plusieurs ouvrages aux questions municipales, comme *La suppression des octrois* (1880), *Le Conseil municipal de Paris* (1880), ou *L'organisation municipale de Paris et de Londres* (1882). Pour la ville de Paris, il participa également de manière très active à l'organisation de célébrations, et notamment les festivités liées aux centenaires de la disparition de Voltaire (1878), puis de Diderot (1884). Dans le discours qu'il prononça lors de l'inauguration d'une statue élevée à Paris en l'honneur de Voltaire, il eut cette belle phrase, qui résume bien son

---

[5] Yves Guyot, *Nos préjugés politiques*, Paris, 1872, p.125

propre engagement politique, au conseil municipal comme plus tard à l'Assemblée : « La liberté dans la loi, la tolérance dans les mœurs. » [6]

Vers la fin des années 1870, troublé par les persécutions faites aux citoyens français sur le sujet des mœurs, Guyot consacra plusieurs études, de diverses étendues, pour faire valoir son point de vue. Dans son livre sur la morale puis dans son journal Les Droits de L'homme, Guyot s'attaqua à la police des mœurs. Son journal dû verser 50 000 francs d'amendes ; Guyot lui-même fut condamné à 3 000 francs d'amende, et à six mois de prison. Pour avoir soutenu que les hommes et les femmes sont libres de vivre comme ils l'entendent, pourvu qu'ils ne représentent pas de menace pour les libertés d'autrui, Guyot passa donc six mois à la prison de Sainte-Pélagie, entre avril et octobre 1877. Ce fut aussi la fin du journal Les Droits de l'Homme. Pour se venger, il publia dès 1878 trois études : « Lettres d'un vieux petit employé », « Révélations d'un ex-agent des mœurs », et « Lettres d'un médecin ». En 1882, il finira par publier une volumineuse étude sur La Prostitution, une œuvre saluée par les féministes.

Réélu au conseil municipal en 1880, Yves Guyot continua à trouver le temps pour rédiger des études de fond sur les grands sujets économiques à l'ordre du jour. En cette fin de décennie 1870, outre la question de la morale et de la police des mœurs, Guyot consacra des travaux aux traités de commerce. On peut citer : Le travail et les traités de commerce (1879) et Traité de commerce franco-anglais (1881).

Au cours de l'année 1883, tandis qu'en Angleterre naissait John Maynard Keynes et mourrait Karl Marx, Yves Guyot s'essaya à un nouveau genre littéraire pour soutenir la cause de la liberté : il se mit au roman. Sa plume, souple et légère, s'adapta parfaitement à ce style nouveau. Son premier roman parut en 1883 : il s'agit de La Famille Pichot (Scènes de l'Enfer Social). L'année suivante, il en fit paraître un nouveau : Un Fou ; puis plus tard un autre : Un Drôle. Cette intense production fut néanmoins arrêtée au cours de l'année : attaqué dans la rue pour ses opinions, Guyot fut blessé à la tête et stoppa pour un temps ses activités.

En 1885, Guyot délaissa son œuvre de polémiste et de publiciste, pour aborder les principes fondamentaux de la science des richesses. Ce fut La Science économique et ses lois inductives, publié en 1885. L'étude de cette grande œuvre mériterait un approfondissement que nous ne pourrons lui fournir ici. Nous nous contenterons d'en aborder deux points, en continuité avec ceux traités tout au long des précédents chapitres. En premier, la question de méthode, que Guyot considérait comme primordiale — ce que confirme la seconde partie du titre du livre ; en second, la défense de la politique économique du laissez-faire, que Gournay, et d'autres penseurs bretons après lui, avaient fait leur.

L'intention première de Guyot dans ce nouvel écrit n'était pas fondamentalement différente de celle qui le guidait jadis à écrire Les préjugés poli-

---

[6] Journal des économistes, 87e année, 15 mars 1928, p.308

tiques. Mais plutôt que la forme légère voire humoristique prise par son style dans cet écrit déjà cité, Guyot prétendait ici faire œuvre de scientifique, pour signaler plus précisément les errements de la pensée économique ou pseudo-économique de son temps, et réfuter définitivement les sophismes auxquels celle-ci aboutissait.

La science économique, il en était convaincu, ne concernait pas simplement les professeurs d'université et les apprentis doctrinaires. En tant que science de l'acte humain économique, l'économie politique — Guyot parlait déjà de « science économique », comme c'était l'usage depuis quelques années — concernait chaque citoyen pris individuellement, et chaque nation prise collectivement. Aucun individu ne pouvait s'en désintéresser :

> « Après la question de la santé, nulle question ne préoccupe autant chacun de nous que la question économique. Elle est l'alpha et l'oméga de la plupart de nos actions. Tout le monde en parle, comme tout le monde parle médecine. C'est à qui donnera son avis, formulera son opinion et émettra des assertions plus ou moins motivées. Beaucoup, il faut bien le dire, répètent des phrases clichées, n'ont pas un seul fait à l'appui de leurs jugements, prennent pour des réalités leurs conceptions subjectives, et ainsi informés, indiquent comme remèdes à des maux plus ou mois réels, plus ou moins imaginaires, des toxiques dont la plupart ont déjà prouvé, à maintes reprises, leur capacité nocive.
>
> Dans notre démocratie, chacun participe de près ou de loin aux affaires publiques. Selon ses convictions ou ses préjugés économiques, il ira à droite ou à gauche ; il contribuera à augmenter la richesse ou à provoquer la ruine de son pays. Il faut peu de chose pour que l'un ou l'autre résultat se produise : une fausse orientation, un coup de barre qui nous jette sur l'écueil au lieu de nous faire voguer, en pleine sécurité, vers un avenir prospère. » [7]

De cette importance des questions économiques dans nos vies collectives naissait pour Guyot le besoin de clarifier à nouveau les vrais principes de cette science. Pour ce faire, il était urgent, considérait-il, de revenir à la méthode qui avait permis les progrès de l'économie politique aux XVIIIe et XIXe siècles, et de rejeter comme néfastes les développements récents : la mathématisation de la science économique ainsi que l'école historique allemande.

> « Tandis que d'un côté on reproche à la science économique d'être déductive, d'un autre côté, M. Cournot, dans un livre publié en 1838, intitulé : *Recherches sur les principes mathématiques de la théorie des richesses* ; un auteur allemand, M. Hagen (1839) ; M. Stanley Jevons, M. Léon Walras, dans ces dernières années, ont tenté d'en faire une science mathématique. On sait le procédé des mathématique : il consiste à extraire, à isoler quelques notions très simples, très générales qui deviennent des axiomes, puis, négligeant toute observation et toute expérience, à déduire toutes les conséquences qu'ils renferment. On arrive ainsi aux plus prodigieuses erreurs. Huxley a comparé avec raison les mathématiques à un moulin d'un travail admirable, capable de moudre à tous

---

[7] Yves Guyot, *La science économique*, 2ème édition, Paris, 1887, p.vii

les degrés de finesse ; mais le meilleur moulin ne peut donner de la farine de froment si on le lui livre que des cosses de pois. Que les mathématiques servent de moyen accessoire, de procédé de contrôle ; qu'elles soient employées à préciser certains rapports, à les enfermer dans des formules brèves, elles peuvent jouer un rôle utile, analogue à celui des graphiques. Mas c'est une fausse prétention que de vouloir substituer, dans la science économique, la méthode mathématique à la méthode d'observation. » [8]

De manière positive, Yves Guyot adoptait la position méthodologique de Jean-Baptiste Say, et citait longuement l'introduction du *Traité* de celui-ci. Cette méthodologie consistait à partir d'une quantité réduite de vérités absolues, comme celle qui veut que *chaque homme désire obtenir de la richesse supplémentaire avec aussi peu de sacrifice possible*, et d'en déduire de nombreux corollaires.

En traitant de la méthodologie appropriée pour la recherche économique, Guyot émit aussi d'importantes critiques au sujet de la démarche de l'école historique allemande, de List, Roscher et Wagner, qu'il considérait être un « fatras » confus et non-scientifique. [9]

Même s'il s'agissait là d'un ouvrage de théorie pure, *La Science économique* avait en commun avec les ouvrages économiques du siècle de contenir des explications claires quant à ce que devaient faire ou ce que ne devaient pas faire les gouvernements. Pour Guyot, l'exigence en matière de politique économique était évidente, et tenait en quatre mots que nous connaissons bien : *laissez faire et laissez passer*.

Bien conscient, semble-t-il, que cette position avait été grandement attaquée par les contestations des socialistes, communistes, anarchistes, protectionnistes, réformateurs sociaux, etc., etc., et une longue liste d'etc., Guyot voulut lui fournir une nouvelle jeunesse en présentant ce laissez faire comme la conviction profonde et partagée des philosophes face à l'obscurantisme, et des économistes face aux prohibitions et à l'interventionnisme. Il écrivit ainsi :

« *Laissez faire ! Laissez passer !* Ce cri, c'est la protestation du droit contre le privilège ; c'est la revendication pour chacun d'employer ses forces, ses facultés, ses aptitudes selon son gré ; c'est l'affirmation de la propriété personnelle que chacun de nous a sur soi-même contre la mainmise que s'arrogeait la royauté sur chaque individu Les philosophes, en protestant contre la révocation de l'édit de Nantes, les dragonnades, les persécutions religieuses ; en attaquant à la fois jésuites et jansénistes qui se disputaient l'influence dans le gouvernement ; en demandant que l'État cessât d'intervenir dans les matières religieuses ; en protestant contre les décisions de la Sorbonne ; en se moquant des arrêts de cette Faculté ; en raillant le vieil appareil qui mettait toutes les erreurs, tous les fantômes accrédités sous la garantie de l'État ; en réclamant la liberté de conscience ; et les économistes, en réclamant pour les personnes et les choses la liberté de circulation, pour chacun la liberté de travailler comme il l'entendait, à ce qui lui convenait, ne

---

[8] *Ibid.*, pp.8-9
[9] *Ibid.*, p.14

> formulaient, en réalité, qu'une seule revendication : Laissez passer la recherche, le libre examen ! Laissez faire la vérité ! Laissez faire l'industrie et le commerce ! Liberté et vérité donneront science et richesse ! » [10]

La manœuvre persuasive était habile, et tout à fait fondée. Les mêmes qui, au XVIIIe siècle, luttaient contre l'intolérance religieuse, défendaient avec passion la liberté économique. C'était par exemple le même Voltaire qui, dans un seul mouvement, combattait « l'infâme », c'est-à-dire l'absolutisme religieux, et applaudissait l'arrivée au ministère du libéral Turgot, ou faisait publiquement l'éloge des physiocrates. C'était le même procureur-général La Chalotais, de la même manière, qui provoquait l'interdiction des jésuites, parce qu'ils utilisaient le pouvoir étatique pour imposer leurs vues, et réclamait la liberté absolue du commerce, dans un grand discours cité dans ces pages.

Refusant lui aussi tout à la fois le conservatisme des mœurs, l'intolérance religieuse, et l'intervention de l'État dans les affaires économiques, Yves Guyot fut ainsi aussi inclassable que ses illustres prédécesseurs. Qui a lu sa défense de la liberté économique sera peut-être surpris d'entendre ce fait, mais Yves Guyot, après avoir été élu au poste de député en cette année de 1885, siégea à l'extrême-gauche. Ce fait en apparence étonnant ne l'est en réalité pas : non seulement F. Bastiat avait lui aussi siégé à gauche, mais Guyot, par son anticolonialisme, par son opposition farouche à la police des mœurs, et surtout par sa défense sans relâche de l'individu contre le pouvoir coercitif de l'État, ne pouvait pas trouver sa place à droite.

Cet anticolonialisme, qui démontre bien toute la portée humaniste de l'idéal du laisser-faire, est un élément trop glorieux pour Guyot pour qu'on fasse affront à sa mémoire en le passant sous silence. Ce fut d'ailleurs en cette même année de 1885, tandis qu'il faisait campagne pour l'élection de député, dirigeait *La Lanterne*, et faisait paraître ce gros volume sur *La science économique et ses lois inductives* — Guyot était prolifique à nous faire tous pâlir — qu'il attaqua la colonisation sous le double aspect moral et économique, dans des *Lettres sur la politique coloniale*.

Avec une grande hauteur de vue, Guyot y condamnait la politique coloniale de la France, et se moquait des arguments colonialistes. Il eut notamment des mots très durs contre la politique française en Algérie. Il avait en fait compris, avant tant d'autres, que la colonisation n'était pas plus défendable d'un point de vue économique que d'un point de vue moral. Avec quelque ironie, il notait :

> « Nos colonies sont un débouché non pour notre industrie et notre commerce, mais pour l'argent du contribuable. » [11]

---

[10] *Ibid.*, p.xvii
[11] Yves Guyot, *Lettres sur la politique coloniale*, Paris, 1885, p.99

Cette question des débouchés, qui était centrale dans les débats sur la colonisation, Guyot la résolvait en indiquant combien la méthode d'imposer nos produits était impropre au commerce, et combien elle servait peu nos intérêts. Il valait mieux chercher à produire des produits de qualité, à bon marché, que les étrangers seraient enclins à consommer, plutôt que de se lancer dans d'interminables manœuvres pour fournir à nos marchandises un monopole.

> « Nous en revenons toujours à la conclusion : voulez-vous que nos colonies forment une clientèle pour nous ? Offrez-leur de meilleures marchandises à meilleur marché que nos concurrents. Les marchands de vin de Champagne ou de Bordeaux ne demandent pas qu'on force personne d'acheter leurs produits, qui s'imposent d'eux-mêmes. Voulez-vous ouvrir des débouchés ? Faites des produits qui s'imposent par leur utilité, leur qualité et leur prix ! En dehors de là, vous retombez toujours dans votre politique de déception. » [12]

Également pacifiste — comme il l'illustrera lors du premier conflit mondial, et même avant celui-ci, en réclamant la création d'un conseil des nations — Guyot insista lourdement sur les tensions géopolitiques qu'impliquait inévitablement la politique nationale. « Nos colonies, écrivit-il, ne nous ont servi qu'à nous engager dans des guerres, et nos guerres ne nous ont servi qu'à perdre nos colonies. » [13]

Dans cet ouvrage, Guyot s'opposait aux idées de l'économiste pourtant libéral Paul Leroy-Beaulieu, qu'il avait côtoyé quelques années auparavant. Contrairement à ce dernier, Guyot affirmait qu'il fallait abandonner complètement la colonisation, et se mettre à commercer librement ; qu'il en allait de notre intérêt comme de celui des nations colonisées.

> « Certes, je suis convaincu que beaucoup de gens, de très bonne foi, s'imaginent que la politique coloniale de sang, de guerre, de ravages, de bombardement, de spoliation est une politique vraiment patriotique ; que nos généraux et amiraux rendent de grands services à notre industrie et à notre commerce, et que les hommes d'État qui se lancent dans cette aventure font de la grande politique. Je considère au contraire leur politique comme aussi étroite qu'immorale ; comme aussi myope que nuisible à notre patrie ; comme aussi imprévoyante au point de vue intérieur et extérieur que rétrograde. À la politique de fracas, nous devons opposer la politique de résultats. Selon moi, de tous les échanges les coups sont le plus mauvais. Mes solutions se résument donc dans cette phrase : Faire exactement le contraire de ce qu'on a fait et de ce qu'on fait. » [14]

Réélu à la chambre en 1889, Guyot continua à siéger à l'extrême gauche, malgré son hostilité envers le socialisme, contre lequel il publia *La Tyrannie Socialiste* (1893). Par deux fois rapporteur général du budget lors de son premier mandat, il fut, dès sa réélection, nommé ministre des Travaux

---

[12] *Ibid.*, pp.122-123
[13] *Ibid.*, p.285
[14] *Ibid.*, pp.332-333

publics. Malgré trois changements de président du Conseil, il conserva son poste jusqu'en 1892. À ce poste, il essaya d'introduire des réformes libérales, notamment sur le sujet du transport ferroviaire. Les mains liées, il n'eut pourtant que peu l'occasion d'agir. Il racontera plus tard cette expérience spéciale dans un livre : *Trois ans au ministère des Travaux publics*.

Si nous revenons maintenant aux productions de Guyot l'économiste, il est impossible d'en rendre compte pour la décennie 1890 sans mobiliser le court et pourtant énergique ouvrage qu'il publia en 1896 sous le titre *La morale de la concurrence*.

Dans cet audacieux livre qu'était *La morale de la concurrence*, Guyot s'interrogeait sur une question en apparence banale : Qu'est-ce qui pousse, on pourrait même dire qui force les hommes à être moraux, à agir moralement ? Certains argueront en faveur des religions, et pourtant l'histoire prouve qu'elles sont insuffisantes pour produire le bon effet qu'on attend d'elles. Le grand moteur de la moralité, en réalité, se trouve dans la sphère *honteuse*, la sphère matérielle : c'est la concurrence entre les hommes. Par la concurrence, chacun est poussé à agir dans le sens le plus profitable pour la société. Comment s'enrichir, en effet, si ce n'est en se rendant utile aux autres ? Comment obtenir un bon salaire, et conserver son emploi, si ce n'est en étant compétent et en rendant service, par ce fait même, à l'entreprise qui nous emploie ? Comment, pour un artisan ou un commerçant, faire prospérer son affaire, si ce n'est, encore une fois, en se rendant utile à ses clients et en leur proposant des produits qu'ils aimeront ?

Yves Guyot raconte bien cela :

> « Dans les civilisations les plus avancées en évolution, la France, l'Angleterre, les États-Unis, la grande majorité des individus est employée à des fonctions productrices : agriculteurs, industriels, banquiers, commerçants ; je comprends, dans ces fonctions, les médecins, qui produisent de la santé ; les avocats et autres gens de basoche, qui produisent de la sécurité dans l'exécution des contrats.
>
> Le producteur ne produit pas pour lui, il produit pour les autres. Donc, sa première obligation est de chercher, non ce qui flatte ses goûts, ses fantaisies et ses caprices, mais ce que désirent ceux à qui il s'adresse et dont il veut conquérir la clientèle.
>
> Il n'a donc pas besoin de se faire altruiste par obligation pénible et par effort. Il n'a pas besoin de répéter : « Ton obligation morale t'ordonne de penser aux autres. »
>
> Son propre intérêt l'oblige d'y penser. Il ne peut faire de bénéfices qu'à la condition de leur donner le plus de satisfactions possibles. Il se préoccupe de leur bien-être à tout instant, et il ne demande même pas à l'humanité la moindre reconnaissance pour le mal qu'il se donne pour elle.
>
> Bien plus. Il ne trouvera pas mauvais qu'un concurrent essaye de faire mieux que lui ; et il s'efforcera de le surpasser en qualité et en bon marché, pour le plus grand profit de tous les inconnus qui ont besoin du produit qu'il fabrique à leur intention.
>
> Son sentiment embrasse l'humanité tout entière. Il ne se borne pas seulement à essayer de faire jouir de ses produits ses compatriotes, il s'efforce de les envoyer, sur tous les points du globe, à des peuples dont il ne connaît

même pas le nom et qu'il élève, par cet échange, d'un degré dans la civilisation.

À côté de l'industriel, altruiste par nécessité, se trouve un autre altruiste qui n'agit que pour les autres, c'est le commerçant. Souvent il suggère à l'industriel telle ou telle nouvelle production. Il cherche sur tous les points du monde, tous les désirs auxquels il peut répondre. Il n'attend pas même qu'ils se soient manifestés, il les provoque.

Le marin, qui part par la brume, par la tempête, qui passe ses nuits sur le pont ruisselant sous les embruns glacés, ne voyage pas pour son agrément, mais pour fournir à des populations, séparées par les mers, les objets que les uns veulent vendre et que les autres désirent acheter, ou pour transporter des voyageurs que leurs plaisirs ou leurs intérêts engagent à se déplacer d'un point à un autre.

Des gens ont travaillé et, au lieu de dépenser tout ce qu'ils gagnaient, ils se sont privés et ont fait des épargnes ; ces épargnes, ils ne les gardent pas chez eux, dans la cassette d'Harpagon ; ils les prêtent à un industriel, à un commerçant, à un constructeur de navires. Au risque de les perdre, ils les confient à des tierces personnes pour qu'elles en fassent elles-mêmes usage au profit d'autres personnes, en les transformant en instruments de production et en produits.

Toutes ces personnes sont à la recherche de ce qui pourrait le mieux convenir aux gens pour qui elles travaillent et épargnent. Le transporteur maritime s'ingénie tous les jours à assurer à ses passagers plus de sécurité et de confort. Le capitaliste cherche tous les jours les moyens de permettre aux gens qui ont besoin de capitaux de les obtenir de la manière la plus avantageuse. Le négociant cherche par quelles combinaisons il pourrait bien trouver de nouveaux clients, c'est-à-dire rendre service à plus de personnes. Le producteur cherche à produire toujours à meilleur marché et mieux, de manière à fournir aux besoins d'un plus grand nombre de personnes, dans de meilleures conditions.

Que font toutes ces personnes ? Elles font de l'altruisme ; et leur altruisme est obligatoire. Elles ne peuvent vivre qu'à la condition de le pratiquer avec une ardeur constante. Si l'une d'elles oublie un moment son devoir, elle est frappée d'une sanction immédiate : car, à côté d'elle, il y a des concurrents qui, plus pénétrés de leurs obligations, plus actifs, ne se relâchant pas, prennent l'avance ; et elle doit disparaître ou faire de nouveaux efforts de sacrifice et de dévouement pour les rejoindre et les dépasser. Mais la plupart de ces concurrents continueront aussi leurs efforts ; et tous ces efforts combinés ont toujours, de la part de chacun de ceux qui les font, pour résultat, l'avance des clients. » [15]

Il serait impensable d'achever cette présentation d'Yves Guyot sans mentionner, même brièvement, son combat lors de l'Affaire Dreyfus. Notre économiste fut en effet l'un des rares à avoir soutenu dès le début, et avec une vigueur vraiment noble, le cas controversé du capitaine Dreyfus.

Yves Guyot fit campagne avec ardeur, mobilisant les différents journaux qu'il dirigeait ou dans lesquels il connaissait des hommes à responsabilité. L'un de ses collaborateurs au *Siècle* témoigna de l'incroyable audace de Guyot dans cette affaire célèbre, lors même que des menaces pesaient alors sur lui : « Je fus en mesure, moi-même, de lui dire, dans son

---

[15] Yves Guyot, *La morale de la concurrence*, Paris, 1896, pp.13-17

cabinet de directeur du *Siècle*, qu'il était question de l'arrêter. Il sourit et continua son article. » [16] Tel était le personnage Guyot.

Cette audace est plus impressionnante quand on prend en considération la date des articles pro-dreyfusards. Quand Guyot prit la plume pour la première fois dans les colonnes du *Siècle*, ou d'autres journaux, nous étions plusieurs mois avant le célèbre « J'Accuse » de Zola.

Ce n'était d'ailleurs pas la première fois que Guyot précédait Zola. En 1882, Guyot publia *L'enfer social, la famille Pichot*. Il y décrivait la situation des mineurs du nord de la France, et s'attendrissait sur leur triste sort. Le livre débutait avec un accident suite à un coup de grisou. Un responsable de la Compagnie vient alors sur les lieux : « En ce moment arriva un monsieur élégamment vêtu, décoré, ganté, faisant siffler une badine à pomme d'or. Il s'avança en fumant son cigare, tandis que la foule s'écartait devant lui. [...] C'était une tête sèche, prétentieuse, contente d'elle-même et probablement vide. » [17] C'était là un langage que le socialiste Zola apprécia certainement.

Yves Guyot avait été aussi un proche de Zola, avec qui il échangea une large correspondance. Zola écrivit aussi en tout 116 articles pour le *Bien Public*, un quotidien de tendance radicale et libérale dont le rédacteur en chef était Yves Guyot.

***

Quand on lui demanda combien d'heures il travaillait par jour, Guyot répondit : « Toutes ; oui, toutes les heures, car je ne cesse jamais de travailler. » [18] Toutes ces heures, tout ce travail fut consacré à la défense de la liberté. Guyot, en effet, « ne cessa pas un seul jour de combattre pour la liberté sous toutes ses formes. » [19]

Missionné de résumer en quatre points la doctrine de Guyot, Emmanuel Vidal, son collègue au sein de la Société d'économie politique, écrira ces quatre points :

> « 1° La liberté individuelle, le droit de travailler doivent être assurés, maintenus, respectés.
>
> 2° La propriété est un droit de l'homme, l'exercice de ce droit étant une condition de son activité, de son indépendance et de sa dignité. La loi ne crée pas la propriété ; elle la garantit et en détermine les modes.
>
> 3° Le commerce doit être libre, l'action de la concurrence tendant à donner aux choses leur juste prix. D'ailleurs, la plupart des conflits sociaux ont pour cause la poursuite du monopole.

---

[16] *Journal des économistes*, 87e année, 15 mars 1928, p.330
[17] Yves Guyot, *La famille Pichot*, Paris, 1883, p.15
[18] Discours d'Armand Schiller à l'occasion des obsèques d'Yves Guyot, *Journal des économistes*, 87e année, 15 mars 1928, p.335
[19] *Ibid.*

4° L'État doit aux individus la sécurité et le maintien du milieu libre. Il n'est ni l'animateur ni le dispensateur du travail. » [20]

Telles étaient les lignes directrices de la belle philosophie économique que Guyot avait hérité de ses prédécesseurs, et qu'il tâcha toute sa vie, qui dura jusqu'en 1923, de défendre et de faire appliquer. « Il fut avant tout un économiste libéral, écrira aussi M. Colson, un autre de ses collaborateurs. Il professait et soutenait les idées des économistes classiques, avec une fermeté qui ne se relâchait jamais, avec une intransigeance dépassant parfois les enseignements des anciens maîtres. À une époque où le souci de la popularité et la prédominance croissante de l'appel au sentiment sur l'observation scientifique dans les questions sociales, poussent les hommes qui détiennent ou qui briguent les postes électifs à mettre de plus en plus la puissance publique au service des groupements d'intérêts privés, Yves Guyot n'a jamais cessé non seulement de lutter contre le socialisme, mais aussi de combattre énergiquement toute intervention de l'État dans les affaires qui, par leur nature, sont du ressort de l'initiative privée. » [21]

---

[20] Discours d'Emmanuel Vidal à l'occasion des obsèques d'Yves Guyot, *Journal des économistes*, 87e année, 15 mars 1928, p.325
[21] Discours de M. Colson à l'occasion des obsèques d'Yves Guyot, *Journal des économistes*, 87e année, 15 mars 1928, p.325

ÉPILOGUE

Ici s'achève l'aventure haletante et passionnante des économistes bretons, qui souffrait d'être méconnue, et qui souffre désormais un peu moins. Après avoir passé sous nos regards cent cinquante ans d'histoire intellectuelle, et une dizaine de penseurs structurants pour le développement de la pensée économique, il semble que la démarche régionale ici développée a obtenu, dans ces pages, sa justification.

En écrivant ces derniers mots, l'auteur souhaite simplement qu'à la vue de ce tableau glorieux, ceux des lecteurs qui avaient découvert ce livre par curiosité et par attachement pour leur région, y voient de nouvelles raisons de dire, la tête haute : « moi aussi je suis de la Bretagne ».

SOMMAIRE

Introduction   p.9

PARTIE 1 : UNE SCIENCE NAISSANTE (1750-1800)   p.15

Chapitre 1 : La Société de Bretagne   p.17
Chapitre 2 : « Parti du comptoir »   p.33
Chapitre 3 : Le cercle des fondateurs   p.53
Chapitre 4 : Le commerce des grains   p.71
Chapitre 5 : Le soldat Graslin   p.83
Chapitre 6 : Le procès de la liberté   p.99

PARTIE 2 : LE SIÈCLE DE TOUS LES DÉBATS (1800-1900)   p.113

Chapitre 7 : Une science en sucre   p.115
Chapitre 8 : Économie politique chrétienne   p.129
Chapitre 9 : Le libéralisme au pied du mur   p.143
Chapitre 10 : « Deux mondes à part »   p.153
Chapitre 11 : La dernière chance   p.165

Épilogue   p.179

www.ingramcontent.com/pod-product-compliance
Lightning Source LLC
Chambersburg PA
CBHW051804170526
45167CB00005B/1879